求·是·书·系
广播电视学

电视节目策划解析

Analysis of Television
Program Planning

王哲平 著

ZHEJIANG UNIVERSITY PRESS
浙江大学出版社

目　录
CONTENTS

第一章
电视节目的定位与生产

如果说 20 世纪 80 年代是节目与节目竞争，90 年代是栏目与栏目竞争，21 世纪的头几年是频道与频道竞争，如今则已演变为系统与系统的竞争。在此背景下，一方面，"电视节目市场进入要素增长基础上的增量型发展时代"[①]。国内上星的省级卫视借助全国覆盖，将各自的节目产品送达全国各地，打破了地域垄断的市场格局，实现了无远弗届的扩张和竞争；与此同时，境外的优秀电视节目依托网络开始了大举入侵与渗透，由此带来电视节目生产与竞争的广度和深度空前加剧。另一方面，愈加凸显的受众离散化、碎片化趋势，也加大了电视节目生产针对受众的特征与需求、实现精细化服务的难度，电视传媒在以绚丽多姿的声像符号编织富有象征性的消费盛宴、创造消费的文化意义的同时，进一步强化了电视传媒信息服务、商业服务、文化服务的功能指向。

电视传媒竞争的本质是对传媒资源的争夺与分割，因为传媒资源是一切电视传播活动的基础和要素。电视传播的价值，在于节目资源的流通和开发能够使它在更大的时空范围内重新配置，并通过这种资源共享实现电视传媒与社会的互动，进而推动文化的繁荣和社会的发展。电视传媒生态环境的急剧变化，意味着电视传媒生产必须调整自己的定位与策略，提高节目生产的管理水平。

---

① 喻国明著：《传媒的"语法革命"：解读 Web2.0 时代的传媒运营新规则》，南方日报出版社 2007 年版，第 37 页。

第一节 电视节目的定位

20 世纪 70 年代初,在继承罗瑟·瑞夫斯(Rosser Reeves)的 USP 理论的基础上,美国营销专家艾·里斯(Al Ries)和杰克·特劳特(Jack Trout)提出了著名的定位理论。

所谓定位,就是要对可能的顾客未来的注意力进行细致研究,让品牌在消费者心中占据最有利的位置,使品牌成为某个类别或某种特性的代表品牌[①]。"定位起始于产品。一件商品、一项服务、一家公司、一个机构,或者甚至是一个人……然而,定位并非是对产品本身做什么。定位是指要针对潜在客户的心理采取行动,即将产品在潜在顾客的心目中定一个适当的位置。"[②]

质言之,定位理论的基本要点包括三个方面:一是定位要面向差异化竞争;二是定位要面向消费者的心智;三是竞争的手段是在新品类中塑造品牌。

一、媒体定位

定位是现代营销管理的重要构成。定位是传媒战略的核心,是传媒品牌的灵魂,是传媒价值的基础。是否可以围绕战略定位构建系统竞争力,是判断一个媒体能否持续增值的重要标准。

营销学理论通常把定位战略分为两类:一类是同质化的跟进战略,即对市场上已经成熟或广受欢迎品牌的运营模式、产品序列、宣传包装方式进行简单的或者创造性的模仿,借以树立和推广自有新生品牌;另一类是差异化的创新战略,即在对市场现状进行充分深入分析的基础上,根据自身特点提出与现有其他品牌不同的新的定位,强调自身品牌的特质和不可替代性,并以此开辟新的市场。

在 1996 年 8 月凤凰卫视一次内部高层会议上,总裁刘长乐对凤凰卫视的品牌定位和未来构想第一次进行了较为系统的阐述,首次提出了"开拓新视野,创造新文化"的口号,同时提出了"三年内成长为内地除 CCTV 外最具影响力的华语媒体;三年内实现收支平衡,争取第四年实现上市"的目标,在当

---

① 〔美〕艾·里斯、杰克·特劳特著:《定位:有史以来对美国营销影响最大的观念》,机械工业出版社 2013 年版,第 36—37 页。

② 〔美〕菲利普·科特勒著:《营销管理》(第 11 版),上海人民出版社 2003 年版,第 340 页。

时即使是凤凰内部都认为这样的目标实在是"不可能完成的任务"。

凤凰卫视提出"开拓新视野,创造新文化"独特的媒体定位,一方面是基于当时内地媒体市场有对"新视野"的需求。1996年的中国内地,虽然有线电视已经普及,各省级台都有上星频道,每个家庭的电视里都可以收看到二三十个频道,但是娱乐几乎空白,信息单一,直播缺席,千台一面,节目雷同的现象非常严重,观众手里的遥控器可选择的频道是多了,但真正意义上可选择的节目却没有质的增加。这主要是由于当时的中国内地电视媒介较之港台地区和西方还很不发达,自身创作能力有限;电视台按照行政架构而非市场架构建立,制度限制严格。

另一方面是凤凰卫视具备了内地媒体所不具备的提供"新视野"的能力。就凤凰卫视来说,首先,地处经济发达、信息多元、文化交汇的国际化都市香港,具有内地媒体无法比拟的地缘优势;其次,与国际传媒巨头新闻集团的合作不仅可以获得更加丰富的新闻资源,同时也便于引进世界先进的新闻理念和运营模式;再次,由于是境外媒体,而且从一开始就按照一个纯商业电视台的模式在运作,相对于内地媒体,少了很多体制上的限制。凤凰卫视抓住这一点,将自己与内地媒体鲜明地区分开来,为凤凰品牌赢得了更大的发展契机和成长空间。[①]

2005年,《快乐大本营》与中央电视台的《春节联欢晚会》《实话实说》栏目一道,被《新周刊》评为"15年来中国最有价值的电视节目"。《新周刊》给《快乐大本营》的授奖理由是:这档完全本土化制造的经营先锋,以其清新、青春、快乐、贴近生活的游戏风格在中国电视娱乐版图迅速卡位,其带动的明星效应和倡导的快乐理念至今生命力不减,7年来已成为中国青少年文化的一部分,并为将湖南卫视打造成中国第一电视娱乐品牌定下基调。

在2002年湖南电视台举行的一次战略研讨会上,与会人员通过对湖南卫视核心资源、核心竞争力的科学分析和准确把握,明确提出湖南卫视的品牌定位在于"锁定年轻、锁定娱乐、锁定全国"。从此,围绕这一频道理念,湖南卫视的栏目和其创新越来越集中、越来越贴近频道个性。2004年,湖南卫视第一次正式公开宣称要全力打造"中国最具活力的电视娱乐品牌"。随后,更是公开为自己的频道和产品贴上了"快乐中国"的标签。他们不仅对自办栏目进行了全面的"快乐化"改版升级,同时,铺天盖地推出了"零门槛""零距

---

① 钟大年、于文华主编:《凤凰考:建构一个新传媒》,北京师范大学出版社2004年版,第47—50页。

离"的全民娱乐秀《超级女声》和终极快乐大餐《尖峰对决——乒乓嘉年华》等大型活动及节目,掀起了新一轮电视娱乐狂潮。从《快乐大本营》到"快乐中国","快乐"电视的理念由一个栏目漫延至一个频道。①

与湖南卫视的"快乐定位"相映成趣的是,江苏卫视在 2004 年推出"情感定位"后,在不断强化品牌栏目《情感地带》特色的基础上,继续集聚与情感定位相关的电视剧等节目资源,如《离婚律师》《爱情最美丽》《幸福媳妇成长记》《爱的创可贴》等,加强频道品牌的全国推广,已经收到了良好的效果:不仅《情感地带》在全国的收视竞争力和品牌效应持续提升,而且多部情感类电视剧在江苏卫视的收视表现优于在其他同播卫视的播出效果,显示出围绕战略定位,频道品牌价值持续增值,战略定位与品牌形成共振的良好态势②。

二、受众定位

丹尼斯·麦奎尔在《受众分析》一书中指出:"大众(mass)与受众(audience)并非天然一体,它们原本属于不同的话语范畴,一个是社会学的,一个是传播学的。大众与受众的勾连,一定程度上反映了历史和社会发展的内在逻辑。"

"按照大众社会理论,大众(mass)是现代工业化社会的产物,也是大众传播发展的结果,反映了脱离家庭、血缘、土地等传统纽带,相互依赖却又彼此陌生的人们的生存状态。大众具有规模大、分散、匿名和无根性等特点,既不同于有一定组织性的社会群体(group),也不同于松散的群集(crowd),以及有政治自觉意识的公众(public),他们没有任何组织性,没有稳定的结构、规则和领导者,也缺乏为实现自身目的而行动的意愿和手段。"

"受众(audience),则是社会环境和特定媒介供应方式的产物。受众的发展经历了漫长的过程,受众的媒介使用亦具有鲜明的社会特征和环境特征。大众传播的受众,不仅人数众多、分布广泛、层次参差、互不知晓,而且缺乏自我认同意识,也没有任何组织性,不为自己行动,却受外部力量的驱使。""大众传播的受众无疑就是大众本身,受众具备着大众的一切特点。"③

---

① 王庆华:从《快乐大本营》到"快乐中国"——湖南卫视"快乐"电视理念成因初探,《当代电视》2006 年第 4 期。

② 吴涛、钮继新:以战略为基 谋创新增长——谈中国电视媒体定位、改版的两个制胜原则,《电视研究》2006 年第 1 期。

③ [英]丹尼斯·麦奎尔著:《受众分析》,中国人民大学出版社 2009 年版,第 2—3 页。

　　一般来说,受众心理基本遵循四个原则:一是好奇心原则,表现为新鲜、刺激、悬念、出乎意外、震惊、正在发生、不确定、突发性、竞争、竞猜、隐秘、私秘、追踪、真相、曝光、揭秘;二是快乐原则,表现为娱乐、轻松、戏谑、调侃、颠覆、刺激、触动、愉乐、舒畅;三是交流对话原则,表现为真诚、理解、互动、亲近、关心、共识、共同体验、共鸣、认同、多元、差异;四是相关自身原则,表现为关注、关心、关怀、身边发生的事、生活资讯、贴近自己。

　　受众定位是锁定目标受众的过程。找到目标受众,深度满足目标受众的需求,是品牌建立的基点。不同的节目形态在规定着不同的节目内容,并选择着不同的观众,是形态在对应着观众的性别、年龄、受教育程度并决定着观众的规模。[①]

　　英国电视人有着非常强烈的受众意识,他们对观众的尊重、对观众心理和需求的研究和把握堪称做到了极致。在英国,所有的电视人都有这样根深蒂固的理念:观众是电视台最终的节目消费者,科学地掌握观众的收视心理、收视习惯、收视趋向等等,并据此确定合理的频道定位、节目样式、节目内容和节目编排,才能获得最佳收视效果,才能赢得观众、留住观众,从而在日趋激烈的频道竞争乃至媒体竞争中立于不败之地。现在,英国电视台的制片人在推出每一档节目前,都会问自己这样四个问题:我的节目观众为什么要看?他们为什么要坚持看到最后?第二天他们会和同事朋友讨论什么?他们为什么会继续收看下一期节目?[②]

　　在 1989 年开播之始,央视《经济半小时》节目的受众定位是广大消费者。到 20 世纪 90 年代末,随着人们在经济生活中对经济事件的分析和把握能力的提高,受众需要更全面、更立体、更高层次的服务,他们需要对经济理论的解读和把握,这时《经济半小时》逐步走向了专业化的受众定位。2000 年改版,《经济半小时》的受众是经济商业化人士,但在节目制作中却没有吸引大批的经济商业人士,结果是普通受众的流失和商业受众的缺乏,使得节目的收视率一度下跌过半,导致节目陷入一个谁都可以看、谁都可以不看的被动境地。进入 21 世纪,在新闻改革的电视产业化的大背景和电视节目竞争更加激烈、栏目定位分工细化的大趋势下,《经济半小时》降低了它的受众门槛,把受众定位在"学历高中以上、月收入 1500 元以上"的广泛人群。在最

---

　　① 郑蔚、孙薇:电视节目形态的引进和创新——兼评《开心辞典》,《现代传播》2002 年第 3 期。
　　② 华颖:受众为上 模式为先 内容为王——英国电视节目创新与开发有感,《中国广播电视学刊》2012 年第 6 期。

近几年的改版中,《经济半小时》更是降低了门槛,定位为"更广泛的所有的电视观众"①。

三、节目定位

欧洲工商管理学院 W. 钱·金和勒妮·莫博涅合著的畅销书《蓝海战略》启示我们:"蓝海"是未开垦的市场空间,代表着创造新需求以及高利润增长的机会。运用蓝海战略,视线将会超越竞争对手而移向买方(受众)需求,从而跨越现有竞争边界,将不同市场的买方(受众)价值元素筛选并重新排序,从给定结构下的定位选择向改变市场结构本身转变。

针对竞争对手的核心特征,设计出有差别的产品,是电视传媒同场较量的制胜法宝。差异化的方法通常有聚集、对立、分化几种。聚集是把多个竞争对手的优势或特点设计集于一身,形成新的综合产品。例如《非诚勿扰》,综合了"脱口秀＋真人秀"两种基本的节目类型;《新闻公开课》则是"脱口秀＋新闻资讯"的结合。对立是与竞争对手反其道而行之,例如同是选秀节目,如果竞争对手做了草根选秀,那么自己则可以有针对性地做明星选秀;如果别人做了有剧本演出,那么自己则可以有针对性地做无剧本演出。分化,是把成熟的电视节目产品拆分成更多个细小单元分析,找出最具核心竞争力的单元,并把这个单元独立出来,使之丰满,成为更加专业的产品。例如,综艺晚会是一种形式,把其中的明星演唱独立出来,就成了新的节目形式。②

《奥普拉·温芙瑞脱口秀》节目就是凭借其独特的节目定位和别致的节目设计使其在美国"垃圾电视现象"中脱颖而出,且保持着长久的活力。

《中国好声音》之所以一鸣惊人成为"中国好生意",首先是基于对当下中国电视综艺节目特别是音乐选秀节目市场的准确把握和精准定位。中国选秀节目始于 2005 年掀起收视热潮的《超级女声》,2005 年总决赛期间整体收视率高达 6.22%,引发"平民选秀"和"全民娱乐"的浪潮。2005 年以来,全国设立的各种选秀节目包括央视的《梦想中国》,湖南卫视的《快乐男声》,东方卫视的《我型我秀》《加油,好男儿》《声动亚洲》,青海卫视的《花儿朵朵》,北京卫视的《红楼梦中人》,江苏卫视的《绝对唱响》,辽宁卫视的《激情唱响》等,共有 200 多个。各大卫视为了追求高收视率,推出的选秀节目花样百出,一些制

① 高晓晨:《经济半小时》定位衍变对经济类节目定位的启示,《新闻采编》2012 年第 6 期。
② 陈虹虹、徐海玲:基于定位理论的电视节目创新模式研究,《电视研究》2014 年第 4 期。

作内容低俗浮躁,同质化现象严重。不少节目通过有争议的方式、恶俗手段吸引"眼球",引发不少观众对电视选秀节目的不满。

有专家认为,《中国好声音》的成功突围,归功于节目的独特定位与节目所表现出来的真诚与纯粹,以"好声音"与"真音乐"为宗旨,一改音乐选秀依靠刻意煽情、评委毒舌、炒作选手绯闻来吸引观众的做法,真正用优质的声音与精良的制作打动人心,开辟了音乐选秀节目的新气象。在被称作"选秀末日"的今天,《中国好声音》唤醒了大家对音乐、梦想的追求和感动,并创造了一个收视与口碑兼得的奇迹。有网友留言表示:《中国好声音》是音乐选秀中的真正王牌,这才是国人喜欢的真声音、真音乐。[①]

《天下女人》节目因为定位为"中国都市女性的意见领袖",所以命名为《天下女人》。节目嘉宾自然都是女性,选题也都和女性相关;而《鲁豫有约》则定位于"寻访昔日的英雄和特殊经历的人物,直指人们的生命体验与心灵秘密,一起见证历史,思索人生"。

四、风格定位

风格是节目最有代表性的鲜明的个性特征。歌德说:"风格,这是艺术所能企及的最高境界。"[②]独特的风格是节目脱颖而出、标新立异的法宝。大凡成功的谈话节目,都以别具一格的风格获得观众的喜爱。

电视节目风格的形成,是电视各要素相互配合和综合作用的结果,每一个要素都与节目所创设的环境相协调,每一个要素从不同侧面反映着节目的风格和特点。

从频道风格看。东方卫视作为上海的窗口,代表的是上海国际化都市、经济中心的形象,因而它是现代的、时尚的、精致的、国际化的,而这一切综合起来就是"海派"的。从这个风格定位来看,东方卫视的目标收视群应该锁定大中城市中高收入的中、青年人士。只有明确了频道风格,才能让全频道的节目体系万变不离其宗,这也是东方卫视改版和制定发展战略的重要思路。[③]

从节目风格看。李岚在《中西电视谈话节目风格之比较》一文中指出:美国的电视谈话节目始终是国民自由言论的讲坛,为达到人与人之间个性化的

---

① 王世龙:论《中国好声音》的节目定位和模式创新,《文化学刊》2013 年第 2 期。
② 歌德:《自然的单纯模仿·作风·风格》,载库珀编《文学风格论》,王元化选译,上海译文出版社 1982 年版,第 3 页。
③ 管琦:竞争态势下的东方卫视节目定位,《中国记者》2004 年第 1 期。

沟通,电视谈话节目将选题扩大到政治、社会、私人问题的各个方面,而在节目表现形式上,除了每星期请上百个名人、专家、新闻人物作为嘉宾,请上千名普通美国人作为现场观众在不同的谈话节目中亮相外,还现场开通了可以接进从世界上任何一个地方打来电话的观众热线,让成千上万的观众即时参与话题的讨论。如《拉里·金现场》采用嘉宾、录像剪辑、热线电话相结合的方式来保持节目开放活泼的风格。与西方电视谈话节目追求个性的张扬、热点的冲突不同的是,《实话实说》更偏重于做平常心态的展示型话题节目,选择较小的角度来透视大的社会环境。可见,我们的电视谈话节目更着眼于维护社会整体平衡,以形成注重调解、注重维持社会秩序的目标追求。①

从主持人风格看。电视谈话节目的风格定位是节目风格定位和主持人风格定位的统一。节目风格是节目独特的品格和风貌,主持人风格是主持人的个人魅力和人格风范,节目风格与主持人风格应互为表里、融为一体。在谈话节目中,主持人是节目的灵魂和核心,主持人的风格与个性直接影响了节目的整体风格。崔永元的风趣幽默、王志的尖锐犀利、朱军的亲和真诚、王利芬的精明干练,他们的个性气质和外在风度已成为节目的标识。同时节目的风格定位也制约着主持人风格的塑造,主持人风格不能背离节目风格任意发挥。成熟的谈话节目主持人总是能游刃有余地把节目的特色和自身的气质风格完美和谐地统一起来,从而达到最佳的传播效果。谈话节目风格定位应找到节目风格和主持人个性的契合点,节目衬托主持人,主持人烘托节目,两者水乳交融,相得益彰。②

语态是电视传播者在节目中的叙述态度、说话方式。在中央电视台《新闻联播》中听海霞说话,观众会觉得海霞说出的话是甜的;白岩松主持的《新闻1+1》节目给人以指点江山、激扬文字、纵横捭阖、一泻千里、酣畅淋漓的感觉;从崔永元嘴里说出来的总是碎片似的,带有狡诘戏谑的色彩,但是其力度、分量却又不轻;《中国新闻》播音员徐俐以简洁、明快、激情、活泼的语态主持节目,增加了表达的亲切感,却又不失端庄。③

五、主持人定位

主持人中心制是由主持人来负责整个节目从前期策划、采访到后期编

---

① 李岚:中西电视谈话节目风格之比较,《电视研究》1999年第3期。
② 陈媛媛:电视谈话节目的定位策略,《山东视听》2006年第4期。
③ 王首程:电视语态及其对节目风格的呈现,《中国广播电视学刊》2012年第1期。

辑、播出的整个流程,他们有权制定报道思想,有权决定并安排工作人员的采写内容,并掌握最终修改权。这种做法使节目主持人在很大程度上真正成为了节目的主导者,可以更鲜明地表现出主持人的主观意识。

电视财经节目的专业性,要求传播者本身也具有专业性的知识和素养。节目的制作者一方面要熟练掌握电视和传播学方面的知识,另一方面要了解经济学的相关知识,这样财经节目才能做到让专业人士看不出笑话,让普通观众能看得懂。专业性的人才是城市电视财经节目的生命线,除了幕后的顾问团和专业的制作班底之外,主持人也是很关键的要素。在这方面,城市台可以充分借鉴央视及一些省市台的成功经验。比如上海文广旗下第一财经频道的五档重量级的财经节目《会见财经界》《中国经营者》《头脑风暴》《波士堂》《决策》就挑选了五位重量级的节目主持人秦朔、方宏进、袁岳、曹启泰、金炜。他们或有专业背景知识,或有商场实战经历,或有多年财经媒体运营经验,均为集专业与阅历于一身的知识型、专家型主持人。他们开设的五档栏目,或采访重大财经事件,或对话重要财经人物,或评析经典财经案例;带领观众与财经人士、财经事件零距离接触——对等对话,深度共鸣,睿智解语,深入浅出,阐发更多价值信息。[①]

生活服务类节目主持人的定位,一方面,应该是亲切温暖的"贴心人"。生活服务类节目主持人切忌让自己过于"高调扎眼",应该摒弃"星味",力求使自己成为一个具有独立精神内核和良好服务精神的"平民化"主持人,平视嘉宾与观众,这种"没有个性"的追求,恰恰暗合了平民百姓渴望平等的心理诉求。主持人要突出实用功能和服务意识的基调,结合节目本身为受众送上亲切温暖的服务。另一方面,生活服务类节目主持人应该是启发心智的"同行者"。生活服务类主持人不宜张扬个性,但是"没有个性"并不是"人云亦云,随波逐流",而是一种包裹着无限张力的有度释放,如同经年涵养的紫砂壶,既能使茶香不涣散又无熟汤味儿,恰到好处,游刃有余。中央电视台《生活》节目主持人张越就是这类型的典范,朴素中透着智慧,平实中彰显犀利,在潜移默化中影响甚至改变观众的人生观和价值观。生活服务类节目主持人只有把握住贴心同行的角色定位,才有利于节目完成润物细无声的视听传达,给予社会更多的正能量。[②]

---

① 高炜:城市电视台财经节目定位及传播模式分析,《中国广播电视学刊》2008 年第 9 期。
② 房慧萍:生活服务类节目主持的基本技巧和风格定位,《东南传播》2012 年第 8 期。

第二节　电视节目的生产

曾几何时,我们的电视节目基本上都是经由三五个人组成一个节目组的小作坊式生产出来的,这种生产过程简单,缺乏科学性。而发达国家和地区的广播电视节目生产过程,通常包含节目市场调查、节目策划、节目制作播出、节目效果测定与反馈四个基本环节。四个环节的建立,旨在确保节目运作方向不发生偏差,确保产品批量生产的高质量与准确性。

一、节目市场调查

节目市场调查主要包括受众调查、媒体市场调查和社会环境调查三个方面。

1. 受众调查

哈佛商学院教授克莱顿·克里斯滕森曾对媒体提出三点新的忠告:①始终将受众放在首位(Always consider the audience first);②与时俱进(When times change, change your business);③根据新时代建造能力(Build capabilities for a new world)。

克莱顿教授的忠告表明,节目受众定位之前,先对受众群做深入细致的调查十分必要。只有根据受众的职业、年龄、性别、文化程度、收入水平、兴趣爱好、收视心理、收视习惯、观赏趣味等进行市场细化,并结合频道的自身特点确定观众群,才能获得最佳的收视效果和收视率。

长期以来,我国的受众研究主要集中在反馈传播效果的调查研究上,比如收视率调查、受众调查等。这些大型的反馈调查固然可以总结出一些带有受众共性的收视行为、收视习惯及收视偏好等方面的规律,但很难触摸到专业频道所要针对的目标受众群的态度、兴趣、需求等细化的心理特征。因此,有针对性的前馈调查可以使我们更客观、更细致地把握目标受众群的总体状况,从而减少做节目的盲目性和主观臆测性,降低节目产品在摸索阶段的运作成本,增强传播效果。

所谓前馈是与反馈相对的一个控制论的术语,原意是指尽可能在系统发生偏差之前,根据预测信息,采取相应的措施。威尔伯·施拉姆最早在传播学中使用"前馈"概念,他认为前馈就是在进行大众传播之前,事先对受众进行调查研究,了解其构成、需要、行为等,以改进传播、增强针对性、提高传播效果。反馈固然重要,但前馈更具有独创性。

能否找准最大目标观众是频道专业化经营的关键。美国依据先进的市场统计学方法,根据受教育程度与收入状况、家庭生活圈、居住区域、种族与信仰、人口流动性等五大范围共 39 项细目,将美国居民划分为 62 个生活方式不同的群体。显然,在此基础上再对受众进行全面、科学、定量的分析,针对目标观众的年龄结构、文化水准、教育程度、收视习惯,乃至消费能力、收入情况、生活习惯、心理状态等诸多信息进行研究,就可以根据目标观众的需求制作出适合他们的节目。美国三大电视网甚至对目标观众的年龄层次进行了细致的划分,CBS、ABC 和 NBC 将平均观众年龄分别定位在 52 岁、43 岁和41 岁。

2. 媒体市场调查

同任何一种产品的市场一样,电视节目市场也同样由三要素决定,即人口(观众)、购买力(闲暇时间)和购买欲望(收视欲望)。根据央视—索福瑞媒介研究(CSM)2002 年全国基础调查结果,目前中国 4 岁以上的电视观众规模已达 11.78 亿人。观众人数众多为电视产业发展提供了广阔的空间,也曾经为刚刚起步的频道专业化注入了信心。但是,这么大的市场规模,"细分"起来却困难重重。

美国传播学家威尔伯·施拉姆曾经对受众选择大众传播媒介给出一个测算公式:"选择率=报偿的保证÷费力的程度"。在这里,报偿的保证是指传播媒介满足受众需求的程度,费力的程度是指受众获得传播媒介所花费的代价,包括时间、精力、财力等耗费。从这一公式看,如果受传者对信息的预期收益越有保证,获取信息的费力程度越低,则受众对该传播机制的选择几率越高;反之,受众对该传播机制的选择机率就会越低。这就启示我们:电视节目若要赢得高收视率,就必须尽最大可能去满足广大受众的需求,除此别无他途。

白岩松筹备《时空连线》节目时,曾花了 10 万元在全国作市场调查,包括观众想看什么、节目的长度、由谁来主持等等。播出前连续两个月对美国优秀同类节目《夜线》进行跟踪,仔细研究其制作规律,包括各个镜头在秒数上的细微差异。光是样片就做了 8 个,破了央视栏目制作的纪录,其辛苦可见一斑。开播前,确立的选题方向叫国计民生——国计背景,民生表达。"我们要找结合度,将大事通过一个小时的捕捉点和感性的表达方式来传播。"

1999 年 3 月 28 日成立的长沙电视台女性频道,是全国唯一一家以"女性"命名的专业频道。该频道将受众锁定为女性观众,"以女人的眼光看世界,以世界的眼光看女人",关注女性生活状况,探索女性内心世界,向全社会传播女性的声音。结果表明,与节目产生共鸣的是大量中、高素质的女性观众,而女性又是比较容易受广告引导产生购买行为的群体。然而,随着频道对情感题材的不断挖掘,对情感理念的不断传播,加之对时尚脉搏的精确把握,更多不同层次的观众加入到女性频道的收视大家庭中来。数据显示:女性频道观众的男女比例为 3∶2;最具消费能力的年龄段观众中,25~34 岁占 38%,45~54 岁占 19%;受过高等教育的观众占 53%;收入在每月 1700 元的观众占 38%。上述指标均高于湖南省其他市级媒体,女性频道的匠心独具,将"她世纪"蕴含的巨大财富充分展示在观众眼前。这是以性别进行市场细分的一个典型案例。

3. 社会环境调查

社会环境也即媒体赖以生存的"语境",它是电视媒体或电视节目形态存在的政治、经济、文化、传媒等多种因素相互作用、相互关联、相互交织的特定界域。

英国学者迈克·费瑟斯通说:"遵循快乐主义,追逐眼前的快感,培养自我表现的生活方式,这一切都是消费文化所强调的内容。"[①]在快乐主义大行其道的今天,人们在电视里看到的是情景喜剧大火;是《快乐驿站》和《欢乐中国行》的"轻松欢乐"关键词;是"地球人都知道"的老小品改成的动画版;是"五一七天乐,广告最快乐"的大俗和无厘头。有人说,中国的电视娱乐节目已进入一个"全民娱乐"的时代。

郎倩雯运用 PEST 分析模型,从政治因素(political factors)、经济因素(economic factors)、社会文化因素(sociocultural factors)、技术因素(technological factors)四个维度,细致地分析研究了中国电视娱乐节目发展的社会环境。例如,作者认为,政治生态对电视娱乐节目发展的影响至关重要,政治制度、政治态度、法律、法规等因素直接左右着电视传媒机构的节目生产和发展战略。当前中国电视娱乐节目的政治法律环境中最突出的问题是禁令与知识产权问题。禁令是指执法部门责令申请人停止或不得进行一定行为的命令。在2006—2009 年间,除却一些非书面形式的命令,广电总局对电视娱乐节目下发的禁令多达 10 条(见表 1-1)。从禁令内容看,广电总局以政府所持的社会

---

① [英]迈克·费瑟斯通著:《消费主义与后现代文化》,译林出版社 2000 年版,第 165 页。

道德标准对娱乐节目的商业化和低俗化着重设限,起到了规范节目市场行为的作用,但由于下令过于频繁,也反映出我国关于电视娱乐节目的法律体系不健全。电视娱乐节目缺乏相应的法律规范,必将不利于其长远发展。在知识产权方面,对电视娱乐节目知识产权保护不力使节目制作方不愿为节目样式投入太多,大量节目的同质化引发节目质量下降,受众流失,节目存活时间变短,从而触发新一轮节目知识产权的侵权与被侵权现象,最终会导致市场竞争环境的无序化。[①]

表 1-1　2006—2009 年广电总局对电视娱乐节目的禁令

下发时间	主要内容
2006 年 3 月	跨省赛事参赛选手年龄须满 18 岁
2006 年 3 月	主持人需通过道德考核上岗
2006 年 4 月	主持人不得有倾向性,要弘扬主旋律
2007 年 2 月	选秀类节目的播出时间不得超过两个半月
2007 年 8 月	停播选秀节目《第一次心动》
2007 年 8 月	停播女性整容真人秀节目《美丽新约》,禁播群众参与性整容、变性节目
2007 年 9 月	省级卫视的群众参与选拔类节目于 19:30—22:30 禁播
2007 年 10 月	选秀类节目不得采用任何场外投票方式
2008 年 7 月	地方台娱乐节目,不得使用"奥运"二字
2009 年 4 月	禁止炒作名人绯闻秘史、劣迹丑闻,不得邀请有丑闻、劣迹和犯罪记录者担任嘉宾或评委

二、节目策划

节目形态是一个电视节目相对稳定的内部和外部特征,其核心则是节目形态的限定性,即制作者自觉设置对电视节目的内容与形式比较明确的限制。电视节目形态的限定性首先体现在节目题材内容的限定上。

---

① 郎倩雯:中国娱乐电视节目的宏观媒介环境分析——基于 PEST 分析模型,《新闻世界》2010年第 4 期。

节目策划就是对节目的整体风格、定位、特定内容及传播形式的构思,解决节目定位、节目内容和节目形式等问题。

1. 选题

选题是节目的灵魂。优秀的电视节目都无不重视选题的策划。一般来说,选题有四个方面的要求。

(1)选题要有热点性

所谓热点性,是说选题须是当今社会人们普遍关心的话题,与人们的生活息息相关。

《深度105》是上海东方卫视与新华社联袂打造的一档电视新闻专题栏目。105米是目前人类徒手潜水的极限深度,取此名意在紧扣节目深度报道的定位,也寓意栏目制作者将竭尽所能,让事实浮出水面的新闻追求。节目分为"天下事""非常道""说旧闻"三个板块,立足自身定位,紧扣社会热点,进行深度追踪和深度挖掘,体现了着力开掘新闻的深度、思想的深度、历史的深度的追求。以2010年4月11日至6月13日10周内播出的10期节目为例,"天下事"分别就南平"杀童"事件、玉树地震、赵作海案、房地产新政、文强案、张悟本事件、90后农民工自杀等公众关注的全国性焦点事件进行了深度挖掘;"非常道"对楼市、世博会、新《三国》热播、富士康员工跳楼事件等热点发表了独家见解;"说旧闻"则以现实作为由头,针对"克什米尔公主号"爆炸疑案、太平洋战争、世博与中国、纪念邓丽君、昨日童星、黄光裕案等展开往事调查,揭开历史的迷雾,挖掘历史的现实意义。①

(2)选题要有即时性

所谓即时性,意谓选题应与当时的社会环境或者某一特殊时段发生的重大事件相吻合,要表现当下发生的、时效性极强的事态和情状。从传统媒介评价标准来说,即时性或许过于仓促,不容易留下经过千锤百炼、圆熟精到的经典作品,但从现代观众的心理需求来看,它能最大程度地满足观众猎取社会最新动向的心理需求。

《艺术人生》在做每一期节目之前,必要先开几次策划会,研究包括请谁做嘉宾、观众对其关注的程度和关注的方面、被邀嘉宾最近有何引人注目的举动等等问题,精心选择目前最为观众所关注的明星及其故事。主持人朱

---

① 汪成军:从《深度105》看电视新闻专题节目的创新——东方卫视《深度105》节目形态分析,人民网2010年12月6日。

军曾在一期节目中公布过一个权威调查统计数据,著名评书艺术家单田芳先生在全国拥有1亿固定观众和听众,非固定观众和听众可达6亿。这样的"人气"何愁节目收视率?况且当时人们十分关注单田芳的版权官司对他的影响,胃癌手术后的复出,以及涉足商界,开评书公司等等。这些观众的心理需求都是节目的"看点"。陈凯歌、刘欢都曾在《艺术人生》"梅开二度",这是因为他们有新的为人们所关注的成就:陈凯歌是带着《和你在一起》再次做客,而刘欢则是因为他的第二张专辑《六十年代生人》即将与观众见面。

(3)选题要有绝对性

所谓绝对性,是指选题必须保持自己的信息唯一性,避免与其他电视媒体同类节目相冲突。《直播港澳台》是深圳卫视制作的一档大容量、快节奏的有关香港、澳门、台湾的新闻资讯节目。它以港澳台的时政、财经、文化时间的深度报道、调查报告为其节目定位。《直播港澳台》节目选题上的独特优势体现在:①毗邻港澳,优势独具;②精干报道团队常驻穿梭,独家最快向全国观众介绍最鲜活的港澳台政经、文化及民生动态;③借助深圳卫视覆盖全国300多个城市以及中国香港、台湾地区这样一个优越的平台,将新鲜热辣的节目资讯和知名专家的权威点评传递给每一位观众。节目虽然只有短短15分钟,但是资讯量大、内容丰富,而且绝对鲜活。该节目和香港无线电视台、香港亚洲电视台、香港文汇报、香港商报等多家港澳台知名媒体合作,并在香港、澳门等地驻有记者,保证"鲜货"的当天供应,使"当日新闻当日看"成为可能。

(4)选题要有深入性

所谓深入性,即选题要善于从其他渠道的信息源中挖掘到对受众有吸引力的、有进一步阐述价值的由头,扩展开来。

《新闻调查》节目《"非典"突袭人民医院》,可谓一篇令人震撼的反思力作。SARS肆虐北京期间,北京人民医院作为一个三级甲等的大医院,竟然对疫情毫无防范意识、防范措施,由此可知全国大大小小公共医疗机构的情形。当人民医院急诊室主任回答记者问题时说,医护人员只有靠"精神"用"肉搏战"与疫情斗争时,他无奈的语气既令观众同情,又让观众愤慨。通过访谈调查,主持人不仅了解到SARS疫情的极度严重性,同时也对我国突发性公共卫生危机事件应对处理机制进行了深刻的反思:责任机构不作为,媒体监督功能得不到发挥,事实真相得不到公开,贻误了时机,铸成了大错,使中国人付出了血的代价。

2. 形式

表现形式是指在节目选题、标题确定之后,所考虑的节目内容的制作手法和播出形式。一般来说,制作手法要根据节目的时间、性质、类别、地域等具体情况而定。

北京电视台的《这里是北京》节目,把文化节目的娱乐精神发挥到极致,成为一个以"风格"取胜的、"有个性"的电视栏目。节目中,慈禧与光绪的矛盾被形象地比喻为更年期老妈与青春期儿子的交锋;和珅则是典型靠个人奋斗而成功的"凤凰男";林则徐也会在清末官场的"潜规则"中无奈地"被受贿"……这里不仅有京式的幽默,还包括独特的视角和现代包装方式,比如用漫画形式还原历史人物,用流行的网络语言讲述故事,用现代人的视角去审视过去的世情百态,用编剧的思维方式谋篇布局,经过诸多娱乐元素的装点,晦涩的历史变得生动亲切,平易近人,传统精髓与现代时尚很好地得以结合,栏目也因此脱颖而出,易被观众记住,进而成为品牌。[①]

3. 公关

随着电视产业的发展,电视观众对节目内容质量的要求越来越高,节目产品要被观众接受并不断扩大市场份额,就必须培育自己的品牌优势。而节目品牌的树立又离不开公关策划。

对于一个品牌而言,它需要打开市场,吸引消费,协调行业内部和外部的各种关系,促进节目资源的开发,实现节目产品的交流,完成节目产品的多次交易,所有这一切都是建立在公关策划之上的。良好的公关策划,不仅造就了品牌,而且为品牌的进一步成长创造了发展的空间。

一般来说,各个电视媒体都十分重视节目品牌的公关策划。每年北京、上海、广州等地举办的全国电视节目交易会,常常采用会谈交流、讲座问答、播放录像、现场展出等公关形式,积极地向外界介绍各自的品牌节目。这种策划对节目制作媒体来说,是造就品牌、推出品牌的一种形式;对其他媒体而言,则是创造了一种对他类节目品牌的认识机会。

4. 广告

由于观众的收视行为逐步趋向理性,哗众取宠式的广告已很难吸引他们,因此,在建立电视节目品牌的过程中制定科学的广告策略显得越来越重

---

① 黄瑨:从《这里是北京》看文化专栏节目的发展,《电视研究》2010 年第 2 期。

要。一个好的节目品牌广告同独特的节目设计、优秀的广告创意、合理的表现形式、明确的关键信息、恰当的传播媒体、最佳的投入时机、完美的促销组合等诸多方面都是密不可分的。

值得注意的是,在今天,靠单一的硬性广告拉动电视市场越来越难。就节目而言,必须综合运用好软、硬两种广告手段。一方面,利用硬广告猛打名气;另一方面,利用软广告诉求功效。

然而需要明确的是,无论是硬广告还是软广告,都无法独立担起拓展市场的重任,两者必须有机结合,使节目功能宣传和品牌宣传相得益彰。在配合上要注意时间组合、生命周期不同阶段的组合特点,合理投放广告费用,使有限的广告资源产生最大的传播效果。

三、节目制作播出

节目制作播出主要包括前期的节目素材采集、后期节目的加工制作和节目的直播录播三个阶段。

1. 节目素材采集

节目素材的采集,是利用一切可以利用的广播电视技术手段,为节目生产而从事的采集和分析事实材料的时效性很强的活动,是对新闻事件的整体认知、了解和对素材采集、整理、归纳的过程,是围绕节目内容开展的最重要的前期工作。没有素材采集,就没有节目的形成和传播。

素材采集的核心在于掌握大量的一手材料。只有手头掌握丰富的材料,电视节目才能客观生动。因此,客观、全面、深入是素材采集的基本要求。

《焦点访谈》是一个具有全国影响的监督性、批评性的新闻节目。为了达到监督社会发展、抨击社会阴暗的节目宗旨,维护节目一贯的敢言、真实、权威的形象,栏目策划者在素材搜集的过程中常常采用偷拍、暗访等手法,并且将这些过程真实地展现在观众面前,以获得不俗的收视效果和社会效应。

2. 节目加工制作

电视是一种特殊的建立在技术基础上的艺术创作,技术为艺术提供技术支持,艺术则是技术得以发展的灵魂。电视节目加工制作水平的高低直接关系到节目质量。

电视节目的加工制作,包括电视节目生产过程中的艺术创作和技术处理两个部分。前者习惯地被称为"软件",后者则被称为"硬件"。在加工制作实践中,节目制作者既要有丰富的文化底蕴、审美意识和媒介素养,又要熟练掌握机器设备的各种性能指标,最大限度地开发利用各种功能。二者集于一身,才能制作出高质量的节目。

日本一直以独特的新闻报道模式和新闻节目制作方式著称,日本电视媒体对突发事件报道的机制设定与日本电视新闻本身的技术性、灵活性和及时性都是密切相关的。由于不同时段针对的受众不同,电视新闻报道的侧重点也不同。例如,傍晚时段的新闻节目一般以播出堆积整理型新闻为主,即简要播发当天积累下来的各类新闻,一般条数较多,每条时长较短。

3. 节目播出

录播和直播是当前电视节目播出的两种主要方式。

录播是由于某些技术条件达不到或者尚未购买节目报道权或者因为某些特殊考虑而无法进行现场直播的一种延迟播放技术。通常,非现场直播的节目我们都可以称之为录播节目。录播可以让观众欣赏到一些珍贵的、经典的画面,满足观众重复观赏的要求,还可以弥补现场直播时的一些失误。但是,相对于直播节目,录播节目的时效性较差,还存在某些信息内容会被筛选过滤的可能。

直播是提高收视率的重要手段。目前西方电视总是在屏幕上打着显著的"Live",时刻提醒观众本台"正在直播"。奥运会、世界杯、春节联欢晚会等都是现场直播。观众从现场中想要看到的就是现场真切发生的一切,他们要在第一时间内了解事件的发生发展情况。但是,直播比录播的成本大、风险高,直播给工作人员压力和紧张感也非常大,这就对其工作态度、应变能力、技术水平有很高的要求,而且广告插播也不像录播那样游刃有余。

四、节目效果测定与反馈

节目效果测定与反馈是节目策划者或电视传媒机构根据节目评估标准了解节目的得与失,了解市场对节目的需求,了解受众对节目的期待,从而对节目提出改进措施和修改方案。

罗伯特·维纳在《控制论》中首次提出了"反馈"(feedback)的概念。电视节目效果的反馈是节目播出后收到的评价和反响。它来自社会各个阶层,如受众、市场、媒介内部、同业对手等。它可以通过多种形式反映出来:民意调查、收视率图表、观众来信、行业会议、电话热线、广告指数、电视用户等。对电视节目策划而言,反馈的作用在于检验传播者的策划效果,证实传播者的策划预期,改进传播者的策划方案,启发传播者的策划灵感,激发传播者的策划激情。[①]

节目效果测定与反馈主要包括收视率、观众满意度等。

收视率调查,目前国内外使用较为广泛的主要是央视—索福瑞收视调查和 AC 尼尔森收视调查两种形式。

欣赏指数(appreciation index)称满意度指数,它是收视率之外的一个"另类"指标,即一种"品质"导向指标。它是用以认定受众对节目素质的评价,并以此考核节目是否满足受众需求的一种指针,一般包括受众对节目认知度、认可度、了解度、喜欢度和推荐度等多项评价指标,通过受众打分,加权而得。欣赏指数在美国称之为"吸引指数",在日本称之为"品质评比",在法国称之为"兴趣指数",在加拿大称之为"享受指数"。欣赏指数的提出,有助于扭转纯粹收视率导向,提升节目品质。

央视—索福瑞对《经济半小时》节目的收视统计数据显示,《经济半小时》在全国电视观众中的知名度指数为 79.5%,即每 5 个收看电视的人当中就有 4 个人知道和了解《经济半小时》节目。这一排位在中央电视台开办的 45 个栏目中居第 10 位,是所有经济类节目中知名度最高的栏目。从收视忠诚度看,在《经济半小时》的观众中,几乎每期都看的忠实观众占其总数的 32.8%;较经常收看,大约收看了栏目一半期数的非忠实观众占 18.8%;有时看或很少看的游离观众占 48.4%。《经济半小时》所拥有的忠实观众的比例在中央电视台 45 个栏目中排第 18 位。从主动收视率看,在《经济半小时》的观众中,按照自己的意愿,主动收看本节目的主动观众占其总数的 46.2%;无明确的收视目的,随意选择收看本节目的随意观众占 32.8%;由家庭其他成员控制电视节目的选择,跟随其他人收看本节目的被动观众占 13.6%。

【延伸阅读】

新媒体环境下电视节目的社会化制作

随着新媒体向纵深发展,在资本与技术推动下,更多优质资源和优秀团队向网络平台倾斜和转移,网络平台开始呈现头部化格局,传统媒体在内容

---

① 张联著:《电视节目策划技巧》,中国广播电视出版社 2002 年版,第 55 页。

方面虽然有着巨大优势,但在媒体融合进程中遇到了持续激烈的市场竞争。传统媒体在不断解决自身存在的体制和机制问题的同时,要发挥自身专业和平台优势,与社会制作力量以及互联网平台进行广泛合作,实现优势互补,进一步增强内容与技术、体制内和体制外的深度融合,从而实现传统电视媒体向以内容为核心的具有强大竞争优势的全媒体转型。

一、电视节目社会化合作的主要方式

1. 委托制作

由电视台和制作公司联合策划确定选题,电视台投资,社会制作公司负责节目的生产组织,对节目质量负责,电视台有节目终审权。节目版权及其他衍生收益归由电视台和社会制作机构所有。这种合作方式对于社会制作公司来说经济亏损风险较小,对于电视台来说可以降低运营成本和人员不断增加的不良现象。

2. 联合投资

由电视台和社会制作机构共同投资,共同创意、策划、投资、制作、营销,合作生产。这种合作方式有利于发挥电视台和社会制作机构各自的优势,有利于电视台在节目方面的专业水准和社会机构市场开发、营销服务上的互补。同时,电视台参与节目生产全过程,可以牢牢把握住正确导向。但这种方式需要双方在合作前期确定好详细规则,按照项目管理的操作方式,就实施过程中遇到的新问题,不断开展协商,达成共识,达到一致。

3. 电视台以平台投入,节目制作由社会机构全额投资

在互联网兴起之前,电视频道是大众传播的稀缺资源,议价能力较强,多以平台的品牌和广告时段折算后作为价值投入,然后以广告收入和节目收视率作为分成依据。近年来随着新媒体的强势崛起,传播渠道的垄断地位被逐渐打破之后,电视媒体的传播效果和社会影响力逐渐下滑。这种合作方式给制作方因全额投资带来的风险压力逐步加大,其积极性减弱,但对于电视台来说依然是能确保自身收益和节目效果的最好选择。

二、调整电视节目社会化合作理念和生产方式

1. 关于合作中的最常用的"收视率定输赢"条款的理解和调整思路

由于媒体竞争环境的变化,"收视率定输赢"的对赌合作方式对社会公司的经营风险越来越大,已经严重制约了社会公司的合作积极性。处理"收视

率定输赢"条款有以下三点注意事项。一是指标要理性。节目的生产质量和播出效果会受到诸如重大活动和自然灾害等多种因素的影响,在签署收视率指标协议时,一定要对来自各方面的风险进行充分评估,合理约定所谓收视率的指标。二是指标要多元化,不能只写"收视率"一项,指标应该注意电视收视率、互联网点击量、市场口碑、版权溢价,节目产品未来的长尾效应等综合指标的平衡。三是指标要"梯度化"。签订协议时要细化约定,不能把指标"一元化",应设定"保底条款",预估在最坏的情况下,制作方也应该有最基本的收入。

2. 共同投资合作策略和项目管理团队打造

第一,节目社会化合作生产的投融资要建立在电视台的战略发展上。可以在进行试点的基础上总结经验,规范投资管理,逐步推行。第二,节目社会化合作生产的投融资需要一支看得懂商业计划书、具有投融资专业能力的队伍。需要在节目生产一线配备相应的建制和人员,按照项目管理规范,参与投资项目的尽职调查、决策流程、生产过程,在履职中不断提升运营管理能力。第三,节目社会化合作生产到底是强强联合好还是强弱联合好。对于投资项目来说,强强联合,理论上也是比较理想的结合,但现实中实现难度很大。因为双方依存度不高,所以在合作中处于均等地位,谁当老大是个问题,关系相对难处。强弱联合是投融资的主流。

三、调整和优化节目评价体系,适配新的节目生产方式

第一,在客观评价指标中,遵循"公正、简明、实用、可行"的原则。在以电视收视率和观众满意度为主要评价指标的前提下,增加节目在互联网尤其是移动端的评价指标,目前,互联网平台的评价指标以观看率或是点击量为主,其实很难判断其数据真伪,应该在此基础上增加转发率指标,相互补充和印证,能使互联网端的评价更接近真实。

第二,在主观评价指标中,综合领导、专家对节目评议结果的量化值的基础上,兼顾互联网在线的评论和舆情。

第三,尊重市场化原则,充分考虑节目产出收益比,主动与市场评估体系接轨,构建全成本的核算模式。

第四,随着电视节目社会生产和传播路径的不断变化,需要对节目评价指标进行动态调整和充实完善。

——摘自田咏力:新媒体环境下电视节目社会化制作的困境和出路,《中国广播电视学刊》2020 年第 10 期。

第二章

电视节目的品牌与管理

电视传播是一种随时间流动而线性延伸的传播实践活动。电视频道时间价值的含金量与电视节目质量水平的高低和品牌影响的大小呈正相关关系。提高电视节目生产的质量规格,重视电视节目品牌的塑造维护,是增强电视传媒竞争力和美誉度的不二法门。

第一节　电视节目的品牌

一、电视节目的品牌意识

电视传媒及其产品与一般的工商企业及其产品并无本质区别,但有品牌与非品牌之分。因此,国际上的商业电视巨头们都把品牌建设视为开拓国际商业电视市场的"攻城锤"。那么,"品牌"两字到底意味着什么呢?

如果仅从字面上理解,品牌者,就是有品位、有标志、有名气的产品、企业甚至人物。比如名牌栏目、名牌频道、名牌主持人、名牌电视机构等,都是或都可能是一种品牌。但对于电视传媒来说,品牌实际上代表着电视人与观众交流史所传达的一整套核心价值观,是电视人对观众所作的庄严承诺。品牌在国际电视节目市场的开拓中之所以显得那么重要,主要有五个方面的原因。

1. 品牌是精品的象征

品牌产品与名牌产品之所以不能完全画等号,就是因为品牌产品一般都是质量可靠的精品,而名牌产品则可能是精品,也可能只是靠广告手段打出名声的产品。也就是说,名牌产品中一部分可能会经受住时间和市场的考验成为品牌产品,另一部分则可能名噪一时,昙花一现。像美国的 HBO

（家庭影院）、ESPN（娱乐与体育频道）、Discovery（探索频道）等，都是经久不衰、驰名世界的电视频道品牌。这些频道播出的节目往往都是内容新颖、制作精良、品位上乘的精品，因而在世界各地的电视节目收视率调查中都位居前列。

对美国 CBS 电视新闻杂志《60 分钟》节目的研究，一直是业界和学术界所关注的话题。1999 年日本朝日新闻社曾组团考察并系统研究《60 分钟》节目，在宏观上对《60 分钟》的成功要素进行归纳总结。报告认为，《60 分钟》的成功绝非偶然：①随着美国社会的急速发展，美国观众自身日益增长的对信息获得的渴望与诉求；②ENG（电子新闻采集）系统的发明使用让记者拥有自主的话语权并将记者推至台前，从而造就了许多像迈克·华莱士、丹·拉瑟这样的新闻大腕；③节目杂志拼盘式的灵活组织方式；④主持人的推出与明星主持人的塑造，是《60 分钟》节目笑傲荧屏的核心原因。但真正成就《60 分钟》的，是它对于真相的追求和它对故事的编排手法迎合了观众的收视期待，这两者共同保证了《60 分钟》在商业上的成功。美国"艾美奖"评委团对《60 分钟》节目的评价是："用简单而有效的方式深入了故事的核心，进入了人物内心，编排自由富有活力，开创了一种新的节目样式。"

我国著名节目主持人方宏进对《60 分钟》推崇备至，并称该节目是他的老师。他把《60 分钟》与央视的《新闻调查》比较之后认为，《60 分钟》在一个小时内通常有 3 个调查类节目，各 15 分钟左右，其信息量之大，镜头转换之快，无论是采访对象的人数，背景资料的丰富度，还是采访的节奏速度，远非《新闻调查》的 40 分钟可比。

2. 品牌是创新的动力

品牌除了具有精品的含义外，还有别具一格、与众不同之义。因此，品牌一旦创立，就成了品牌所有者或相关者的事业支柱甚至精神支柱，更是他们不断创新的强大动力。

在 20 世纪五六十年代，美国的 NBC 为了维护《晚间新闻》（*NBC Nightly News*）栏目的品牌形象和地位，在被称为"铁经理"的金特纳（Robert Kintner）的带领下，不断地推陈出新。例如：利用一切机会宣传自己的栏目和主持人，如每天《晚间新闻》播出前，都有一个播音员先向观众报告：这个节目是世界上最大、最懂新闻报道的 NBC 新闻部安排制作的；不论什么时候发生重大新闻，都可以插入任何一个节目中随时播出；遇到特大新闻，不惜代价地停播所有广告；不论竞争对手（主要是 CBS）的新闻播出时间多长，NBC 都要比它多播出半个小时。正是金特纳持续不断的创新努力,才使得 NBC 的《晚间新闻》连续 12 年成为美国收视率最高的电视新闻栏目。

如果说 NBC 是靠创新赢得国内市场品牌名声的范例的话,那么,时代华纳麾下的 HBO 则是靠创新赢得国际品牌名声的典型。世界上专门播放电影的频道不胜枚举,但 HBO 却被公认是有线电视业名列前茅也是实力最强的品牌。HBO 市场销售部高级副总裁吉姆自豪且自信地说:"我们是所有宾馆都要求的频道。""我们绝对统治收视黄金时段。这就是 HBO 的力量。"这种认同并不是因为它开播的时间早(1974 年开播),也不是因为它的用户多(在世界各地的用户已超过 3300 万),而是因为它与众不同,不播广告,而且每月播出的 70 多部电影中有 1/3 左右是新片,10% 以上是独家播出的特别娱乐节目。此外,它创造的合作市场营销方式(与制作节目的制片厂和播出节目的有线电视公司密切合作,甚至互相参股)等,也是频频奏效。因此,永远和尽可能让用户和观众耳目一新,是 HBO 成功的法宝,也是其不断创新的动机和动力。

作为国内起步最早、运营比较成熟的电视娱乐机构,湖南卫视在节目创新策略上有着先发优势,其整合营销手段的灵活性在全国同类型媒体中胜出一筹。对于湖南卫视而言,"超女""快男"不仅仅是一档电视节目,它们在一段时间内甚至代表了电视湘军的品牌形象,这也就意味着湖南卫视必须尽可能地推动节目的品牌营销以提高频道的收视率。以"超女"为例,湖南卫视通过短信、演唱会、演艺经济、卡通漫画、电视剧制作等方面探索出一整套的营销方式,成功地打造了《超级女声》与《快乐男声》这两个选秀节目,实现了与湖南卫视的"快乐中国"口号的品牌互动。湖南卫视由此也摆脱了地方卫视的品牌形象,跻身有影响的全国性媒体行列。①

3. 品牌是竞争的王牌

品牌是市场竞争的产物,也是市场竞争的工具和王牌,因为它凝结着服务对象多年的感情和信任。

CNN 名满天下后,曾招来不少模仿者和竞争者,包括同样 24 小时向全球播报新闻的"BBC 世界频道"(BBC World)、默多克的空中新闻频道(SKY News)、美国广播公司(ABC)和美国最大的非网式电视台集团西屋公司(West House)联合创办的卫星电视网以及 NBC 在欧亚开办的新闻频道等。

---

① 潘界泉:湖南卫视节目创新及品牌营销策略,《新闻天地》2009 年第 10 期。

但由于作为全天候播报新闻的先驱者的品牌已在用户和观众的意识中牢牢地扎下了根,所以,竞争者的大量涌现并没有动摇 CNN 在国际新闻传播市场上的领袖地位。每当世界上发生重大新闻时,CNN 还是人们必看的电视频道。在华盛顿的全国新闻大厦许多记者都把自己的袖珍录音机对着 CNN 的新闻频道录音,甚至连美国总统在出国访问期间,也不忘收看 CNN 的新闻报道节目。这就是品牌的力量。至于美国几大商业电视网中身价数以百万甚至千万美元计的大牌主持人(如克朗凯特、华莱士、丹·拉瑟等),更是被各大电视网视为在竞争激烈的市场上制胜的利器和王牌。

开播于 1979 年 4 月 1 日的美国尼克罗迪恩(Nickelodeon)频道,是世界上第一个少儿频道。尼克罗迪恩在美国的制作团队有 350 人左右,团队的构成是多元化的,除了在动画方面有一定造诣外,这些制作者们还会有一些别的专业背景,他们来自不同的国家,分属不同的年龄层。多元化的制作团队使得尼克罗迪恩通过播出既吸引主流社会又吸引少数族裔的节目来寻求成功。在荷兰,一部针对 6~12 岁少儿的肥皂剧 *Zoop*,在当地占有了 55% 的市场份额。在英国,早间节目《嘎吱声》(*Crunch*)受到极大的欢迎。在中国,2004 年 11 月 3 日,尼克罗迪恩少儿频道与上海文广新闻传媒集团合资成立"上海东方尼克电视制作有限公司",为我国观众量身定做少儿节目。

作为全球著名的传媒品牌,尼克罗迪恩儿童频道持久的竞争力与其节目制作的三条理念是分不开的:①以孩子为中心——把权力赋予孩子;②平等观——孩子与成人是平等的、男孩与女孩是平等的、优秀孩子与普通孩子是平等的;③教育观——快乐是第一标准。尼克罗迪恩总经理汤姆·阿西姆(Tom Ascheim)曾表示:快乐是第一标准。我们从不奢望让教育变得快乐,我们要做的是,让快乐变得有教育意义。"只有感觉到了平等才能有真正的快乐。"正是因为其多元化设计的节目可以让少儿学会如何在全球化时代的多元文化中与人相处,并重视、尊重来自其他种族、不同文化习俗的人,尼克罗迪恩才最大可能地满足了跨国界观众、跨媒体经营的现实需要,赢得了市场的主动权。如今,除了美国之外,全球已有数十个国家和地区的电视机构开办了近百个少儿专门频道(包括卡通频道)。

4. 品牌是财富的源泉

品牌作为一种具有"内在价值"和"交易价值"的无形资产,本身即是财富。对于电视媒体来说,具有品牌价值的栏目因为具有一般栏目不可企及的收视率和观众忠诚度,所以对广告商的吸引力是不可抗拒的。因此,品牌栏目的广告价格比非品牌栏目高出几倍甚至几十倍是很常见的。"帕累托的80/20定律"（Pareto Principle）所谓的 80％的效益是由 20％的参与者或品牌创造的这一规律，适用于一般工商业市场，也同样适用于电视节目市场。

品牌能够创造更多的利润和价值，它是国际电视巨头们不惜血本打造品牌栏目的直接和最大动机。默多克之所以把他在全球的卫星直播电视频道统一命名为 SKY（空中），就是要利用他的英国空中广播公司在商业上的成功（1999 年曾给他带来 25 亿美元的收入）与人们的赞叹，把 SKY 品牌推向全球市场，以最大限度地发挥 SKY 品牌的商业价值。

被业界喻为中国民营电视旗帜的光线传媒（ENLIGHT MEDIA），成立于1998 年，经过 20 多年的创新发展，成为中国最大的民营传媒娱乐集团和颇具影响力的传媒品牌，其引人注目的 E 标也已成为娱乐界著名标志之一。

光线传媒的成功得益于其长期坚持的"六大理念"：①传媒、娱乐一体化；②传媒娱乐工业化；③传媒娱乐品牌化；④数一数二；⑤资源共享；⑥名利双收。光线拥有中国最大的娱乐网站，在无线增值业务方面每年有上千万的收入，在宽带方面，光线还是中国最大的宽带内容提供商之一。主营业务包括电视节目制作与发行，电影投资、制作、宣发，电视剧投资、发行，艺人经纪，新媒体互联网、游戏等。其日播娱乐资讯节目《中国娱乐报道》《音乐风云榜》均已连续播出 10 年以上，发行的电影《泰囧》（12.66 亿元）、《致青春》（7.26 亿元）成为现象级影片，2011 年启动新导演计划，3 年时间发掘培养徐峥、赵薇、邓超等近 20 位新导演。2011 年光线影业票房跻身全国前三名，2012 年、2013 年投资制作发行影片 20 部，总票房超过 40 亿元，稳居华语电影前两位。

在 2013 年中国"十大最具价值电视品牌排行"（见表 2-1）中，央视占据了4 席，《新闻联播》《焦点访谈》《天气预报》《星光大道》四个栏目共卖出近 84 亿元，占"Top10"总额的 65.2％。其中，《新闻联播》《焦点访谈》广告总额均在20 亿元以上（见表 2-2），令其他节目望尘莫及。综艺节目中，时已红火近三年的《非诚勿扰》仍然价值不菲，以接近 15 亿元的价格位居综艺类节目首位。缔造了"每期仅广告就带来 2000 万元收入"神话的《中国好声音》以黑马之势闯进"Top10"榜单，成为上榜的唯一一档季播类综艺节目。

表 2-1 2013 年十大最具价值电视品牌排行

排　名	品牌名称	广告总额
1	央视《新闻联播》	超 54 亿元
2	央视《焦点访谈》	超 20 亿元
3	江苏卫视《非诚勿扰》	约 15 亿元
4	浙江卫视《中国好声音》	10.4 亿元
5	湖南卫视《金鹰独播剧场》	约 9 亿元
6	江苏卫视《幸福剧场》	约 8 亿元
7	安徽卫视《海豚第一剧场》	超 7 亿元
8	央视《天气预报》	6.2892 亿元
9	湖南卫视《快乐大本营》	4.647 亿元
10	央视《星光大道》	3.3999 亿元

注:以上表格中的数据由公开数据资料整理,广告总额计算包括节目冠名费、特约播出费、片尾插播广告费及贴片广告费等。

表 2-2 2013 年最具价值电视品牌分类排行

类　别	排　名	品牌名称	广告总额
新闻类	1	央视《新闻联播》	超 54 亿元
	2	央视《焦点访谈》	超 20 亿元
	3	央视整点新闻组合	8.7 亿元
综艺类	1	江苏卫视《非诚勿扰》	约 15 亿元
	2	浙江卫视《中国好声音》	10.4 亿元
	3	湖南卫视《快乐大本营》	4.647 亿元
剧场类	1	湖南卫视《金鹰独播剧场》	约 9 亿元
	2	江苏卫视《幸福剧场》	约 8 亿元
	3	安徽卫视《海豚第一剧场》	超 7 亿元

5. 品牌是文化的积淀

品牌虽然是一个商业用语,但是却包含着丰富的文化意蕴。可口可乐、麦当劳、微软等世界最著名的品牌中就蕴藉着美国文化中平等和创新的因子

（穷人和富人都吃麦当劳，喝可口可乐，都可以使用微软的产品）。影视产业中的好莱坞、CNN、MTV 和迪斯尼等品牌更是美国文化中自由、冒险、进取、浪漫、乐观等精神的化身。至于默多克的 SKY 品牌，则充分表露了他想称霸天空的扩张心态，从本质上说，也是盎格鲁-撒克逊民族精神的投影（默多克是英国人的后裔，生在澳洲，学在英国，辉煌于美国）。目前，世界上一些在文化上处于弱势的国家之所以对欧美影视节目特别是一些品牌电视频道的侵入惊恐万状，除了担心市场会被蚕食外，最大的担心就是随之而来的"文化入侵"。因此，在国际市场上，每一种品牌，实际上都代表着一种文化——不是民族文化，就是企业文化，或者兼而有之。

电视是一种文化的媒介。电视节目作为文化产品，必然负载着复杂的文化意义。默多克曾在检讨 Star TV 在亚洲的发展策略时说："我们所得到的教训是，只是单独播出好莱坞制作的英语节目已不再足够，让我们致力于观察此地区中不同文化的细微差别。"凤凰卫视总裁刘长乐认识到，凤凰卫视在内地的成功，"起决胜作用的不仅是资本，更重要的是可以被内地观众接受的电视产品和文化"。

凤凰卫视在传媒品牌建设中的一个重要方向就是再造新文化。凤凰卫视的节目能够被观众广泛接受，其中一个原因在于它制作了极具文化亲近感的本土节目。另外，凤凰卫视在其商业化操作的背后，一直实践着一种文化上的理念：即弘扬中华传统文化，"拉近全世界华人的距离"。正如刘长乐所说的那样，"凤凰卫视之所以取名凤凰，是因为我们希望明明白白地打上中国的烙印，同时又能体现南北荟萃、东西融合的文化理念。我们相信如果我们放弃了自己的文化，完全信奉美国的价值观，地球村的意义就不再是积极的开放，而是狭隘的束缚。这样的全球文化要引起警觉"。

在创办不同风格和特色的节目的同时，凤凰一直注重提升节目的文化品质。凤凰不仅关注历史人物，而且关注现实生活中的普通人，《冷暖人生》就是对底层中国的一种记录。无论是在"9·11"事件、美伊战争的报道中，还是在 SARS 报道中，或者是在凤凰对其他文明的探索中，凤凰都将镜头对准了身处不同境遇的人群，而对人的尊严和人的价值的强调，让凤凰的节目拥有了深厚的人文精神和丰富的文化关怀。[①]

---

① 钟大年、于文华主编：《凤凰考：建构一个新传媒》，北京师范大学出版社 2004 年版，第 30、36 页。

二、电视节目的品牌效应

1. 磁场效应

磁场效应是指一种强烈的心理吸引力。当电视观众通过观赏接受了某个节目品牌之后,就会对其产生一种信任心理,这种心理反映出一种忠诚与信赖,受众已经不仅仅将内容接受看成一种信息获知,更多的是从这种收视行为中获得一种情感满足。这种效应导致了节目传播的一种良性循环,在相当长的一段时间内都能形成一种极好的传播效果。作为节目策划者,要善于抓住受众这种心理,利用节目品牌,深化传播效果,提高市场效益。

《麦克尼尔/莱赫尔新闻小时》(*Mac Neil/Lehrer News Hour*)节目是美国人了解时政新闻的重要窗口,它伴随了美国公众几十年。一档日播一小时的时事深度分析栏目之所以能长久吸引那么多观众,四个重要因素显而易见:(1)具有相当水准的准专家型主持人。《麦克尼尔/莱赫尔新闻小时》一共有 5 位主持人,这 5 位中有两位是 2004 年总统大选电视辩论中的主持人,主持人出色的提问能力和精湛的专业评论水准,使得这一节目在美国众多的新闻时政节目中光彩夺目,独领风骚。(2)有一批世界级的专家供选用。该节目每星期一到星期五晚间由罗伯特·麦克尼尔在纽约、吉姆·莱尔在华盛顿同时主持。(3)有一个能表述任何观点的外在舆论环境。节目的主要部分是对当天的新闻焦点进行分析,演播室现场讨论的由头是当天节目前半小时播出的新闻报道。这一部分类似其他商业电视网的晚间新闻报道,只不过新闻取材更精练,事件报道相对更深入,单条新闻时间也较商业电视网晚间新闻长。前半小时的新闻报道部分让观众从当天纷繁复杂的时事中了解到最重要的信息,后半小时的演播室现场讨论则使观众了解到对当前热点问题的不同观点集纳,从而对新闻事件加深认识。(4)有一个有远见的、执行力强的制片人。调查显示,该节目是美国晚间电视新闻中最具可信性的节目。全美349 座公共电视台中有 300 座定期播放,全国的入户率为 98%,累计荣获 5 次艾美奖和 5 次皮博迪大奖。

2. 连带效应

连带效应是指观众一旦接受某个节目品牌之后,也会同时对该节目所属的频道、台别、制作团体、节目主持等相关因素产生兴趣,并且保持较好的印象;继而,对其他相关的节目也会抱有较好的认同态度。根据观众的这个沿袭收视习惯,节目编排者可以采用套装节目播出的战略,这种战略也叫板块式、垂直式节目安排,即在连续的一段时间里(通常为两个小时或更长)安排具有相似观众诉求的一系列节目,把它们当作一个单位或板块,并通过这种单位和板块把观众由一个节目带到另一个节目。

广东卫视按照类型化、板块化、通栏化以及互动互进的原则,形成两大块的结构,充分利用连带效应,巧妙营造黄金时段收视的较高起点和强势高潮,全力实施"黄金战略"。第一板块(18:30—20:00):"《粤港澳零距离》+央视《新闻联播》+《广东卫视新闻联播》。"这三类节目均属于新闻或新闻资讯类型,《粤港澳零距离》是目前国内有关港澳资讯最全面、最及时和最权威的电视传播窗口,是广东卫视强力吸引省内外观众的神器;《广东卫视新闻联播》是广东最权威的新闻栏目,在当地具有高收视和权威的社会影响力,以上三栏目紧密结合,成功构筑了晚间第一个收视高峰。第二板块(20:05—23:00):《一线剧场》+《真人秀板块》。"一线剧场"是首轮剧、精品剧的播出载体,能有效保证黄金时段收视的良好基础;周一至周日的《真人秀板块》是频道重点打造的最具震撼力的自制节目板块,它是目前国内唯一的众多类型"真人秀"节目集群播出的大平台,两者强强联合,在最具产业价值的时段与竞争对手作有效的抗衡,赢得晚间收视的最高峰,获取最大的市场份额。①

3. 垄断效应

垄断效应是指某类节目品牌一旦形成之后,即会带来同类节目市场的垄断。这种节目垄断现象表现在观众对该类节目收视时间、收视心理、收视行为、收视态度、收视消费上的忠诚,同时表现出对其他同类节目的排斥心理。这种现象为他类的市场开发带来了困难。作为策划者,要利用节目品牌的垄断心理,在垄断的节目时间和节目消费上进行合理安排与调整,尽可能提升节目整体市场价值和文化价值。

纵观中国电视节目,《新闻联播》无疑是"权威中的权威"。1978年1月1日,中央电视台《新闻联播》栏目正式开播。历史的巧合使《新闻联播》从一诞生便肩负起记录中国社会变迁的重要使命,30多年来书写着神州大地的发展史,被视为中国国情的晴雨表,一直受到社会各界的广泛关注。事实上,它不仅仅是改革开放的记录者,更是参与者,在不同时代扮演着不同的角色,其自身的新闻内容、新闻形式、新闻制度、新闻理念和新闻话语显示出鲜明的时代

---

① 钱言:中国真人秀,真情真风采 2006广东卫视"大财富"一路凯歌"真人秀"再创奇迹,《市场观察》2006年1月30日。

特点。《新闻联播》的新闻话语通过"建构知识、形成规范、反映价值以及塑造共识"构建出诠释社会现实的特定框架。当一个普通观众从《新闻联播》了解到"光盘行动""政府信息公开""网络问政""人退虎进""最美乡村教师""内涵式发展"等内容时,绝不仅仅是对词语意义或者新闻事件的理解,而是对一种新的社会文明秩序的认同。

中央电视台作为国内唯一的国家级电视媒体,拥有遍布全国甚至全球的记者网络,以及与世界各主要电视机构的新闻交换机制和两个国际频道的资源优势,成为许多重大的国家政策和权威消息的首选发布媒体,独家享有诸多重大新闻事件的第一手报道机会。独家核心新闻资源的垄断、30多个省级卫视的全国覆盖以及长达几十年的强制性收视,使得《新闻联播》成为世界上观众最多的一档新闻节目。

4. 潮流效应

潮流效应是指某类节目品牌的市场地位一旦形成,就会以节目内容为中心形成一系列的文化潮流,这种现象一方面表现在主动受众群体对被动受众群体的带动和影响上,这种影响具有一定的盲动性和时尚性,它常常在短时间内形成一种风潮;另一方面,表现在受众对节目相应文化消费产品的极大兴趣,和节目内容相关的信息以及消费品都会带给受众莫大的满足。作为策划者,要积极开发品牌节目的相关文化产品,寻找有效的促销手段,开发潜在的受众和消费者,增强市场竞争力。

2005年,湖南卫视娱乐选秀节目《超级女声》带来的收视效果、取得的营销突破、产生的巨大影响、引发的舆论震荡,远远超出了人们的预料,业界称之为"中国电视的奇迹",学界称之为"奇特的文化现象",美国的报纸评价《超级女声》"红透中国"。《超级女声》娱乐选秀节目的火爆,一方面,说明了目前我国的电视观众对这种平民造星式的娱乐节目的喜爱;另一方面,也说明了普通百姓对"机会均等""处于同一起跑线"的渴望和钟情,更说明了那种能给普通的受众一个平等地展现自己、表现自己的节目将会得到广大受众的支持和喜爱。

电视湘军凭借《超级女声》再次树立起了我国娱乐节目的一个新标高的同时,也引发了娱乐选秀节目在全国各个电视台的泛滥,节目之间的邯郸学步、千篇一律成为许多策划、制作人无法摆脱的窠臼。继"超女"节目之后,各种娱乐选秀节目纷至沓来,《闪亮新主播》《美丽中学生》《新声夺人》《超级偶像》《魅力主持人大赛》等选秀节目如雨后春笋般遍地开花,而与《超级女声》

同一性质、同一时期的《梦想中国》《我型我 SHOW》也在全国高调开锣,相互之间竞争的激烈程度可想而知。更有甚者,如东方卫视的《加油,好男儿》节目连节目的程序都无需修改,直接套用"超级女声"的单性别操作模式。面对此况,国家广电总局收听收看中心不得不在 2005 年 8 月 4 日的《关于收看近期"超级女声"决选情况简报》中提醒:"希望一些跟风克隆《超级女声》的娱乐节目就此'罢手'。"

三、电视节目的品牌塑造

CIS 系统(Corporate Identity System)即企业形象识别系统,是指将企业经营理念与精神文化,运用整体传达系统(特别是视觉传达系统),传达给企业内部员工和大众,使其对企业产生一致的价值观或认同感,从而形成良好的企业形象,并打造成功的促销产品设计系统。CIS 系统由理念识别(Mind Identity)、行为识别(Behavior Identity)和视觉识别(Visual Identity)三方面构成。CIS 系统虽然是针对企业设计的,但是对于电视节目同样具有借鉴意义。

1. 节目品牌的理念识别

理念识别(Mind Identity)是指企业在长期的经营实践活动中形成的与其他企业不同的存在价值、经营方式,以及生产经营的战略、宗旨、精神等。日本著名的百货商店银座松屋店曾将"顾客第一主义"作为其理念;麦当劳的企业理念是"时间、质量、服务、清洁、价值"。企业理念识别的实质在于确立企业的自我,以区别于其他企业。

理念识别是企业识别系统的核心、灵魂和宗旨,是组织赖以生存的原动力,属于思想文化意识层面,它规定了 CIS 系统的整体方向。对外它是企业识别的尺度,对内它是企业内在的凝聚力。

一个有价值的节目品牌,往往承载着与受众有共鸣意识的核心理念,理念是对自身受众群体传递的核心承诺,有着举足轻重的作用。对于电视媒体来说,应把频道的精神内涵和文化内涵,运用形象化、规范化、系统化的形式展现给社会和受众,使其在受众内心产生一定的认同感和价值感。

《东方时空》在节目开头和中间播出的广告语:"东方之子,浓缩人生精华""时空报道,关注社会热点""生活空间,讲述老百姓自己的故事"这几句广告词,极好地阐释了节目的宗旨和追求,家喻户晓,人人耳熟能详。

《艺术人生》的广告语是"让荣耀回归平凡,让平易沟通尊贵"。从这句广告词我们可以认为《艺术人生》的追求不仅仅是一档好看的明星谈话节目,它还要做一档"散发人性光芒"的"有强烈社会责任感的"明星谈话节目。《艺术人生》节目的理想就是把高品位文化理念引入当今通俗的娱乐圈,做"用文化引导娱乐,用品位提升娱乐"的探索者和开路人。

《交换空间》是央视财经频道一档贴近百姓,以倡导自己动手、节俭家装、环保家装、轻装修重装饰为理念的家装真人秀节目。所有将要家装的、正在家装的、已经家装的,热爱生活、热爱家庭的人群都是节目的收视对象。栏目的核心内容是在保障观赏性的同时,提供装修知识、家装创意、家装常识,目的是让所有的电视观众重新认识家庭装修的乐趣,推广绿色环保装修,同时促进人与人之间的交流与理解,和睦相处。

《交换空间》其实是对美国一档同类真人秀节目 *Merge* 进行的本土化移植与改造,但这并不妨碍它在中国观众中的美誉度。《交换空间》代表了真人秀节目现阶段的发展特征,原本难以解决的伦理归属问题被置换为积极的生活理念和深度的人文关怀。在栏目的实际运作过程中,规避了原本由商业利益和资本逻辑驱动而导致的对残酷竞争、金钱和性的诉求,取而代之的是由社会价值利益驱动的人文价值观。

2. 节目品牌的行为识别

行为识别(Behavior Identity)的要旨,是企业在内部协调和对外交往中应该有一种规范性准则。这种准则具体体现在全体员工上下一致的日常行为中。也就是说,员工们的一招一式的行为举动都应该是一种企业行为,能反映出企业的经营理念和价值取向,而不是独立的随心所欲的个人行为。行为识别系统是理念识别系统的外化和表现。行为识别是一种动态的识别形式,它通过各种行为或活动将企业理念贯彻、执行、实施。

行为识别系统几乎覆盖了整个企业的经营管理活动,主要由两大部分构成:一是企业内部系统,包括企业内部环境的营造、员工教育及员工行为规范等;二是企业外部系统,包括产品规划、服务活动、广告关系及促销活动等。

2011 年 5 月,东方卫视依托上海国际化大都市的区位优势,全新改版。此次改版确立了现用的频道品牌方案,频道口号为"梦想的力量,你我同在",频道定位是"新鲜、新锐、都市、国际"。

一个良好的传媒品牌形象,需要通过前期的理念识别确定频道理念,再通过行为识别进行实际活动展开,辅之以媒体的包装,得到完整的品牌形象的塑造。东方卫视将频道理念运用到频道运作的每一个活动中。"相信梦想,相信奇迹"是《中国达人秀》节目的口号,也是频道理念具体化的体现。《梦立方》《中国梦之音》等以"梦"命名的节目和家庭圆梦的《幸福魔方》、真爱之梦的《百里挑一》从不同的侧面实践着频道的理念。

东方卫视的频道口号"梦想的力量,你我同在"一经推出,便因理念充满"正能量"而为许多观众所接受。在新浪微博上,可以看到用户利用东方卫视的频道口号或激励自我,或发出祝愿,用事实印证了公众对东方卫视品牌形象的认同。

凤凰卫视的品牌创新并非无源之水,无本之木。凤凰开放的制度体现在管理上,就是一种放手式的授权管理模式。凤凰在管理中不是一味地集权,而是给予员工足够的信任,合理地放权,让每个人在其创作范围内都具有一定的决策权,这样,一方面员工的主动性大大地加强了,另一方面企业管理的压力也就相对地减少了,可以腾出更多的人力和精力投入到更容易产生效益的方面去。

凤凰内部的面向员工的宣传资料中,出现过一个有趣的提法——"两种宗教"。表 2-3 显示了在传统封闭管理和全新的开放管理两种模式下,员工的状态有着怎样的不同。

表 2-3　凤凰的"两种宗教"

	封闭管理	开放管理
工作表现	遵守规范、程序和公司政策; 协调、计划、避免错误; 等待信息提供; 在职权范围内活动	领会目标/业务,发扬首创精神,抓住机会; 在失误中汲取经验教训、培养直觉; 自己搜集所需信息; 集中关键目标,筹集所需资源
个性表现	注重实际、谨慎; 控制或被控制; 策划未来的方式	创造性的、赶新潮的; 协议管理; 生活的方式

资料来源:钟大年、于文华主编:《凤凰考:建构一个新传媒》,北京师范大学出版社2004 年版,第 238 页。

3. 节目品牌的视觉识别

视觉识别(Visual Identity)是指将企业的一切可视事物进行统一的视觉识别表现和标准化、专有化。通过视觉识别,将企业形象传达给社会公众。视觉识别最主要的特征是外在、直接、具有传播力和感染力。心理学认为,人类接受的信息总和中,由视觉器官获得的占 83%,而理念识别和行为识别均缺乏视觉表达，因此，通过视觉设计最能传达企业的理念、宗旨，是树立形象、提高知名度最有效最具刺激力的方法。

视觉识别系统又可分为两大主要方面：一是基础系统，包括企业名称、品牌标志、标准字体、印刷字体、标准图形、标准色彩、宣传口号、经营报告书和产品说明书等八大要素；二是应用系统，它至少包括十大要素，即产品及其包装、生产环境和设备，展示场所和器具、交通运输工具、办公设备和用品、工作服及其饰物、广告设施和视听资料、公关用品和礼物、厂旗和厂徽、指示标识和路牌等等。

电视栏目品牌经营的一个重要标志就是栏目标识的设立。除此之外还包括栏目的名称、片头、主持人、背景音乐、时长、片尾等细节都应该保持相对的统一。在国际上，一个电视品牌节目的标准化生产是确定产品信任度的重要保证。一方面，栏目标识是快速、直接地区别于其他节目的手段，另一方面，它又是栏目理念的浓缩，能体现厚重的文化内涵，诠释栏目的境界追求。故而这些标识一般都遵循"简洁、鲜明、富有文化意蕴"的原则，具有深邃的文化内涵和强烈的视觉冲击力。

CNN是一个不停转动的蓝色地球标识，这个标识十分醒目，表明它是一个全球性的新闻频道，寓意CNN国际新闻频道"面向全球，关注世界"的理念。近年来，CNN的片花更是以极快的速度展现世界各大洲的标志性建筑，如法国的凯旋门、英国的伦敦桥、印度的泰姬陵、中国香港特别行政区的中银大厦、澳大利亚的悉尼歌剧院等，进一步增强了该频道的整体观赏性与全球意识。

美国国家地理频道NGC的标识是一个黄色小方框，荧屏右上方人的这个黄色小方框永远不变，但是从小黄框里不时地钻出一只北极熊，飞出一只鸟，爬出一只蚂蚁，或者摆放一把登山镐、一支羽毛笔、一把钥匙等等，显然，这个小黄框寓意NGC频道是一个通向大自然之门。而这个小黄框实际上又来源于美国地理协会主办的权威刊物《美国国家地理杂志》，这本杂志每期都有一个黄框在封面四周。显然，这样的标识不但十分醒目耐看，而且将频道的特色乃至主办单位都十分清楚地传达给了受众。

凤凰卫视中文台的标识是两只凤凰组成的圆形图案，以淡黄色为基本色调，具有浓郁的民族特色，视觉效果好，文化意蕴深刻，非常富于张力。设计者刘长乐总裁阐释说，中国人自古将凤凰视为吉祥如意、和平安康的象征。凤凰卫视与新闻集团的合作，本身就是前无古人的联姻。她借凤与凰的阴阳交汇,预示东西方文化、传统与现代文化的一次历史性的整合重组。为了向社会充分展示自身的品牌形象,凤凰卫视在一些大型户外活动和时事直播活动中,常常通过工作人员的统一着装来突出形象的整体感,就连随凤凰卫视采制"千禧之旅""欧洲之旅""寻找远去的家园""两极之旅"的车队,也因其车身描绘有金凤凰图案,成为凤凰卫视的户外流动广告,沿途给人以强烈的视觉冲击,留下深刻印象。[1]

这些例证充分表明,专业化频道的形象设计对于电视频道的品牌传播来讲极其重要。

第二节　电视节目的管理

管理一词,是"管"与"理"的合成。主其事者谓之"管",治其事者谓之"理"。所谓管理,是社会组织中管理者为了实现预期的目标,以人为中心进行的协调活动。

经营管理的过程就是管理者运用组织资源最终达到组织目标的过程,组织资源的各个方面通过经营管理的各个步骤,逐渐形成合力,最终达成组织目标。

电视节目的管理,其实质是运用电视传媒机构组织的人力、物力、财力等资源,通过适当的计划、组织、人员分配、指导、控制及内部协调,使电视节目的资源系统发挥最高效能,以达成大众传播的组织目标。电视节目的策划、生产、传播、推广,需要一套行之有效的电视节目管理机制予以保障。

一、生产"标准化"

美国著名社会学家乔治·里茨尔在《社会的麦当劳化——对变化中的当代社会生活特征的研究》一书中指出,麦当劳快餐店的经营方式典型地体现了现代社会的合理化进程。麦当劳模式之所以会取得如此巨大的成功,原因在于它为消费者、工人,以及经理人员提供了效率、可计算性、可预测性和可控制性。而这些正是现代社会的合理化过程的真谛之所在。

标准决定质量。有什么样的标准就有什么样的质量,只有高标准才有高质量。标准化的本质是统一。所谓标准化,就是在经济、技术、科学及管理等社会实践中,对重复性事物或概念,通过制定、发布和实施标准,达到统一,以

---

[1]　许向东:CIS与媒体形象的塑造,《新闻与写作》2004年第3期。

获得最佳秩序和社会效益。大规模的重复性生产,如果没有统一标准,企业就无法正常生产和管理,全部活动必然会因为失去准绳而陷入混乱。标准化推动规模化。标准化解决了企业生产、经营、管理过程中的统一、秩序、效率等重大问题,使规模化生产得以有序进行,获得相应的规模经济。

电视节目生产的"标准化",是以节目内容为核心,围绕节目的成本预算、主题定位、时间长短、风格类型、设计包装等来建立整套标准。在这样的标准下,电视制作方能够最大限度地减少每期节目制作可能出现的差错和意外,在规定的时间里使电视节目的制作风格统一、水准整齐,既保证节目的质量,又能提高效率,还能够尽可能避免人员物资的浪费使用。[①]

大量的实证研究证明,在电视竞争日益激烈的情况下,流程化的工种设置和分配是欧美电视界通行而有效的做法,而且不同的节目形态要求有相应的流程化设置。科学的节目生产流程只有纳入与之相应的节目整体运行机制中,才能充分发挥其应有的效用。

中央电视台新闻中心节目生产和整体运作标准化早在 2002 年就已经通过了 ISO 9001:2000 的认证。央视二套《对话》栏目实施的 81 条导演操作流程中,连准备工作人员饮用水都作为节目录制链条中必不可少的一环。

近年来,标准化已被江苏省广播电视总台新闻中心越来越多地使用在一些主打新闻栏目和重大活动项目的运作中,并且取得了预期效果。例如,荆雷《"标准化"在电视新闻栏目中的运作》一文介绍了选题标准化申报的具体规范要求,见表 2-4。

表 2-4　选题标准化申报表

申报要素	内容要求
主题	解决节目"说什么"的问题。即节目的主旨和立意。阐述做这档节目的必须性。围绕重要性、故事性、时宜性、独特性等方面来考虑。
事件	即我们常说的新闻由头。要求叙述简练、清楚。
背景	事件背后的故事。相关政策规定、同类型事件的普遍性、相关数据、相关链接等。
结构	解决节目"怎么说"的问题。比如悬念设置、故事展开、论证过程等。逻辑清晰,悬念设置,节奏紧凑。

---

① 曾祥敏、何辰:探析电视节目生产的"标准化"建设,《中国电视》2011 年第 8 期。

续表

申报要素	内容要求
细节	解决强化节目"兴奋点"问题。根据采访内容,预计可能会出现哪些我们所需要的"亮点"?用什么办法可以拿到、或者说可以更精彩?有些细节是需要记者的策略来实现的。你的智慧应该在报道时就体现出来,避免在采访时打无准备之仗。
其他	解决如何"说得更好"的问题。就是说,这档节目除了内容以外,你有什么高招让它区别于其他节目,实现自我的突破和节目的突破?对表现形式、叙述方法、包装等一切有利于提升节目质量的想法都应该通过这里展示,并具体实施在节目中。(比如:用记者现场调查形式贯穿全片,用各种背景画面吊观众的收视兴趣,突出冲击力等)

资料来源:荆雷:"标准化"在电视新闻栏目中的运作,《视听界》2006年第3期。

在这张表里面,新闻部门把新闻要素全部作为选题申报必不可少的要点。记者报题,必须要按照这张表详细填写,否则选题不予审批。只有两种特殊情况,才可以实施机动策略。这两类情况是:(1)特殊节目因时间要素等无法详细报题的须经当班负责人同意,并口头汇报操作思路;(2)外出采访情况有变,不能沿续选题单进行操作的,须第一时间与值班负责人沟通,因地制宜。

结合选题申报表,制片人审批选题更加准确、快捷,对记者的指导意见更有针对性;记者的拍摄路径更加清晰,基本杜绝了选题无效而造成的"废片";节目整体质量也得到了保障。

二、节目评估

电视节目评估是电视媒体为了保证、提高节目质量和传播效果,由媒体自身或委托有关机构按一定的原则、标准和程序,运用科学的方法对节目质量及其产生的经济效益、社会效益所进行的评定和估算。节目评估指标是指在节目评估过程中所制定的能反映节目质量的评估点。

以量化指标为主要标准的栏目评价体系,包括栏目收视评价指标、栏目成本效益评价指标、栏目受众评价指标、栏目专家和权威人士评价指标、栏目责任人评价指标、栏目各岗位评价指标等。无论是栏目的评价指标、栏目责任人的评价指标,还是其他栏目工作人员的评价指标,都力求全面、客观、系统,具有较强的操作性。中国主要电视媒体自创的节目评估体系见表2-5。

如电视栏目的评价指标,至少应该包括以下方面:

(1)舆论导向；

(2)收视率；

(3)观众满意度；

(4)知名度；

(5)影响力；

(6)单位时间制作成本；

(7)投入产出比；

(8)节目制作质量水平；

(9)差错率。

表 2-5 中国主要电视媒体自创的节目评估体系

媒体名称	主要指标和特点
中央电视台（2010 年之前）	1. 对中央电视台栏目进行分类，建立节目分类体系 2. 对影响节目质量的各项因素进行排查，确立用客观指标、主观指标和成本指标对中央电视台的栏目进行评价 3. 对各项评价指标分别加权，最终获得栏目的综合评价指数
中央电视台（2011 年 5 月后）	1. 引导力 2. 影响力（包括公信力和满意度） 3. 传播力（包括收视目标完成率、观众规模、忠诚度、成长趋势） 4. 专业性（专业品质）
上海广播电视台	1. 收视率指标 2. 评议指标 3. 预算、成本指标
湖南广播电视台	1. 收视率 2. 市场份额 3. 收视负载比。即时段越好，占据时间越多的栏目应做出更大的贡献。收视负载比的计算基础是收视量。根据各栏目的收视负载比，还可以计算出该栏目在播出时应肩负的创收任务和指标 4. 负载点盈利。盈利是指除去栏目成本后的直接盈利。湖南电视台从 2002 年 3 月开始试行全额成本核算。各栏目根据其收视负载比可计算出承担的创收指标，在此基础上减去栏目的制作成本，再除以栏目的播出时间，就是栏目的负载点盈利 5. 点成本。指栏目取得一个收视点需要投入的成本数。点成本评价指标把栏目收视率与栏目制作成本联系起来，构成一个互动的评价指标。它对栏目有明确的收视要求，对制作成本提出了一定的控制要求

电视节目生产的成本控制是电视台或电视节目制作公司成本管理的一个基本环节,也是成本管理的基础。电视节目生产成本反映的是电视台或电视节目制作公司当期节目(产品)所包含的成本。

电视节目生产(制作)的成本控制,就是根据一定时期预先确定的成本预算目标,对电视节目生产制作过程中所发生的直接材料费用、直接人工费用和制造费用(电视台或电视制作公司为组织和管理电视节目生产所发生的各项间接费用)采取监督和调节措施,以保障成本核算的实现和合理成本补偿的一种管理活动。成本控制是电视节目生产制作成本管理的有效实现渠道。

近些年来,国内电视台已经有了一些成功的作法,但总的来说,还在探索之中。栏目的成本效益状况,主要靠投入产出比来体现。

计算电视栏目投入产出比的公式是:投入产出比=栏目的年总收入÷栏目的年总成本×100%。

栏目的总收入主要包括:栏目带动的广告收入、栏目接受企业和社会各界赞助的收入、栏目组织社会活动产生的收入、销售节目取得的收入等。

栏目的总成本主要包括:员工工资、绩效工资和福利、节目采访制作经费、设备维护折旧费、耗材费、车辆维护与折旧费、节目播出时段费、房租水电费、各项管理费、税收等。

栏目收入与投入产出效益成正比,栏目成本与投入产出效益成反比。

2006年5月20日,直播长达20天的央视第十二届CCTV青年歌手大奖赛团体赛总决赛正式"鸣金收兵"。解放军第二炮兵文工团摘走了本届青歌赛团体赛总决赛桂冠。观众收视人数累计突破3个亿,获得企业赞助5700多万元,短信来电收入高达1200多万元,插播广告高达9000多万元,累计20天时间,净赚1.4个亿,加上青歌赛在国内外的品牌价值影响,青歌赛的盈利远远不止这个数目。

江西卫视《传奇故事》节目的生产模式,是首先从其他电视台购买已播出的节目,然后对其进行深加工、再创作,从中提炼出新的观点,制作出与原有样片不同性质、不同效果的新节目。这种从其他媒体购买生产原料的做法,直接有效地降低了生产单位产品材料的成本。根据有关资料,《传奇故事》从全国电视频道收购节目的价格,低者四五百元一期,高者不过两三千元。如果以每期节目的最高生产成本5000元来计算,按照江西卫视2012年广告招商价格表,假设《传奇故事》只有一个片前广告和一个插播广告,而且时长都以 5 秒来计算,其广告收入是 44500 元,产出与投入之比高达 8.9∶1。但事实上,其产出投入之比要远远高于这个数字。因为该栏目播出时间是 22∶05 分,但是其广告时间是从 22∶02 分开始,其中有 3 分钟的时间是广告时间,可播放 36 个时长为 5 秒的广告,每个广告标价为 19500,那么其利润可想而知,而且这其中还没有算入节目中插播的广告和该栏目的冠名权费用。[①]

三、节目监管

政府部门对大众传媒的管理和控制,可以分为节目内容与市场结构两种基本形态。

节目内容是指政府以法规或政策等形式对媒介所传播的特定的内容作禁止、限制或强制媒体刊播的规定,从而达到使传播内容符合社会公共利益的调控目的。

2011 年 10 月 25 日,国家广电总局下发了《关于进一步加强电视上星综合频道节目管理的意见》,提出从 2012 年 1 月 1 日起,34 个电视上星综合频道要提高新闻类节目播出量,同时对部分类型节目播出实施调控。《意见》提出:对节目形态雷同、过多过滥的婚恋交友类、才艺竞秀类、情感故事类、游戏竞技类、综艺娱乐类、访谈脱口秀、真人秀等类型节目实行播出总量控制。每天 19∶30 至 22∶00,全国电视上星综合频道播出上述类型节目总数控制在 9 档以内,每个电视上星综合频道每周播出上述类型节目总数不超过 2 档。每个电视上星综合频道每天 19∶30—22∶00 播出的上述类型节目时长不超过 90 分钟。

同时,《意见》还在强化监管方面提出一系列要求,明确提出省级广播电视行政管理部门均须建立专门收听收看机构,并配备专业人员,重点跟踪检查广播电视过度娱乐化和低俗问题。另外对收视率排名,《意见》提出"三不",即不得进行节目收视率排名,不得单纯以收视率搞末位淘汰制,不得单纯以收视率排名衡量播出机构和电视节目的优劣。

2011 年 10 月 11 日,国家广电总局下发《关于进一步加强广播电视广告播出管理的通知》(以下简称《通知》),针对电视剧中插播广告的时间、长度以及广告类型作出进一步规定。《通知》强调要规范影视剧和新闻节目中间插

---

① 叶俊松:媒介市场细分语境下的电视栏目低成本运营——以江西卫视《传奇故事》为例,《媒体时代》2012 年第 5 期。

播广告的行为,禁止在片头之后、剧情开始之前以及剧情结束之后、片尾之前插播任何广告。此外,还规定新闻节目主持人也不能为商业广告做代言。

11月25日,广电总局向各省、自治区、直辖市广播电视局,新疆生产建设兵团广播电视局,中央三台,电影频道节目中心,中国教育电视台发出《关于贯彻执行〈广播电视广告播出管理办法〉的补充规定的通知》。《通知》说,《〈广播电视广告播出管理办法〉的补充规定》(广电总局令第66号)将于2012年1月1日起正式实施,规定全国各电视台播出电视剧时,每集电视剧中间不得再以任何形式插播广告。[①]

美国联邦通信委员会认为,"不雅"是指内容含有色情成分或涉及排泄功能,但又未达到淫秽下流的地步。根据联邦通信委员会的规定和联邦法令,电台和电视台在任何时段都不可以播出内容淫秽的节目,晚上6点到10点的合家欢时段不可以播出内容不雅的节目。

据2006年6月17日新浪网报道:"布什签署法案整治美国低俗及色情节目。"凡是内容越过"不雅界线"的节目将面临比以前高10倍的罚款。在广播频道上讲淫秽语言或有失体统地暴露身体,每次最高可被联邦通信委员会罚款32.5万美元。法案的触发点,是2004年女歌星珍妮·杰克逊在"超级碗"球赛中场休息音乐会的表演期间露胸。该委员会拒绝CBS属下的电视台就珍妮·杰克逊案提出的求情,电视台将面临55万美元的罚款。

市场结构是指政府对媒介的市场环境进行有效调控,包括资源配置(如频谱的分配、广播电视执照的核发等),使有经营资格的大众传媒的传播活动符合公众利益。

江苏教育电视台2012年11月24日录制竞猜节目《棒棒棒》时,违反国家有关宣传管理规定,为干露露母女丑恶言行提供展示舞台,同时擅自变更节目设置范围,大量播出非教育教学节目,11月30日零时起被广电总局停播整顿。12月28日,经国家广电总局批准,被停播整顿的江苏教育电视台并入江苏电视台,开办江苏电视台教育频道。该频道于29日零时正式开播。

四、节目研发

电视节目研发对于当今电视形态的发展具有重要的引领作用。越来越

---

① 强月新、姜欣:谋划开局　深化改革　飞速发展——2011年中国媒体发展盘点,《中国媒体发展研究报告》2013年第6期。

多的电视传媒重视并加强节目研发力量,设立节目研发机构,引进研发人才,开发适销对路的节目产品。从节目研发与市场营销的关系上而言,电视节目的研发,直接决定着电视收视市场与媒体的创新发展能力。

"中国传媒创新能力调查"显示,75家传媒研发机构中非常健全的占24％,比较健全的占46％,一般的占17％,非常不健全的只有1％,不少传媒单位的研发部门直属所在单位党组,主要领导直接抓研发工作。有些电视台,如上海、重庆、辽宁、陕西、江苏、湖南等已将研究部门称为"发展研究部""规划发展部""研究发展中心""发展战略研究部",这不仅仅是名称的改变,更是地位、任务、作用的定位转型。

上海文广新闻传媒集团成立节目研发中心,长期跟踪全球最新最火的节目,使他们能够及时发现优秀的节目模式,并推荐给电视台使用。火爆沪上的《舞林大会》就是在研发部的支持下推出并抢得市场先机的。

节目研发的一个前提条件是经费投入,没有较大的投入,就很难有较大的产出和创新。世界发达国家研究与开发经费占销售的比重平均在5％左右,而我国企业平均为0.5％,与发达国家相差近10倍。日本的一位企业家曾说过:企业的研究开发投资占销售额的1％,企业难以生存,占2％可能勉强维持,占5％才有竞争力。[①] 由此可见,增加研发经费是我国电视节目保持竞争力、扩大市场份额的关键要素。

近些年来,我国省级卫视争相引进或开发新节目,制造了不少新的节目引爆点。在节目引进方面,浙江卫视斥资引进《中国梦想秀》,江苏卫视全新制作《非常了得》,深圳卫视引进比利时的"Generation Show"制作出《年代秀》,等等。一些国外的综艺节目经过一定程度的本土化改造之后,也焕发出活力,成为电视节目市场的一抹亮色。如《爸爸去哪儿》引发收视热潮,伊利以3.1199亿元拿下第二季独家冠名。在节目开发方面,央视新闻频道的《新闻1＋1》节目,是电视研发与营销方式创新转换的一次有益尝试。"1＋1"即一位主持人、一位新闻评论员在演播室展开双人谈话,并配以短片、现场报道、电话连线等形式,选题主要围绕"时事政策、公共话题、突发事件"展开。由于它突破了长期以来国内新闻节目"一人播报"的单一模式,因而给人以耳目一新的感觉。

---

① 谢耘耕、周志懿:中国传媒创新能力调查报告,《传媒》2008年第3期。

五、广告营销

"广告的使命是把作为大众信息的商品以及服务的存在,向公众进行传播,使企业的形象得以提高,从而直接或是间接地促进商品以及服务的销售,并把社会经济的繁荣作为自己的责任。"①电视广告是电视节目的有机组成部分。电视的主要收益是广告费,而广告商是否投入广告主要取决于电视的收视率,收视率的高低直接决定着一个节目甚至一个媒体的生死存亡。

2005年,历时5个月的《超级女声》获得了极高的收视率,央视—索福瑞的数据显示:《超级女声》的平均收视份额达到26.22%,个别时段的收视份额高达49%。总决赛的广告报价为15秒11.2万元,打破了省级卫视频道的广告价格比央视低的惯例。主办方称,《超级女声》决赛期间的平均收视率超过中央电视台的"春节晚会"。

中央电视台广告经营中心佘贤君认为,广告产品的价值在于它所依托的节目的价值。客户到电视台投放广告,通常会说"我要投《新闻30分》""我要投《经济半小时》"等等。因此,通过包装、宣传等方式,让广告产品与相应频道、栏目品牌形成紧密的关联度,是广告产品品牌化的重要手段。

在广告创新时,要避免广告过度开发,要让大家觉得广告合情合理。如果广告过度开发,喧宾夺主,往往会影响节目质量,降低节目收视率。节目受到影响后,广告的效果自然不好,形成恶性循环。节目是"鸡",广告是"蛋",在广告形式创新中,不能为广告而伤了节目,不能"杀鸡取卵"。实际上,如果广告与节目的关系处理得好,真正形成广告与节目的良性互动,还会让观众觉得合情合理,乐意看广告。例如:2006年湖南卫视特别节目《名声大震》中,在关闭选票通道前的最后100秒(节目中叫"100秒拯救")是等待时间,在这个时候插入广告,是一种创新的广告形式。这个时候,是最紧张的100秒等待,观众不会因为广告而换台,广告效果好。同时,这个时候插入广告,观众也觉得合情合理,甚至喜闻乐见,是广告与节目良性互动的典范。②

如今的电视资源看似混乱,但在黄金时段广告资源稀缺、投放成本日益高涨的电视行业,优质资源依然受到客户追捧:CCTV2011年黄金资源广告招标总额达到126.687亿元,再创17年来的新高;湖南卫视《天天向上》以单

---

① 钟以谦:《媒体与广告》,中国人民大学出版社2001年版,第6页。
② 佘贤君:电视广告营销中的产品策略,《电视研究》2007年第11期。

节目全年超 1.3 亿元的价格成为国内冠名费最高的综艺节目。在观众和广告市场双重作用下,媒体逐渐步入全面的价值型发展时期,优质媒体和具有实力的企业的"双马太效应"越来越明显。同时,随着电视媒体在品牌营销领域的日渐成熟,广告主与媒体、媒体与消费市场之间的关系将上升到更高层面,联结也更为紧密。央视、湖南卫视、江苏卫视、安徽卫视几乎选在同一时期进行 2011 年黄金资源的广告招标,这不仅是强势媒体打入新一年广告市场的一剂强心针,也宣告媒体品牌时代的正式来临。[①]

需要指出的是,从制播分离的角度出发,外卖节目一般不宜携带硬广告。因此,电视节目制作者在选择赞助商的时候应当考虑:一方面,要考虑赞助商提供的产品是否是该节目受众所集中需要的,一个节目之所以能够形成固定的受众,是因为该节目能够为这些受众提供他们集中所需求的东西,而这可能是节目中提供的信息,也可能是节目提供了他们所喜爱的娱乐形式;另一方面,要考虑到这一产品是否符合本节目的风格,每一个节目都有它的风格,赞助商会根据自己的产品目标受众来塑造产品自身的风格或气质,因此电视节目在寻找赞助商时最好寻找与自己节目风格相符的产品。[②]

六、人员管理

在人类社会发展的三大资源——物质资源、信息资源和人力资源中,人力资源是唯一可以连续投资、反复开发利用的第一资源。

赫克尔(E. Haeckel)曾说:"人和人之差,有时比类人猿和原人之差还远。"[③]这就是说,优秀的杰出的人才具有绝对意义上的不可替代性。

以英国经济学家格雷欣名字命名的"格雷欣法则"(即两种货币同时流通时,金属含量较低的货币必将金属含量较高的货币逐出流通领域的"劣币驱逐良币"规律)启示我们:由于企业在薪酬管理方面没有充分体现优质优价原则,高素质员工的绝对量尤其是相对量下降——这一方面表现为对自己薪酬心怀不满的高素质员工另谋高就;另一方面亦表现为企业外高素质人力资源对企业吸纳祈求消极回应。

20 世纪 60 年代,以舒尔茨为代表的经济学家提出现代人力资本理论,认

---

① 陈刚、赵梅:电视媒体的新机遇与电视广告经营的发展,《电视研究》2011 年第 1 期。
② 宋薇:电视节目营销策划初探,《电影评介》2013 年第 1 期。
③ 鲁迅:坟·论睁了眼看,载《鲁迅全集》编年版第 3 卷(1925 年),人民文学出版社 2014 年版,第 345 页。

为人的健康、生产技术和生产知识是一种重要的资本形式,人力资本比物质资本在社会生产和经济增长中的作用更加明显,贡献比重更大。因此,千方百计地聚集和开发各种人力资源,发展"激励性契约",业已成为传媒集团保持竞争力和生产力的核心问题。

现在国内的一些电视台,在台领导之下设中心主任,在中心主任之下设部主任,在部主任之下设科(组)长,在科(组)长之下才是栏目制片人(或制作人)。多层级管理,不但造成管理成本过高,指挥调度不灵便,也压抑和制约了包括栏目责任人在内的栏目所有工作人员的积极性和创造性。

调动节目人员的积极性和创造性,首要的是承认电视节目生产工作的特殊性,承认它与一般工作的差异性。解决上述问题的可行办法是:一是尽量减少垂直管理的层级;二是尽量减少垂直管理人员主观管理的内容;三是将能够量化客观化的管理内容转化为有关职能部门的管理内容;四是将部分行政管理转变为工序管理;五是推行数字化管理等。此外,还应该在职务晋升、职称评定、收入分配、福利待遇等方面体现对栏目和栏目人员的激励。

"情感+高薪+制度"是凤凰卫视规避名人跳槽的办法。凤凰除了给予主持人高薪外,还有一定数量的配售股权奖励。根据一份凤凰卫视招股书附录六,凤凰卫视向包括两位公司董事、四位高级管理人员以及146名其他员工的授出股份中,位列承受人第10名的就是窦文涛,获得1064000股,陈鲁豫和许戈辉与他并列,而吴小莉更高达1596000股,他们获得的配售仅次于凤凰少数几位总裁级的高级管理人员。另外,凤凰还为主持人提供了一套很好的制度保障以及对明星的培训和提升机制。凤凰的这些保障给了名主持人归属感。

央视《今日说法》栏目每半年给记者打一次分,分数高低完全由节目数量、节目质量和工作能力决定。评分标准是完全透明和公开化的,制订得相当细致。排在前20%的记者将在下半年享受双薪;排在中间70%的记者保持正常待遇;排在后10%的记者就进入末位淘汰系列,取消工资和福利待遇。

【延伸阅读】

项目经理人制是融媒体时代管理模式的创新

进入融媒体时代,越来越多的电视人发现,一个制片人或者一个制作团队已经无法满足现代传播的要求。在互联网时代,传播早不再是传统意义上的单向传播,它具有更多的互动性、双向传播、碎片化传播等特征,已经成为一个全产业链条,必须由多个团队一起策划、一起执行才有可能完成一次完整传播。

在融媒体时代,项目经理人制与制片人制有着质的区别。制片人是面向播出机构提供节目的内容生产商,而项目经理人是面向用户提供产品和服务的组织。制片人更多追求的是高收视率,而经理人追求的是用户黏度。独立制片人的独立性表现在独立筹措资金或投资、独立操作、独立发行、自负盈亏等。真正市场化的独立制片人,需要自己去市场上解决资金、团队、设备、节目导向等问题来制作完成一期又一期的节目供电视台播出。与此同时,电视台会提供一定数量的广告时段作为回报,独立制片人需要有能力把这些广告时间在法律允许的范围内变现从而来支撑栏目的运行。目前,电视台对独立制片人的考核一般就是收视率和创收两个主要指标。项目经理人可以说是互联网时代传媒机构的产物,项目经理人管理模式启动后,一个项目从创意到上市,所有的研发、策划、拍摄、制作、合成、包装、播出、后期等环节全部由项目经理人把控。一个项目经理人带出一条生产线,经理人就是这条生产线的总指挥、总策划、总导演,对栏目或节目的收视、成本、利润、市场以及后续开发等整个产业链承担全部责任。

过去传统意义上的制片人还不是项目经理。项目经理人不仅应该懂创意、会管理,还要能开辟市场。在新媒体和市场的推动下,制片人应该向项目经理人转型,既要熟悉传统媒体,又要学会适应新媒体,能够应对新媒体带来的种种变化,努力打造更多有影响力、接地气、有市场的好节目。从过去的主要关注收视率转向增强用户黏性,提高用户数量和忠诚度,为用户提供更多更好的服务,这一点是传统媒体转型发展中非常重要的一个方面。综合起来,独立制片人与项目经理人的不同主要体现在以下五点。

第一,任务不同。独立制片人工作的主要任务是生产内容,而项目经理人的任务是生产产品和提供后续服务。产品与内容最大的不同在于产品要留意用户的关注度并进行维护,而内容则是以引起观众接收、提高收视率为核心。

第二,产品不同。独立制片人生产的产品主要为电视节目,而项目经理人生产的产品不仅有传统的电视节目,还有网络视听节目,还包括电影、音像制品、电商产品、培训教材,甚至玩具、服装、工艺品,等等。独立制片人的产品是单一的,而项目经理人产品是多元化、综合的。

第三,主导者不同。独立制片人一般是一个团队在执行,围绕独立制片人的思维开展一系列的节目策划、制作、播出等,制片人个人一般是这个团队中的最高决策者,他的个人思维对栏目、节目形态影响非常大。项目经理人一般以一个团队为主导,多个团队相配合集体执行,是更深层面的团队操作。在这个团队中,没有行政级别以及岗位的不同,队员之间通力合作,应对新媒体带来的各方面变化,开展节目运营。

第四,责任不同。独立制片人主要对制作节目的质量负责,在此基础上对资金、发行负责,经营上自负盈亏。而项目经理人要负责项目设计和预算、组建团队、参与投标、筹措经费、协调关系、处理矛盾,尤其是产品后续产业链的开发与运转等,还要兼顾线上运行和线下拓展,从而确保整个项目的进度和质量,带动整个产业链条高效运转。

第五,身份所属不同。在制片人制的管理模式中,制片人的身份一般是电视台正式员工,在体制内的占绝大多数。而在项目经理人制的管理模式中,团队一般都是通过竞标的方式拿到项目,员工身份大多不在体制内,多数为项目合作制。

——摘自李振中:融媒体时代电视台节目管理方式研究,《传媒》2017年3月(上)。

第三章

电视新闻节目的策划

新闻是最具价值的媒介公共产品,电视新闻是一种地位较高的电视类别。新闻立台之说,意味着新闻节目在电视传媒机构中具有无法替代的重要作用。尽管如今网络媒体异军突起,贵为新宠,且新型的娱乐、综艺、选秀、益智节目日益蚕食着电视的版图,但是,电视新闻节目依然是受众喜爱的选项,是受众接触电视媒体最主要的目的之一。

第一节　电视新闻节目概述

一、电视新闻节目的定义

英国著名传播学家大卫·麦克奎恩认为:"新闻的定义一直在变化着,今天被电视新闻编辑部视作新闻的许多事件在 30 年前毫无疑问会被否决,反之亦然。不仅'重要的和有趣的'评判标准已经发生了戏剧性的变化,就连包装信息的方式也是经过许多年以后才发展成为我们今天所确认的样式。"①

甘惜分主编的《新闻学大辞典》这样定义电视新闻:"电视新闻是利用电视传播媒介对新近所发生的事实所作的报道,是电视的各种新闻性内容和报道形式的总称。"

中国广播电视学会电视学研究委员会和中央电视台研究室的研究人员认为:"电视新闻是以现代电子技术为传播手段,以声音、画面为传播符号,对

---

① ［英］大卫·麦克奎恩著:《理解电视——电视节目类型的概念与变迁》,华夏出版社 2003 年版,第 85 页。

新近或正在发生、发现的事实的报道。"①

方亢等撰著的《中国电视新闻学》认为:"电视新闻是通过电子技术传播的、多符号的新闻,或电视新闻是通过电子技术传播的、多符号的报道正在变动和新近变动的事实的信息传播。"

张骏德在《现代广播电视新闻学》中的定义是:"广播电视新闻是通过电子技术公开传播的正在变动与新近变动的事实的信息。"

撇开上述四个定义有关电视新闻的传播手段不说,仅就传播内容而言,显而易见:前两个定义侧重于强调新闻报道,后两个定义突出的是信息传播。

徐舫州、徐帆在比较各种不同有关电视新闻的阐释后,提出了自己的看法:"电视新闻资讯节目是以现代电子技术为传播手段,以声音、画面为传播符号,对公众关注的最新事实信息进行报道的电视节目类型。"应当说,这一定义,对媒体传播的受众需求、媒体传播新技术所能达到的即时传播的水平、现今社会发展对资讯信息需求量的凸显均有整体性的观照。②

二、电视新闻节目的兴起

"新闻满足了人类最本能的冲动。人们具有某种内在的需求(本能)——去了解直接感知的世界之外究竟发生了什么。"③经验告诉我们,"当新闻的流动性受阻,'黑暗降临',焦虑增加,世界变得过于寂静,孤独感油然而生"。从理论上说,电视新闻节目的兴起,是与它为公民提供他们在自由社会中活动所需要的独立的、准确的、可靠的、全面的信息的基本目标与功能价值紧密联系在一起的。

新闻质量的高低,是对新闻媒体履行其职能时表现优劣的判断,这些功能主要包括:(1)信息提供:新闻媒体可以向公民提供公正全面的信息,有助于他们作出合理的政治选择;(2)调查报道:新闻媒体可以调查掌权部门;(3)分析评论:新闻媒体可以提供连贯的阐释性分析评论、框架,从而帮助公民理解他们面对的复杂世界;(4)社会同情:新闻业可以告诉人们他人的状况,以此来达到对他人生存状态以及人生观念的正确评价和鉴别,尤其是对

---

① 北京广播学院电视系学术委员会:《中国应用新闻学》,北京师范大学出版社 1993 年版,第 152 页。

② 徐舫州、徐帆编著:《电视节目类型学》,浙江大学出版社 2006 年版,第 25 页。

③ [美]比尔·科瓦齐、汤姆·罗森斯蒂尔著:《新闻的十大基本原则——新闻从业者须知和公众的期待》,北京大学出版社 2011 年版,第 1 页。

那些情况不如自己的人;(5)公共论坛:新闻业可以为公民提供对话的论坛,并使论坛能够促进社会中不同团体之间思想观念的碰撞、交流与沟通;(6)社会动员:新闻媒体可以为特定的政治方案以及政治观念宣扬鼓吹,并借此动员人们以行动来支持这些方案。[①]

从实践上说,电视新闻节目的问世,与人类社会的经济发展、政治变革、技术进步、文化繁荣息息相关。

1936年,英国广播公司(BBC)在伦敦郊区亚历山大宫播出电视节目,标志着电视的诞生。1939年,美国无线电公司在纽约世界博览会上展示电视技术,当场实况播放美国总统罗斯福在博览会上的讲话。尽管它不是正式的新闻广播,却被公认为最早有声音和图像的电视新闻。1951年11月18日,美国哥伦比亚广播公司(CBS)著名主持人爱德华·默罗创办的电视新闻节目《现在请看》(See It Now),展开了对麦卡锡主义的斗争,"引发了各家电视网络的第一次新闻大战"[②]。1968年9月24日,美国哥伦比亚广播公司又推出一档电视深度报道节目《60分钟》,以对社会问题做有深度的调查为主要内容,勇于触及别人不敢涉及的棘手的问题。节目受到美国电视观众的追捧,获得了美国历史上最多的电视新闻节目"艾美奖"。至20世纪60年代,电视传媒已经取代报纸成为最受人们欢迎的新闻信息来源。20世纪70年代,记者开始使用ENG(Electronic News Gathering)录像机拍摄新闻事件,20世纪80年代末,已可以通过便携式通信卫星连接器从世界的任何一个角落发送新闻。在2003年的伊拉克战争期间,记者们使用卫星电话和笔记本电脑制作新闻以打败竞争对手。

透过世界电视新闻节目的演变历程,其发展时间虽未超过80年,但其速度与影响却是令人难以想象的。

我国的电视新闻节目起步较晚,始于北京电视台(中央电视台的前身)的创办。1958年5月15日,北京电视台第一次自办新闻节目,播放了4分钟的《图片新闻——东风牌小轿车》;10月1日,首次转播了天安门广场的国庆游行。

经过20年漫长的中国电视"新闻纪录片时代"之后,电视新闻节目开始了真正的成长期和提高期。1978年元旦,《新闻联播》正式开播。1980年,中央

---

① [美]迈克尔·舒德森著:《为什么民主需要不可爱的新闻界》,华夏出版社2010年版,第23页。
② 王晴川:谈美国电视的深度报道节目,《中国广播电视学刊》2001年第6期。

电视台开办新闻述评类的专题栏目《观察与思考》;1984 年元旦,中央电视台设立《午间新闻》;1985 年 3 月,《晚间新闻》应运而生。1987 年 6 月,上海电视台开办了国内第一个大型新闻杂志节目《新闻透视》。1993 年 5 月 1 日,中央电视台开办晨间新闻杂志节目《东方时空》;1994 年 4 月 1 日,创办了"事实追踪报道、新闻背景分析、社会热点透视、大众话题评说"的《焦点访谈》节目,紧随其后又开办了更加深入详尽的新闻栏目《新闻调查》。2002 年 1 月 1 日,江苏广播电视总台开办一小时的新闻杂志栏目《南京零距离》。由于立足本地的人物和事件,关心弱势群体和社会环境,被观众命名为"民生新闻"。"民生新闻"自下而上的舆论监督与《焦点访谈》自上而下的新闻监督大异其趣,标志着中国电视新闻节目更加多元化。①

根据 CSM 的统计,中国电视新闻节目近年播出量均呈上升趋势,在新媒体的激烈竞争下,新闻节目的人均收视时长仍然保持稳定增长,2012 年 7 月 1 日至 2013 年 6 月 31 日,全国 150 个城市 550 个电视频道播出新闻节目时长超过 55 万小时,日均播出量超过 1500 小时,新闻节目稳居所有节目类型的第二位,超过排在第三的综艺节目的 4.3 百分点。

三、电视新闻节目的要求

美国广播记者的先锋爱德华·R. 莫罗曾说:新闻"必须在国家和整个世界背后支起一面镜子",更重要的是,"镜面必须平整,支撑它的手也必须平稳"②。

虽然电视新闻节目的定义随着时间的变化可能会发生较大的改变,然而,电视新闻节目选择与电视新闻节目表现的基本原则却是稳定的。电视新闻节目中的准确、客观和平衡始终是节目策划应当遵循的基本法则。

1. 准确

约翰·考纳尔认为,准确意味着事实的确凿——名字、日期、引言等都核实无误。③ 信息内容的真实和完整主要依靠事实的准确。必须竭力保证内容得到准确和忠实的表现。含有编辑、分析、评论和观点的节目、网站和其他内容,必须把握与新闻报道相同的事实准确的标准。承诺准确包括,如果出现

---

① 郭镇之著:《中外广播电视史》,复旦大学出版社 2005 年版,第 330—340 页。

② 〔英〕斯图亚特·艾伦著:《新闻文化》,北京大学出版社 2008 年版,第 68 页。

③ 〔英〕大卫·麦克奎恩著:《理解电视——电视节目类型的概念与变迁》,华夏出版社 2003 年版,第 99 页。

证明可靠的有说服力的新信息,愿意更正记录,愿意回应观众的反馈和问题。这就是说,判断好新闻的标准不是"我们最早报道",而应该是"我们准确报道"。

由于新闻报道竞争的白热化,一些记者时常以牺牲应有的审慎态度与事实的准确性为代价。媒体只顾事件的即时性,而很少考虑到道德的标准问题。"现场直播的滚动新闻具有戏剧性和竞争力,但是我们必须加入更多的新闻专业因素和分析,有助于人们了解事件的真相。""任何新闻机构要取得成功,最重要的是抓住受众的信任。"①

2. 客观

《简明牛津辞典》将"客观"定义为"外在于思想意识",或"不受主观精神活动的影响"。这一界定显然是十分清晰、冷静和实事求是的。首先,电视新闻记者必须以开放的心态进行调查,而不是有意表现先入为主的观点;其次,被视为客观的作品必须达到一定透明的标准,从广义上说,这种透明精神,意味着观众应当能够理解生产者组合材料的根据。例如,观众一般应当能够不仅知道信息来源是谁? 而且知道它们被选择的理由? 它们潜在的倾向会是什么?

一位美联社记者这样说:"我的工作就是传播事实;不允许我对我所传播的事实做出任何评论。我的新闻稿发送给了持各种不同政见的报纸,编辑告诉我们,他们会对我们发给他们的新闻稿进行评论。因此,我的工作仅限于制作我认为符合规定的新闻。我不需要表现得像个政治家,一定要属于什么党派,但是我必须尽量尊重事实,不偏不倚。我的新闻稿只是一些干巴巴的事实和细节信息。"②

3. 平衡

在约翰·考纳尔看来,"平衡"通常暗示给予"不同立场"以均衡的报道时间。电视新闻节目追求反映主题广泛、观点形形色色的现在的和过去的内容,因此,严格谨慎地衡量对比电视新闻报道中所涉及的不同因素,考虑不同立场的利弊,尽量公平公正地呈现新闻事件原貌,客观地展现公众对该事件的不同评价,有助于增强电视新闻报道的真实性、有效性和客观性。

半岛电视台(Al-Jazeera)常常被称为"阿拉伯世界的CNN",是该地区最

---

① ［英］斯图亚特·艾伦著:《新闻文化》,北京大学出版社2008年版,第245页。
② ［英］斯图亚特·艾伦著:《新闻文化》,北京大学出版社2008年版,第14页。

具影响力的新闻组织。因为半岛电视台置疑了那些"净化过的"战争报道,它的地位才如此重要。例如,就伊拉克战争而言,在半岛电视台看来,伊拉克人民不仅是萨达姆·侯赛因政权的牺牲品,也是以摧毁暴政为名而入侵伊拉克的美国和英国军队的牺牲品。由于经常在报道中插播平民伤亡的可怕画面,半岛电视台进一步强化了人们所熟悉的"平衡性"报道原则。正是这些画面使半岛电视台"成为了世界上最有价值的新闻来源"[①]。

四、电视新闻节目的类型

"在某些时候那些看起来'标准的'、'可接受的'和'常规的'东西,几年以后就会变得陈腐、过时,不再能被接受。"[②]这就是说,电视是人类大众传播史上成长最快的媒体,这一特征在其节目形态的创新演变中表现得异常突出。

所谓"形",是指样式或类型;所谓"态",亦即流动或变化的状态。电视新闻节目的形态虽然具有复制性和限定性,但又并非一成不变,而是不断流动的。换句话说,电视新闻节目的既有形态在改变、子形态在衍生、新形态在形成,这一切乃是电视传媒规律使然。

1. 杂志型电视新闻节目

电视新闻杂志节目,顾名思义,就是借助杂志的编排方式,由不同的栏目板块组合构成的电视节目。在英文中,它名为"Magazine-format documentary series",中文意为"杂志型纪实报道节目"。

杂志型电视新闻节目在结构上的最显著特点是栏目化。它将一个完整的节目分成若干个小栏目,通常由3～4个小专题组成,由一个主持人负责各个小专题板块的串联,而有的栏目则在每个小专题板块,都启用不同主持人,固定播出某一题材的内容。

它在内容的表达上有较大的自由空间和挖掘深度,既可以集纳简短的新闻消息,也可以对事物本质进行挖掘,揭露表层之下的实质问题。以《东方时空》为例,其中《百姓故事》是《东方时空》节目中最为接近大众媒体基本属性特点的,它不是一般的人物专访,而是新闻节目的一种深入报道的方式。看似不如其他新闻节目的时效性强,但从节目对普通人的深入挖掘中,依然能

---

① [英]斯图亚特·艾伦著:《新闻文化》,北京大学出版社2008年版,第198页。

② [英]大卫·麦克奎恩著:《理解电视——电视节目类型的概念与变迁》,华夏出版社2003年版,第24页。

展现出社会的发展进程,而展现出的问题深度,是一般时效性新闻做不到的。[①]

为了提升辨识度并形成观众的品牌认知,在版式和风格上安排统一的、每期都应该坚持使用的标识性元素及相似的节目结构,如同杂志的静态化编排。[②]

杂志型电视新闻节目最早诞生于美国。1952 年美国广播公司(NBC)副总经理韦弗为摆脱广告商对新闻节目的控制,提出创办杂志型电视新闻节目的设想。美国哥伦比亚广播公司(CBS)创办于 1968 年的《60 分钟》影响巨大,被认为是"杂志型电视新闻节目的鼻祖"。目前美国的几大商业电视网都有自己的名牌杂志型新闻节目在黄金时段播出,收视率稳定在高位。

综观美国杂志型电视新闻节目,其特点主要有三点:(1)节目内容广泛而尖锐。它以社会新闻为主,敢于触及社会的某些弊端和大家普遍关心的问题,具有广泛的社会性、政治性和趣味性。在报道新闻时,既注意新闻的时效,又注意对新闻的解释、分析、评论。(2)充分发挥了节目主持人的作用。从内容到形式大都由主持人负责,这些主持人一般都是在观众中有影响的、有威望的记者。节目主持人在观众面前亮相并不是靠他们的仪表、服饰,而是对问题敏锐的洞察力。(3)采用观众喜闻乐见的"并行剪接法"。这种方法的最大特点是把节目主持人的口播、现场报道、实况转播等有机地结合起来。在节目播发过程中,节目主持人不断进行串接和概括,在报道接近尾声时,作出言之成"理"的总结。[③]

在我国,电视新闻杂志节目是 80 年代在电视新闻改革的浪潮中涌现出来的。1987 年上海电视台推出的《新闻透视》,是我国最早的电视新闻杂志型节目,该节目拥有多个固定的栏目板块,采用杂志的编排方法,由主持人主持播出。1988 年 1 月,福建电视台创办新闻杂志节目《新闻半小时》。山西电视台从 1989 年 7 月 24 日起,开播了杂志型节目《电视桥》。1993 年 5 月 1 日,中央电视台推出"电视新闻杂志"——《东方时空》,给人以全新的视觉冲击。之后,各地市级电视台都陆续推出了各自具有代表性的电视新闻杂志类节目。

---

① 莫江江:从电视新闻杂志型节目的发展看媒介融合,《媒体时代》2011 年第 8 期。
② 刘昶、甘露、黄慰汕著:《欧洲优秀电视节目模式解析》,中国广播电视出版社 2010 年版,第 200—201 页。
③ 余君:美国电视的"杂志型新闻"节目,《新闻战线》1983 年第 2 期。

2. 调查性电视新闻节目

在现代人的生活中,看电视已经成为生活不可或缺的一部分。经过多年的收视培养,现代社会的观众早已不满足于仅仅对新闻信息的获知,他们还希望通过报道获知新闻背后的故事。调查性电视新闻节目则在很大程度上满足了观众的这种需求。

调查性电视新闻节目以暴露或揭丑为核心,以大众所关心的社会的腐败现象、犯罪、内幕新闻以及被某些人企图掩盖的事实为主要目标,它是媒体相对自发、独立地进行的调查采访并有所发现,它的新闻采制时间与报道所需的篇幅、时长都较长。

调查性新闻报道的勃兴,始于 20 世纪 70 年代。《华盛顿邮报》记者鲍伯·伍德沃德和卡尔·波恩斯坦对"水门事件"的报道,成为世界上最著名的调查性新闻报道。在西方国家,调查性新闻报道有着深厚的文化和传统积淀。媒体作为社会公器所具有的重要的监督能力、对民主政治的追求、受众狂热的好奇心和发行量/收视率的激烈竞争压力,都是调查性新闻报道在西方国家长盛不衰的原因。

美国密苏里新闻学院的学者指出,调查性新闻报道应该是一种更为详尽的、带分析性的、需要花费时间的报道,因而它有别于大多数日常性报道。调查性新闻报道的目的和意义在于揭露被隐藏起来的情况,其题材相当广泛,以至于可能涉及人类社会活动的各个方面。它应该具备三个特征:(1)调查和收集材料,必须是记者或者媒体独立的原创性的行为,不能假借他人之手;(2)从选题到采访到报道完成,都应该是由媒体独立完成的;(3)在内容上,必须是相关的人或组织力图保密、不愿公开的,但是又是很重要的、涉及公众利益的事实。①

在我国,中央电视台 20 世纪 80 年代的《观察与思考》节目中,有大量的调查性新闻内容,这是我国电视新闻调查节目最初的形态。1993 年开播的《东方时空》有一个子栏目《时空报道》,有时也会播出一些调查性新闻报道。1994 年,《焦点访谈》大量出现调查性报道。1996 年,大型调查性报道节目《新闻调查》开播,它的第一期节目"宏志班"采用双机拍摄,记者现场采访,现场评述,对事件多角度分析,问题调查层层推进。从形式到内容,节目都很好地呈现了调查性电视新闻节目独特的风貌特征。

---

① [美]密苏里新闻学院写作组主编:《新闻写作教程》,新华出版社 1986 年版,第 384 页。

一般地说,调查性电视新闻节目需要通过层层挖掘,向观众展示一段扣人心弦的调查故事,以此来锁住观众的注意力,让观众在固定的节目时间内不换频道。《新闻调查》的制片人张洁在接受采访时说:"我们一般说好的《新闻调查》的选题起码有三个回合,一期节目 10 分钟或者 15 分钟一个高潮,你讲一个故事,这个故事有三四个回合,要有这个情节线,这样才能吸引观众来看。有的故事有一个回合或者两个回合就完了,这样的片子更适合《焦点访谈》去做,我们要求故事有曲折性。"[①]为此,《新闻调查》常常将一个大的悬念分解为若干悬疑点在各个段落中一一破解,全片一个悬疑接一个悬疑,节奏自然紧凑。[②] 这种方式的悬念设置,很自然地会将观众的注意力锁定在每个小的环节中,一环套一环,使观众不看到悬念的结果有些欲罢不能的感觉。

3. 电视新闻评论节目

电视新闻评论节目,是指电视媒体对国内外新近发生的重大新闻事件,以及当前社会生活中存在的思想倾向、公众普遍关注的现象和问题发表看法、表明立场、观点、态度的一种节目形式,它是电视新闻的重要组成部分。

新闻评论员是电视新闻评论节目的核心要素。评论员必须对新闻提供一种独特的评说和判断,这种评论既要符合大众的认知需求,又须是一种个性化的表达。评论员在某一专业领域可能不如专家,但是他在广泛的领域中要是一个通才,对各种社会问题他都具有一定的了解和认识,并且能做出基本合理的判断。这就要求评论员有非常广博的知识面和很强的浏览能力、概括能力,最重要的是,评论员需要具有独立思考和分析的能力,能够作为"意见领袖"将自己的意见传达给受众。

我国电视新闻评论节目起步于 20 世纪 80 年代初。较早进行电视新闻评论尝试的是中央电视台早期的"评论组"。1980 年 7 月 12 日,他们创办播出《观察与思考》栏目,每期都融评论于新闻事实的表述之中,通过对某个新闻事件的调查、分析,说明道理,引起思考,以发挥舆论导向的作用。1994 年《焦点访谈》开播后,电视新闻评论节目在全国各电视台遍地开花。电视新闻评论类节目的发展和壮大,不仅代表了新闻事业的新成就,而且也反映了中国社会的变革和新闻观念的变革。

---

① 邓惟佳:谈电视调查性节目的故事化,《中国广播电视学刊》2005 第 11 期。
② 叶子、宋铮、井华、冯丹、祝振宇:激情与理性——《新闻调查》个案研究。http://www.docin.com/p-461885346.html.2014-12-15.

根据我国现有电视新闻评论节目的状况,笔者大致可以将其分为四种模式。

（1）"对谈"模式

此类模式的特点是,节目不需采集新闻,而是由"本台评论员"或"特约评论员"对各种媒体提供的新闻事实中最具谈论空间的内容进行评论、分析和解读,相当于纸媒的"时评"或评论员文章,具有纯粹的评论性,是纯粹的媒体声音。

凤凰卫视的《时事开讲》节目,每期节目都围绕当前的社会热点和难点问题,由主持人董嘉耀充当发球员的角色,之后换位为观众的身份,在倾听中思考与发问;评论员曹景行和何亮亮以其敏锐的触角、精辟的见解、灵动的思维以及多年的经验和判断扮演了有观点的传播者,抓住问题剖析问题,通过个性化的观点和表达,凸显了节目的看点和亮点。

（2）"连线"模式

在"连线"模式中,电视新闻报道节目插入可视电话图像,超越地域局限乃至全球连线,聘请专家学者或权威人士,对重要新闻事件、热点问题做实时点评,把权威意见观点与事实信息巧妙地融合起来,为受众提供立体式的新闻解读。这一创新是针对电视新闻画面匮乏而采取的一种大胆尝试。

深圳卫视的《直播港澳台》节目,最大的特色就在于其选题与众不同,很有吸引力,不仅仅局限在政治议题,还有很多有趣的社会、文化议题。专题节目不仅包括动态现象,还有静态观察。而节目最大的看点则是每当新闻播放完毕,主持人立刻连线两岸三地的知名评论员,如香港资深媒体人刘和平、台湾名嘴汪用和等等(画面也适时切换出他们的图像),请他们对所播新闻事件或热点话题发表个性化的精彩点评,让人耳目一新,眼界大开。

（3）"读报"模式

凤凰卫视杨锦麟主持的《有报天天读》节目,通过主持人对各家报纸内容言简意赅的整合评点,表明自己的立场态度,进而将节目转变为一种独特的电视评论形态。《有报天天读》所解读的内容,一般都是来自各大报的影响重大的时事新闻和评论,并依据内容和形式的相关性分为"天天头条""天天焦点""天天两岸行""天天有话儿""天天浮世绘"等小版块,每个小版块都包含了新闻和评论。

《有报天天读》的意义在于打破了电视与报纸之间的界限,符合多媒体信息整合的趋势,同时使电视新闻向深度和广度拓展。《有报天天读》打破了新闻与评论分开的框框,采用夹叙夹议的方式,既读报,又点评,大大增强了新闻的深度,为电视深度报道开创了一条新路。影响所及,一时间,国内众多电视台纷纷跟进"克隆",涌现了不少类似的节目,如央视《马斌读报》、东方卫视的《看东方》"早报早知道"等。

(4)"清口"模式

东方卫视的《一周立波秀》节目,将富有地方特色的海派清口搬上电视屏幕,完全采用谈话的模式,由主持人针对近期的社会热点问题,采用幽默诙谐的方式开展评论,敢于针砭时弊,敢于触及社会敏感问题,又能把握好政策分寸,改变了国内电视新闻评论节目述多论少的现状。观众在享受他表演的同时,也潜移默化地接受他传播的意见信息。其中一些段子表面看是在以调侃的方式传播新闻,实际上蕴含着很多点到为止的独家观点,由于穿插得巧妙,观众很容易在不知不觉中接纳和认同其态度与观点。这类节目雅俗共赏,在提供娱乐信息的同时,又提供意见观点和人生感悟。

第二节　电视新闻节目的策划要素

一、电视新闻直播节目

"NNN"为英文"Now News Now"的缩写,意思是此刻新闻此刻报,也就是现场直播。西方国家电视中的"LIVE"是电视新闻直播的标识。

现场直播,是以新闻现场的多机位拍摄、现场编辑与卫星传播直接相连的现场新闻即时传送为主体,综合背景资料,相关知识介绍,演播室的串联、评述,现场记者采访,及多个现场之间的交流为一体的综合报道系统。[①]

直播,因其尽可能少地过滤现场信息并最快地传播信息而最接近新闻的本性。直播,已逐渐成为新闻报道的一个新的品性,也成为衡量新闻价值的一个新的元素。"我在现场"直播形态的报道,不仅是媒体和记者向社会展示的一种态度,也是一种对观众的责任。[②] 20世纪90年代CNN正是通过对海湾战争的独家新闻直播,给电视界带来了一场对传统的电视新闻操作方式及

---

① 朱羽君、殷乐:寰球同此凉热:新闻现场直播——电视节目形态研究之四,《现代传播》2001年第4期。

② 何苏六:没有时间等待——首届中美电视新闻直播报道讲习班综述,《现代传播》2005年第5期。

价值观念的革命,同时也奠定了其作为世界著名大媒体的地位。

电视新闻直播节目在策划过程中,需要把握以下几个关键要素。

1. 题材选择

重大事件面前,现场直播无疑是电视的一个"杀手锏"。但是,电视新闻直播节目的题材直接关系到传播效果,因此,在题材的选择上一般要进行新闻价值判断,看其有没有重要的新闻价值。

电视新闻直播的新闻事件应当具有唯一性,这是电视新闻事件的价值的重要保证。电视新闻直播展现给观众的是一个连续的、动态的、唯一的新闻事件,如果电视新闻直播不能保证电视新闻事件的唯一性,就会破坏受众对信息的有效的接受,从而影响到受众对电视新闻直播的认可度。唯一性要求电视新闻直播有原则地把握新闻事件的范畴和属性,有能力驾驭新闻事件信息的筛选。①

中央电视台在确定对什么样的新闻事件进行常规报道,对什么样的新闻事件进行大型直播报道的问题上,已经形成了明确的选择标准。只有符合下列要求的,才能列为现场直播的选题:②

(1)重大的政治事件或突发事件。如党的十八大开幕式和闭幕式及新一届党中央领导集体的记者见面会、天安门广场新中国成立60周年庆典、汶川地震、2008北京奥运会、薄熙来案件公开审判、"7·23"温州动车事故等,这类题材强调的是新闻价值。

(2)对国民生活具有重大影响的事件或活动。如黄河小浪底水利枢纽工程截流合龙、京沪高铁开通、西气东输工程开工、"金砖五国"国际开发银行成立、博鳌亚洲论坛2014年年会等,这类题材突出的是社会价值。

(3)群众或观众关心的新闻事件。如"雪龙号"南北极科学考察、"蛟龙号"载人潜水、钱江观潮、抚仙湖考古、日全食与彗星同现苍穹等,这类题材看重的是受众的收视兴趣。

除此之外,一般的新闻事件发生后,电视及时报道相关信息就可以了。

2. 落点选择

新闻第一现场,也即新闻第一落点,其价值远高于在新闻第一时间发布后,再寻找、挖掘新闻的更多内涵和外延的第二落点。电视新闻现场直播的

---

① 高敏娜:电视新闻直播的条件和要素,《记者摇篮》2011年第10期。
② 张静民:当新闻发生的时候,我直播,《中国广播电视学刊》2005年第3期。

前提条件,是须有新闻第一现场。然后"通过所有直播人员在新闻现场的工作,完成信息生成、信息采集、信息传送、信息接受的同步进行,带给观众我在现场、同为一体的感受,形成电视传媒独有的视听冲击力"[①]。从这个意义上说,没有新闻现场的直播,是算不上真正意义上的直播的。

新闻第一现场,通常具有以下几个特征:

一是悬念性。越是不知道下一步要发生什么的新闻越有吸引力,受众对这样的直播兴趣会非常浓厚。1994 年 6 月 17 日,洛杉矶警察在高速公路上追捕 O. J. 辛普森。美国电视用黄金时间全程直播,几乎全美国的观众都看到了高速公路上紧张刺激的、一点不比枪战片逊色的追捕过程。

二是历时性。共同见证一个历史时刻,对于观众来说意义非同寻常。2001 年 9 月 11 日上午,美国各主要电视台均在第一架飞机撞击世贸大楼的20 分钟内开始直播。正是第一时间的现场直播,令美国以及世界上的许多观众才有可能看到恐怖分子驾第二架飞机撞向世贸中心二号楼的悲剧瞬间,为后世留下了十分珍贵的影像史料。

三是观赏性。一场名人演唱会、一场体育赛事,都因其强烈的观赏性吸引人们欲罢不能。2004 年 8 月 23 日雅典奥运会上,中国男篮上演了一幕最激动人心的"绝地大反击",在"只有获胜才能出线"的形势下,爆冷击败世界冠军波黑队,以一分的优势把波黑挤出了世界八强。外电对这场"神奇表演"是一片惊呼和喝彩。

3. 主持人选择

凤凰卫视拥有许多有名的节目以及众多的有个性的节目主持人,《小莉看时事》《凤凰早班车》《时事直通车》《相聚凤凰台》等各具特色的节目和这些节目的主持人吴小莉、胡一虎、简福疆、许戈辉等人一起,成为凤凰卫视台色彩斑斓、风格各异的"亮丽风景线"。更可贵的是,这些主持人都是集播、谈、同声传译为一身,对各种突发事件能应付自如,凤凰卫视以他们为中心已经建立起了完善的处理突发事件的直播机制。当美国"9·11"事件发生时,凤凰卫视迅速反应,全台 700 余人围绕"9·11"事件进行安排,有条不紊地搜集各方面的信息。几批主持人分批主持节目,以便其他人有时间休息,保持良好的状态,失误基本上被杜绝,成功的直播使凤凰卫视的名气与日俱增。

---

① 吴延霞:浅议电视新闻直播的选题和策划,《今传媒》2012 年第 10 期。

4. 多视窗选择

在电视节目中,出现两个或两个以上的画面窗口被称为多视窗。多视窗功能不仅大大丰富了新闻节目的信息量,而且能够有效展现演播室现场与新闻现场的同步对话播出,增强了新闻的时效性。

在电视新闻直播过程中,利用多视窗进行不同现场的切换与演播室的声画配合,可以充分展现动态新闻的吸引力。一方面呈现新闻现场画面,另一方面插入场内或场外的同期声和画面,观众在一个荧屏画面上既可以看到新闻事实的发生,又可以看到另一地的相关解说和对照,从而大大增强了新闻的观赏性和画面感。

凤凰卫视的《华闻大直播》节目,将多视窗这一演播形态进行创新运用,连线直播独树一帜,节目内部形成信息多向流动,具有时间连续、空间交叉的功能。在多视窗播报中,经常会看到一边是采访现场,一边是记者现场的花絮,给人以新鲜且身临其境之感。①

5. 机制选择

现场直播是一个复杂的系统工程,需要各个部门的密切配合。直播机制快速有效,是凤凰卫视做直播成功的重要原因。现场记者认为事件重大,打电话向总部汇报,总部可以马上请示台长,只要两位台长同意即可做直播报道。以美国的"9·11"事件为例,从驻纽约记者发现到正式开始报道仅仅用了10分钟时间,便是得益于简洁高效的机制。

2010年4月30日至5月2日,东方卫视、上视新闻综合频道并机直播世博会开幕式,电视新闻中心打破原有的内部构架,由东方卫视编播部牵头设计播出流程,与技术部门、采访部门一道安排编播内容。在编播内容上,注重世博信息的实用性,并且,每路直播记者都有一名"直播协调人员",由"直播协调人员"与编播部、卫星或微波技术人员进行即时协调,协助确定记者直播连线时间、内容,有效保证了直播的顺畅进行;后场编播部也有4名协调人员,通过"直播协调人员"及时更新信息。这些技术手段和人员配置都确保了直播的成功进行。直播期间对各个环节可能发生的不可测因素考虑到位,形成合力集体作战。还与ICS外语频道、体育频道等兄弟部门密切协作,提供电

---

① 申雪凤、刘雯:多视窗新闻直播节目的传播解析——以凤凰卫视《华闻大直播》为例,《当代电视》2013年第11期。

视直播信号。①

二、电视新闻深度报道

深度报道源自于 20 世纪 40 年代的西方新闻学,英文为 in-depth reports。深度报道的特征是不仅仅报道发生了什么,更重要的是侧重这件事为什么发生。通过讲清楚"为什么"和"怎么样"求得进一步深化,要求"以今日的事态核对昨日之背景,从而说出明日之意义"。②

电视新闻深度报道,是凭借声、画图像,对重大而有影响的新闻事件和社会问题进行多角度、多层次挖掘的一种新闻报道形式,旨在揭示新闻事实的内部联系和因果关系,反映事实产生的原因、环境及其发展过程,挖掘其深刻的社会意义。

电视新闻深度报道在表现形式上不拘一格,因事而异,既可以做成纪实性的、解释性的,也可以做成透视性的、评述性的;既可以做成连续性的、系列性的,也可以做成类属性结合式、互补性组合式的。

电视新闻深度报道从 20 世纪 80 年代起在中国迅速崛起,至今已成为新闻媒体提升传媒品牌、扩大社会影响、加强舆论监督、吸引观众注意力的有力手段。电视新闻深度报道节目策划时,需注意把握以下几个方面。

1. 关注社会热点

电视新闻深度报道的"深度",首先体现在报道对象的选择上。它所选择的新闻事件是否值得进行深度报道,是报道成功与否的先决条件。通常情况下,深度报道适于选用事关国计民生的重大题材,如住房、医疗体制改革、食品安全、生态环保等等。这样的选题也更能吸引观众的注意力。

医药费过高是近年来社会关注的一个热点问题,昂贵的医药费已经成为百姓生活中沉重的负担,国家采取了很多措施来控制药价的虚高。《新闻调查》的"天价住院费",披露了一件令人震惊的事情。一个患者在哈尔滨医科大学第二附属医院住院 67 天,花了近 140 万元,并在医生嘱咐下买了 400 多万元的药品送进医院。这里有很多可挖掘的新闻事实。在节目中,记者紧紧抓住新闻事件的关键所在进行深入调查,通过对当事双方的采访把事实完整地呈现在观众面前,并对事件所展现出来的社会问题做了有益的探讨,也对

① 宣克炅:从东方卫视世博报道看电视新闻直播的发展趋势,《新闻记者》2010 年第 6 期。
② 王永利:试论电视新闻的深度报道,《中国广播电视学刊》1988 年第 8 期。

政府从根本上解决药价、医疗费过高问题提出了一些积极的意见。①

2. 揭示事实真相

电视新闻深度报道的价值，集中体现在对新闻事件真相的揭示上。《新闻调查》制片人张洁曾谈到："真相有时被权力遮蔽，有时被利益遮蔽，有的被道德观念和偏见遮蔽，有的被集体无意识遮蔽。我们要做的，就是通过我们对事实的再收集，为社会大众还原真相的完整画面，让它变得更易于理解和思考。"②

《新闻1+1》栏目在采访报道"兰考孤儿火灾事故"时，与部分媒体不分青红皂白、蜂拥而上热衷表面报道袁厉害无证收养孤儿、当地民政官员监管缺失导致火灾惨剧事故发生不同的是，记者蛰伏当地，用大量不同角度的实地采访和思考，加上连线专家、当地群众、官员等进行专业评述和现场展示，从中国孤儿生存现状、收养制度、社会习俗、人性冷暖甚至袁厉害本人的性格、经历、心路历程和社会关怀缺失等入手，层层剥笋，步步深入，深刻剖析、揭示出导致火灾事故发生的深层原因和必然因素，同时还关注到除基层民政人员工作不规范之外，他们的一些无奈和现实困境，节目并对事件发生后某些官员、新闻发言人等自以为是甚至是草率的定论进行了反诘和纠偏，显示出《新闻1+1》栏目的高屋建瓴和独立思考。③

3. 展示事件进程

电视新闻深度报道的关键，是对新闻事件发生、发展来龙去脉的过程的把握和展示。"深度"是需要记者去"挖掘"的，而深度报道的题材大都事实成因比较复杂，难于驾驭，记者要搜集、分析大量的资料进行"新闻调查"。

目前，记者在新闻实践活动中经常使用的调查方法大致可分为"曝光式"调查和"调研式"调查两种。"曝光式"调查属于非常态方式，记者从寻找线索、跟踪追击到建立内线联系和取得内部资料的过程中采用隐性采访的方式，较多使用"偷拍""暗访"等手段，带有"侦察取证"的色彩。这种方式大都用于新闻事实较为隐秘、常态下难于采访的选题，如《新闻30分》2001年9月3日播出的新闻《南京冠生园：年年出炉新月饼 周而复始陈馅料》，记者通过长达一年的暗访揭露出了名牌月饼"新饼陈馅"的内幕。

---

① 李洪辉：讲好新闻故事把握主观介入——电视新闻深度报道的关注点，《声屏世界》2008年第8期。

② 时晓静：电视新闻调查式深度报道——用故事构图的艺术，《现代交际》2013年第10期。

③ 梁红梅：从《新闻1+1》看电视新闻的深度报道，《新西部》2013年第11期。

细节往往是推动事件进展的关键因素,或是有助于进行深层剖析的关节点。对于细节的探究和挖掘,不仅可以显示出调查者的功力,还可以使调查性新闻节目环环相扣,情节跌宕,充分展示其故事性。《焦点访谈》有一期节目调查揭露一个非法的棉花加工厂,当检查人员到达工厂时,里面空无一人,并且也看不到棉花等大批原材料,正当调查取证无法进行的时候,摄像机及时捕捉到了两个生动的细节:冒着热气的茶杯和空气中星星点点漂浮的棉絮。此时此刻,再多的语言也没有这两个细节那么有说服力,能让观众一目了然,大大增强了节目的故事性和真实性。①

4. 注重故事表达

一般来说,观众喜欢听故事而非理论说教,喜欢绘声绘色的讲述而非呆板的陈述,喜欢探究现象背后的本质而不满足于新闻事实表面化的陈述。"好的故事叙述总是遵循着这样一个呈现冲突的戏剧性过程,电视丰富的声音更是凸现了这种冲突。而悬念则是推动叙事发展的又一个主要因素,每一个重要事件都会展示许多发展的可能性,使观众处于悬而未决的期待之中,从而关注节目的进程。"②

在报道中巧妙地埋伏几处悬念,受众会因此不断产生收视期待,并积极地将自己的思考和判断与报道本身的发展进行比较参照,直至疑惑被彻底地解释。比如《新闻调查——"非典"突袭人民医院》,在节目的一开始就设置了几个悬念——为什么在不到 20 天的时间里,北京大学人民医院就陆续倒下200 多人,其中医护人员就多达 90 多人? 在这短暂的时间里,人民医院内部究竟发生过什么? 人民医院究竟还有多少未解之谜? 这一连串的悬念贯穿于调查的全过程,使整个报道节奏紧凑,耐人寻味。

5. 善于思辨追问

电视新闻深度报道的魅力,在于通过构思严密的逻辑力量,以精心的选材和理性的思考来使受众得到启示和结论。面对交织在一起的若干个新闻事件,记者要善于系统地思考,把报道对象作为一个整体加以把握,从片段中找出每个片段之间的关联性和逻辑关系。记者的冷静思考常常让观众感受到理性的力量。

1998 年 1 月 12 日,《焦点访谈:粮食"满仓"的真相》针对安徽南陵鹅岭粮

---

① 郭欢:调查性电视新闻的故事化,《开放潮》2008 年第 1 期。
② 刘宏宇:电视新闻调查性报道的叙事分析——《新闻调查》个案研究,《电视研究》2003 年第 9 期。

站在朱镕基总理视察时弄虚作假的行为进行了曝光。记者正是通过一组"事实链"的展示,完成了节目的艰难论证:

(1)鹅岭粮站拥有 2000 吨库容,那么,在没有从其他粮站调粮之前,这家粮站到底存有多少粮食呢?他们又从其他粮库调了多少粮食到鹅岭粮站呢?(答案:6 号仓有 652 吨散装粮食,从外面共调粮 1031 吨)

(2)1000 多吨粮食是在上级领导来到南陵的前五天之内紧急调运的。这些粮食在鹅岭粮库放了多长时间呢?(答案:20 天)

(3)南陵为何劳神费力调粮充库?(答案:南陵粮食局副局长杨赤峰的说法是,既然来看粮食,仓里的粮食应该是满的。因为南陵是个产粮大县,如果没有粮食,觉得丢人)

(4)仅仅为了顾全脸面吗?作为产粮大县,如果把该收的粮收上来,是不会出现空仓的情况的,南陵县的粮食收购工作做得怎样呢?(答案:南陵粮食局局长张厚发的回答,定购粮数量比较少,去年的定购粮只完成 50%)

(5)责任人如何看待问题?(答案:鹅岭粮站的粮食欠缺一点,做了一点小包装,在名誉上、经济上也没有给国家造成什么损失,也不存在欺上瞒下的问题)

(6)真的没有造成任何损失吗?(答案:调粮的费用共十几万元。同时,群众认为,把其他粮库的粮集中到一个粮库,让国家领导人看,产生国家粮食库存很多的错觉,也影响市场的宏观调控)等。

节目中 9 个环节丝丝相扣,记者通过层层剥笋般的调查,将一道道黑幕揭开。①

第三节　策划案例分析

一、《直播港澳台》:中国新闻的"南风窗"

2006 年 5 月 1 日起开播的《直播港澳台》,是深圳卫视创制的一档大容量、快节奏的港澳台新闻资讯节目,每天 22:00 播出,覆盖包括港澳台地区在内的 300 多座城市。它以严肃的节目追求、独特的新闻视角、鲜明的港澳台特

---

① 徐国源:"深度"的追寻——评孙玉胜所著《十年》及央视深度类新闻节目,《中国广播电视学刊》2004 年第 4 期。

色,成为国内为数不多的、具有影响力的港澳台新闻类节目之一,被国家广电总局评为"全国创新创优典型节目""中国十大电视品牌栏目",并获得 2009 年《新周刊》年度"最佳时评节目"提名。

1. 节目定位:差异化

新闻节目特色鲜明,辨识度高。"多屏"新闻竞争时代,避免同质化跟进的一个重要策略,就是差异化竞争。

深圳卫视是第一家在香港三大电视网络全面落地的内地卫视,几乎所有的香港家庭都可以收看到深圳卫视的节目;在澳门,通过澳门快捷网覆盖 95%以上的澳门家庭;通过长城(亚洲)平台覆盖台湾;另外还覆盖了全国 300 多个内地城市。《直播港澳台》节目之所以难以复制,正是因为深圳卫视充分利用了它毗邻港澳、领改革开放风气之先、得信息交流之利的地缘优势,把节目的发展方向紧紧定位为"南中国视野、港澳台特色和更广泛的华人圈方向",扩版后的《直播港澳台》进一步强化了港澳台特色。

它在内容范围上,不再局限于时事、政经、军事、外交、两岸关系、深港澳关系等硬题材,而是在社会、文化、娱乐等轻松软性新闻上深加工,策划制作了《明星夫妻那些事》《似是故人来——追忆已故港台艺人》《再见,我的爱人——邓丽君十五周年祭》等系列深度报道。在报道领域上,它从过去专注于整合港澳台地区的新闻,逐步扩展到与港澳台地区相关联和具有港澳台元素的新闻,以及港澳台民众和舆论普遍关注、观察视角与大陆不尽相同的国际国内重大新闻事件,同时通过新闻滚动直播,做到了对港澳台新闻事件反应快、跟得紧、挖得深、多角度、多侧面、现场呈现等报道样态,搭建了"政经热点分析+社会万象解码+港台视角看天下"的内容框架,形成了聚焦热点、多家观点、独特角度和把握尺度的节目操作规范。

《直播港澳台》突出港澳台特色,却并非局限于报道港澳台地区发生的新闻,更重要的是,用南中国的区域视角来突破地方瓶颈、拓宽话语空间。视野的拓宽和意识境界的升华,不仅开拓了节目的新天地,而且提升了媒体的精神高度,收获了更大的发展空间。①

《直播港澳台》节目无论是节目定位、选题方向、内容采制、切入角度,还是语态表述、话语尺度、标题制作、动画包装等方面,都渗透出差异化的思考和匠心,形成了自己独特鲜明的个性。第三届《综艺》"年度节目"给《直播港

---

① 陈红艳:从《直播港澳台》看省级卫视新闻节目成长空间,《新闻传播》2010 年第 6 期。

澳台》的授奖词说:"《直播港澳台》是深圳卫视覆盖全国的纪实栏目,精准的政治评论、全球华人的视野和关怀让它成为一档具备大中华概念的新闻节目。"

2. 时事评论:个性化

好的电视新闻节目,不仅仅只是给读者提供资讯,还要提供自己的观点,成为信息管家、媒介顾问、意见领袖。对电视新闻节目来说,有个性、观点独特、客观准确的评论更为重要,可以吸引观众的眼球。

正如分析人士所说,《直播港澳台》成功的最关键因素来自其"评论"环节。"言论节目在地方媒体受限较多,尤其是港澳台区域,涉及的敏感因素更多,地方媒体较难把握,而深圳卫视《直播港澳台》的时评分析却显示了高度的灵活性和敏锐的话题捕捉能力。"[①]

刘和平、陈冰、石宏、吴健、施孝玮、赵干城、张耀等评论员,在评论中举止庄重严肃,语言凝练简洁,评论深刻犀利,极大地提升了节目的观赏性和实用性。例如,在"频抓中国渔民,菲律宾究竟想干嘛"一期中,针对主持人"那屡屡被其他国家抓住把柄,中国的渔民自身是否存在自我检讨的地方?"的提问,刘和平是这样回答的:

> 我个人的看法基本来说是:中国的渔民是无辜的,甚至是值得同情的。因为这些为了生计而出海打鱼的中国渔民已经在一定程度上成为了一些国家"围堵中国",跟中国争夺领土主权的受害者。这些政治、外交与主权上的千斤重担是那些弱小的渔民承担不起的。其次,从行为上来说,我觉得这些渔民也没有做错,因为在中华人民共和国的地图上,已经清楚标明,钓鱼岛附近的海域、西沙和南沙群岛附近海域,都是属于中国的,又有谁会知道中国的渔民在中国领海打鱼居然会遭受飞来横祸?还有就是,那些常年漂在海上的渔民们,他们有多少人知道,什么叫"围堵中国"?什么叫"和平发展"?什么叫"韬光养晦"?所以对于这些误入国际政治丛林的小白兔们,我们应该给予更多的理解与帮助。[②]

短短三百多字的评论,评论员站在普通民众的角度,拨开政治世界的迷

---

① 唐志平:加强新闻舆论引导 坚守电视评论高地——首届全国优秀电视评论节目表彰活动暨研讨会综述,《当代电视》2011年第1期。

② 直播港澳台[EB/OL]. http://www.so.tudou.com/nisearch/直播港澳台/? f=hintl,2012-02-25。

雾，还原了现实世界的真相。评论层次分明，排比有力，比喻恰当而有感染力。在《直播港澳台》里，无论是"胡吴会""陈江会"，还是陈水扁家族弊案、或者是马当局发放消费券……几乎所有的港澳台热点新闻，横跨纸媒、电视的"两栖"资深评论员刘和平都不放过，他希望不仅为观众提供独家见解，也能给观众带来不一样的观察和思考。

《直播港澳台》制片人陈红艳在谈起评论员刘和平加盟深圳卫视时说：大概从 2008 年初开始，节目决定从做言论节目的方向来转型。那么，找谁来讲这个问题？当时深圳卫视也有一些不同的评估。"因为，当时包括福建在内的一些媒体已经开始邀请台湾的嘉宾到节目当中来发表观点和评论，包括大陆的一些专家，那我们想深圳卫视再来做这方面的节目怎么来体现我们的特色。思考以后，我们认为香港是我们很重要的、独特的一个元素，所以，我们挑选嘉宾的时候，优先把目标锁定在了香港，从香港范围内来寻找。同时，还有另一个考虑，当时大陆的媒体多从专家、学者群里面去发掘评论员，但是，我们当时观察台湾，发现很多活跃在电视屏幕上的名嘴其实是媒体人出身的，也就是说，媒体人会比较贴近观众的需要，相对来讲，视野会比较广阔。专家可能在某一个领域术业有专攻，但是，从整个的面上来讲，他与媒体人相比可能就会略有不足，所以我们也锁定了第二个区域，就是在媒体人里面来寻找，当我们按照这两个尺度去挑选的时候，刘和平就进入了我们的视野，刚好他也有意愿。"①

3. 新闻资讯：即时化

以往的电视新闻十分强调资讯量的丰富，要求每天发稿条数越多越好，甚至规定一条新闻最适宜的时长为 1 分半钟，这被视为电视从业者的须知与守则。但是，在网络和新媒体时代，受众随时随地都能够获知最新资讯信息，因此，电视新闻节目的生产制作必须转变观念，加快节奏，提高更新速度，适应观众的需求。换言之，新闻资讯的即时化，将成为传统电视媒体留住观众的必然选择。

深圳卫视在香港设有记者站，与香港无线电视、亚洲电视、香港文汇报、香港商报、台湾东森、台湾 TVBS 等多家知名媒体建立了稳定的合作关系，他们每天都能为深圳卫视提供数小时的新闻素材；深圳卫视强大的记者群能够深入港澳台的新闻现场；与新浪网、搜狐网等门户网站资源共享。港、澳、台

---

① 解密刘和平之四：无法复制的名片，海峡之声网 2010-05-31。

和内地四地联手,节目的信息源十分丰厚,确保了新闻的时效性、鲜活性、特色性。这些资讯被编辑成"资讯快线""透视今天""多媒体时空""轻松快递""温馨小贴士"等五大版块,集新闻性人文性为一体,熔故事性、服务性为一炉,既提供财经文化内容,又提供生活娱乐资讯。①

例如,在资讯报道方面,《直播港澳台》"通过京、沪、港、台等地的驻地记者,做到'全球重大新闻我关注,区域重大新闻我在场'。栏目组在香港设有专门的办事处、采访部门和两个演播室、10多名港台籍记者常驻,全天候、全方位追踪港澳台地区发生的新闻事件,是目前内地新闻机构在港澳地区实力最强、年发稿量最多的采编队伍之一。在东南亚地区,栏目还与新华社、人民日报、中国国际广播电台等国内新闻机构驻当地记者有着密切的合作,遇到重大事件发生,驻港记者也可以随时飞赴当地采访报道。节目灵敏的新闻触角使得新加坡召开的 APEC 峰会、缅甸边境冲突、港台舆论关注的新疆'7·5'事件、中菲黄岩岛对峙等热点事件,得以在《直播港澳台》栏目中迅速反映"②。在消息来源上,节目依托新华社、中央台等中央权威媒体的新闻通稿,对照港澳台舆论对事情的看法,参考路透社、美联社等西方主流媒体的陈述,关注和适当吸纳网络、微博等民间的意见和声音。在评论员和嘉宾的邀请上,节目强调嘉宾来源的多渠道、嘉宾身份的多样性,尤其是比较注重从港澳台及新闻当事方的国家、地区邀请嘉宾,参与日常报道和评论。这已经成为深圳卫视新闻节目的重要特色。③

二、《60分钟》:明星主持"讲故事"

《60分钟》是美国历史最悠久、收视率最高的10个节目之一,曾连续22年高居收视率前10名,其中5次成为美国收视率第一的电视节目。它一直是美国转播率最高的黄金时段节目,1999年甚至创下了1423家电视台同时在黄金时段转播其节目的纪录,它也是美国电视节目获美国电视最高奖"艾美奖"(Emmy Awards)最多的节目之一。美国"艾美奖"评委团对《60分钟》节

---

① 谭言歆:深圳特色的港澳台资讯之窗——《直播港澳台》栏目魅力解码,《当代电视》2009年第7期。
② 张春朗:地缘优势:卫视新闻竞争力——以深圳卫视《直播港澳台》栏目为例,《传媒》2012年第9期。
③ 苏荣才:让世界听到深圳发出的声音——《直播港澳台》及深圳卫视新闻的创新发展,《南方电视学刊》2013年第3期。

目的评价是:"用简单而有效的方式深入了故事的核心,进入了人物内心,编排自由富有活力,开创了一种新的节目样式。"它的成功不仅影响着新闻本身,成为新闻业的旗帜,更成为客观公正自由的新闻品质的象征和时代精神的标志。

综观美国《60 分钟》节目的策划,它主要表现出以下几个特点。

1. 注重客观真相的披露

对于一档调查性新闻节目,真相才是观众最想知道的。这样,就对采访的问题和解说词提出了准确和深入的要求。虽然以年轻人的眼光会觉得《60 分钟》的节目风格看起来有点老派,也可能会觉得它有点保守,因为他们通常无法从片子中看到快速切换的画面,也不会有强烈的节奏。但是与时髦新鲜相比,真相更具有震撼力——《60 分钟》的片长比经常达到 10∶1 甚至更高,即播出 10 分钟的节目,它们的原始录像材料会高达 100 分钟甚至更长的时间,这样做的目的只有一个:真相。

《60 分钟》以对事实执著不停的追求和发掘真相、独立自由的职业品质著称。唐·休伊特说:"我们所擅长的,是向黑暗的角落里投下光亮。如果有人躲在黑暗的角落里从事不应该的勾当,我们所做的只是把灯光打开。"采访则正是《60 分钟》借以照亮现实探知真相的最好手段。

在《60 分钟》中,人物访问大致可以分为这么三种:一是一个人在固定场合的静态采访;二是为获取一个人或一件事的信息而向几个对象的采访;三是一个人在新闻现场的非静态的或动静结合式的采访。

与第一种采访相比,第三种采访虽然要难,但明显更有价值,因为在流动复杂的环境中采访,需要机敏和善于捕捉新闻的意识。

《60 分钟》将自己定位于公共利益的守护者。基于这样的理念,《60 分钟》的记者甚至对自己节目的广告赞助商也毫不留情。福特汽车公司曾经是节目的主要赞助商,但当《60 分钟》的记者发现该公司生产的一种油箱不符合安全标准之后,依然毫不犹豫地做了一期节目予以曝光。节目播出之后,福特公司立即撤下广告,但仅仅一个星期之后,他们的广告就又回来了。针对奥迪汽车加速器,《60 分钟》也作过类似报道,结果奥迪公司也是先撤广告,而后又重新投放广告。在《60 分钟》节目总编导唐·休伊特看来,这些公司意识到,把他们的品牌同《60 分钟》这样坚持新闻立场的节目联系在一起的重要性和价值。

《60 分钟》商业上的成功,首先表达的是一种新闻职业理念和信仰。担任过节目执行主编的菲利普·席弗勒曾经不无自豪地说:《60分钟》是新闻业的象征和代表客观公正立场的偶像,"为这个栏目工作,我感到骄傲!"

2. 注重故事的讲述方式

唐·休伊特始终把"讲故事"视作《60分钟》节目制胜的诀窍。《60分钟》就是在一个小时的时间里,向观众讲述几个精心挑选的小故事。他认为,好故事的标准就是晚上播出的节目是第二天早上人们的话题。《60分钟》成功的重要因素,是因为"我们故事的主角比我们会讲故事。我们所做的只是帮他或她讲好故事"。

菲利浦·席夫勒认为,对于《60分钟》这个老牌、权威的新闻杂志来说,最基本的选题思想是,寻找一个小故事,但这个故事一定要在一个大的主题之下。他说,《60分钟》成功的公式是简单的,就是"讲一个故事",而且是"好听的故事,有趣的故事,能吸引人的故事"。考虑到观众注意力的持续时间,《60分钟》播出的每个故事一般只会编辑成12~15分钟的样子。①

有了一个相对好的故事,"怎么讲"变成了核心问题。《60分钟》用引人注意的方式讲出人间的故事,富有创意地将硬新闻(hard news)故事化,加上有趣的人物素描,以及播出那些令观众瞪大眼睛说"这我可从来没听说过呃!"的新鲜事儿。

《60分钟》强调,必须准备一个强有力的醒目的开头,强有力的醒目的开头会让观众瞩目并不再走开。《60分钟》从其数十年的丰富制作经验中得出的结论是:一是把最精彩的放在开头,二是把次精彩的放在开头,最精彩的放在结尾。这里所谓精彩的东西包括悬念的放置,包括最触目惊心的和最难见到的镜头和图像。总之,《60分钟》的原则就是:让故事的开始充满力量夺人眼球,让观众在看了第一个镜头后有不竭的兴趣去看第二个镜头。

于是,由此带来节目对记者的要求是:能让相关信息源(人)在镜头前直接"说话"的就不用解说词,能让采访对象动起来的就尽量不让它坐着,能让采访对象在新闻现场说话的就不让他在随意的地点说话。接近人物生活的原生态,了解人物的真实处境,表达人物的真实想法,还原人物而不是试图表现记者想象中的人物。

《60分钟》非常注意记者的参与,在故事中记者担负着重要的引导者叙述

---

① [美]唐·休伊特著:《60分钟——黄金档电视栏目50年历程》,清华大学出版社2004年版,第83页。

者的作用。《60分钟》的观点是："上司不是理由，观众才是上帝。"对于电视人，"迷信"观众也许是唯一正确的事。没有什么是拘泥的，比如在故事中对于资料的使用，应该忠于使用而非忠于原作。不是说违背材料的原有含义，而是说取舍和使用应该更加倚重故事本身，是电视来利用资料而不是电视被资料淹没。

3. 注重明星主持的包装

美国最有影响力的主持人是新闻或新闻专栏节目主持人，其次是全国联网节目主持人。美国电视台非常注重包装主持人，借助主持人的影响力打造栏目的品牌。

《60分钟》节目最大的品牌与财富，就是拥有一批才华横溢、闻名全美的明星记者兼主持人。他们个个身经百战，见多识广，以其各自不同的风格和魅力吸引了无数的观众。

迈克·华莱士是《60分钟》节目的元老，主持节目达17年之久。他的"伏击式"采访常常为观众披露内幕消息、独家新闻。哈里·里森纳是采访外交事务的专家，能够应付各种棘手的问题。在他一度跳槽去主持《ABC晚间新闻》时，尼克松总统给他写信说："ABC得到你这样的人才真是幸运，你作为记者将会成为ABC新闻队伍的财富。"①埃德·布莱德利曾是CBS驻越记者，是战事采访的老手。他深入现场，出生入死，不放过任何一个捕捉新闻的机会。莫利·塞弗以锲而不舍的追击采访著称。每当抓住有价值的新闻线索，就会穷追不舍，直到弄个水落石出。安迪·鲁尼是作家出身。作家特有的观察、写作能力使他在采集报道新闻时独具慧眼，入木三分。黛安·索耶女士是《60分钟》第一个女主持人，她曾担任《CBS早间新闻》主持人，具有相当的阅历。丹·拉瑟外表潇洒，言谈和蔼可亲，不仅善于发现新事物，而且还具有"把新事物通俗易懂地传达给别人"的本领。

唐·休伊特十分清楚明星主持的价值。他选用迈克·华莱士为《60分钟》的首席记者，是经过精心挑选的。为了与迈克的风格形成鲜明的对照，唐·休伊特选了哈里·里森纳与他搭档，阳刚的迈克和阴柔的哈利也就成了节目的哼哈二将，相辅相成。唐·休伊特明白，如果迈克和哈利能够引来观众，美国人就会每个星期定时打开电视，看看"这对活宝这次又有什么花招"。观众追星的热情，绝不亚于听故事。新闻杂志的手法重在突出善恶的对比：

① 王英：美国"杂志型"电视新闻节目《60分钟》，《新闻与写作》1988年第6期。

一方是"好人"记者,另一方是被揪出来的"坏蛋",揭露后者的胡作非为,伸张正义。

《纽约时报》曾如此评价《60分钟》节目的大牌记者迈克·华莱士、哈里·里森纳、莫利·塞弗和丹·拉瑟:"他们有着已经是灰白的或正在变成灰白的头发,他们有因年龄而显得面部肌肉松弛却充满对社会关注的神情,他们的特征是无数次地为采访而穿梭于世界各地、为迫在眉睫的截稿时间而忙碌,或偶尔也会放松地喝上一杯马蒂尼酒,所有这些都与另外一些因循守旧的电视记者们形成鲜明的对比——那些记者们从通讯社的新闻稿中摘录只言片语,然后问一个刚刚被地震摧毁家园的人'感受如何'(相形之下,《60分钟》的记者更受人欢迎)。"①

4. 注重节目的编排结构

在激烈的竞争环境下,美国电视新闻杂志节目的编排,探索出了一条轻松活泼—严肃深刻—创新编排方式—以情动人—回归自身特点、以主播为中心的新闻节目之路。②

唐·休伊特在《60分钟——黄金档电视栏目50年历程》一书中回顾说:"我开始制作电视纪录片,感到单调乏味。我分析电视中播出的一些纪录片,注意到无论美国广播公司、全国广播公司、哥伦比亚广播公司还是公共广播公司,它们的纪录节目只能获得8%~9%的观众,我问我自己是否有什么好办法能让更多人获得更多的信息。最后,我想到了将一个小时分成3个板块,分别播出3个故事,因为人们对某一事件的注意力是短暂的。因此,我想,如果把现实用花俏的包装打扮起来,使它更有吸引力,使它更具有个性,我们就能吸引更多的观众。"

总体来讲,《60分钟》采用的节目编排形式表现为片头节目介绍、具体的报道及评论这几大版块,每一个版块都有相对固定的主播,这样,每期节目由几位主播组合完成。节目介绍、具体报道、安迪·鲁尼的评论,以及不定期的观众来信选播。③

《60分钟》编排结构完整流畅,注重首尾效应。它在开头与结尾的编排结构方式上可谓下足了功夫。在节目开头,《60分钟》往往会在第一个画面进行

---

① [美]唐·休伊特著:《60分钟——黄金档电视栏目50年历程》,清华大学出版社2004年版,第70—72页。

② 张绍刚著:《全球金牌电视节目解析》,北京大学出版社2011年版,第102—130页。

③ 顾耀明主编:《我看美国媒体》,新华出版社2000年版,第28页。

悬念设置,排设较难见到的引人入胜的镜头和图像。这些影像会在第一时间抓住观众。《60 分钟》的奇妙之处在于结尾最后一句台词的设计总能恰到好处地落在本期节目某个主人公的镜头上,能够充分做到编排有序,起到完美总结的效果。甚至《60 分钟》还会制作特别结尾,以配合主播解说的完美谢幕。

不仅如此,《60 分钟》的编排内容还注重动之以情,注重画面与讲解。它善于利用情感诉求激起观众的强烈共鸣,灵活拿捏主人公的情感起伏时刻,设置并引导故事发展。《60 分钟》为此十分注重采访地点的选择,主播会以记者身份到现场去解说讲解,以讲故事的方式,配合多个画面场景,调动受众情感。[①]

【延伸阅读】

Z 世代:用短视频了解新闻,娱乐时政两不误

移动互联网以自身的优势正在逐步取代传统互联网,"Z 世代"是以互联网为标志的科技进步的主要受益者。近日,中国传媒大学新媒体研究院发布《移动互联网时代下,Z 世代人群获取新闻资讯习惯研究报告》(简称"报告")。

报告聚焦 Z 世代人群,全面梳理在移动互联网时代下新闻资讯行业的发展趋势,深入调查 Z 世代人群获取新闻资讯的主要方式,以及通过对获取新闻资讯内容的分析,总结 Z 世代人群获取新闻资讯的习惯。报告有助于移动新闻资讯行业了解网民中占比最大用户群的新闻媒介接触习惯,从而制定、优化平台发展策略,以赢得 Z 世代人群中更多用户的喜好。

1. 社交媒体成为 Z 世代人群最常使用的获取新闻资讯的渠道

在新闻客户端、社交软件、短视频三大渠道用户 APP 使用量统计中,社交媒体下载量最高,随着社交媒体平台新闻资讯内容的不断丰富,Z 世代人群无需跳转其他软件即可关注到最新新闻资讯,大大减少了 Z 世代用户平台跳转的烦扰,社交媒体成为 Z 世代人群最常使用的获取新闻资讯的渠道。

[①] 孙庚:美国电视新闻杂志类节目探析——以《60 分钟》节目编排方式为视角,《中国广播电视学刊》2014 年第 7 期。

2. 新闻真实的重要性愈加凸显

在探究 Z 世代人群使用新闻客户端阅读新闻资讯的原因时发现,新闻内容的真实性在读者心目中的重要性不减,"平台权威性高、新闻真实"成为用户选择传统媒体类新闻客户端 APP 的重要原因。假新闻泛滥的时代,传统新闻机构对于新闻内容真实性把握的重要性愈加凸显。

3. 中午休息、晚上睡觉前成新闻资讯消费高频时间段

同其他软件在线行为较为一致的是,Z 世代人群新闻资讯消费高频时间段在中午午休和晚上睡觉前。无论是新闻客户端、社交媒体,还是短视频渠道,Z 世代人群消费时长多在 1～2 小时。

4. 短视频新闻呈现形式颇受 Z 世代人群喜爱

短视频的发展推动了内容短、平、快地传播,受访 Z 世代人群表示,视频新闻极大减轻了新闻资讯阅读的压力。新闻现场视频让读者可以更加直观地了解新闻现场,在短视频平台上的新闻呈现也以高潮集中式的剪辑快速吸引用户关注,并以极短的时间让 Z 世代人群了解新闻内容。对于对传统新闻播报本就没有耐心、随时都会"离开"的年轻用户来说,短视频新闻提供了一种更加"高效"、直观的新闻呈现形式。

5. 社交成新闻资讯关注极强动力

娱乐类新闻资讯是 Z 世代人群关注新闻资讯的重要内容类别。娱乐类新闻资讯由于内容的娱乐性,热点的高频爆发性,极易成为年轻 Z 世代人群社会交往中讨论的话题。报告访谈用户表示,有时候为了能接上身边同学、朋友的社交话题,需要主动关注一些娱乐新闻,以便自己能够拥有一些"社交谈资"。

6. 数据新闻关注度大幅增加

Z 世代人群新闻资讯风格喜好统计结果显示,Z 世代人群较为喜爱的新闻资讯风格为故事型和数据型。随着大数据在新闻报道行业的深入运用,数据新闻、可视化新闻为读者带来了更加具有事实冲击力的新闻表现形式。Z 世代人群对于信息技术的关注度大幅增加,数据以更加精准的统计学方式反映了客观事实,可视化图表的多样呈现也以独具一格的现代性和科技性吸引了 Z 世代人群的眼光,有效刺激了 Z 世代人群新闻资讯阅读的欲望。

7. 个性化推送成 Z 世代人群重要新闻资讯消费需求

Z 世代人群处于青年阶段,自我探索意识较强,针对个人特色所推送的新闻信息成为其重要的新闻资讯消费需求。Z 世代人群生活在信息技术高度发达的现代社会,在信息泛滥和信息渴求同时存在的当下,更加排斥和自身兴趣点无关的"繁冗"信息,针对个人浏览记录、地理位置等信息推送的新闻资讯可以有效满足这一部分人群追求优质信息的需求。

——摘自中国传媒大学新媒体研究院:Z世代:用短视频了解新闻,娱乐时政两不误,"新京报传媒研究"2021年2月4日。

第四章

电视谈话节目的策划

　　电视谈话类节目自问世以来,因其大众传播与人际传播有机结合的突出特点而一直受到广大观众的喜爱。如今,"电视谈话节目已经成为影响我们思想和行为方式的一种新权威。它们像是城镇议事厅或社区集会场所,在这个日益熟悉化和原子化的地球村中把我们集合在一起"①。

第一节　电视谈话节目概述

一、电视谈话节目的定义

　　谈话节目,在西方又称"Talk Show"。它的本义是指美国广播电视中一种以谈话为主的节目形式,由主持人、嘉宾和观众在谈话现场一起谈论各种社会、政治、情感、人生话题,一般不事先备稿,脱口而出。

　　美国出版的《电视百科全书》中关于"电视谈话节目"的定义是:"一种围绕着谈话而组织起来的,须在严格的时间限制内开始和结束,且要保持话题的敏感性,以便能提起广大观众兴趣的表演。"

　　美国学者吉妮·格拉汉姆·斯克特在《脱口秀——广播电视谈话节目的威力与影响》中把电视谈话节目看作"专家对着听众讲话,而不要听众参与对话的节目"。

　　甘惜分主编的《新闻学大辞典》关于"电视讨论"条目的阐述类似于今天

---

　　① ［美］吉妮·格拉汉姆·斯克特著:《脱口秀——广播电视谈话节目的威力与影响》,新华出版社 1999 年版,第 1 页。

的"电视谈话类节目"："新闻人物或有关专家、学者等在一起讨论问题的实况
录像节目形式。参加讨论者由电视台邀请、组织，讨论活动大都由节目主持
人主持，一般围绕某一新闻事件、某个社会问题或国内外形势，发表看法，交
流意见。或原样播出，或剪辑后播出。题材、内容比较广泛，适用于新闻性和
教育性节目，并可设专门栏目。"①

张泽群认为，电视谈话节目是"谈话人（包括特邀嘉宾、现场观众），在演
播室里就某一主题在主持人的引导下阐述和讨论观点的节目"②。

周振华认为，电视谈话节目是"由一位主持人、几位特邀嘉宾、一群现场
观众参与，围绕一个确定的话题展开讨论的，面对面敞开的、即兴的、双向交
流、平等参与的"节目。③

综上国内外学界和业界专家们的不同观点，我们可以这样界定"电视谈
话类节目"：它是指主持人以面对面的语言传播方式，邀请嘉宾和现场观众到
演播现场，围绕公众普遍关注的重要话题展开交流和讨论的一种节目形态。
它是电视媒介对日常即兴、双向、平等交流的再现或还原。

电视谈话类节目是当今电视荧屏呈现频率很高的节目形态之一。它之
所以深受观众喜爱，一是节目充分彰显了人际传播的完整性。人们在谈话的
同时，表情、语调、语速、动作都历历在目，和谐统一，极富真实感和个性化；不
仅如此，生活中很多无法通过画面直观再现所能反映的内容，如内心的想法、
抽象的观念、过往的经历，可以借助谈话的形式予以生动的呈现。

二是具有强烈的互动性。在谈话的同时，整个谈话的现场和过程形成了
一个"场"，这是一个多种信息相互交流的系统，随着谈话的深入，信息和情感
的不断流动，逐步积累，容易引起观众的参与感和认同感并积极进行反馈，真
正形成了人际交流的互动。④

三是体现了对人的基本权利的尊重。电视谈话节目不仅提供了一个人
们说话的场所，更重要的是，它体现了另一种新的思维方式，体现了一种人文
关怀，即每个人都有平等说话、表达意见的权利。《实说实说》总制片人时间
认为：办谈话节目的根本冲动就是尊重人，尊重人的办法就是让人说话。从
历史发展过程来看，一方面长期的封闭使人少有所思或思有偏颇；另一方面，

① 甘惜分主编：《新闻学大辞典》，河南人民出版社 1993 年版，第 252 页。
② 张泽群：脱口而出——浅谈电视谈话节目，《电视研究》1996 年第 5 期。
③ 周振华：从《实话实说》看电视谈话节目的中美差异，《新闻知识》1999 年第 3 期。
④ 朱羽君：二十一世纪是对话的世纪，《现代传播》1998 年第 2 期。

社会转型给人们带来困惑,人们面临各种各样的选择。因此,就要加强交流、加深理解。该节目总策划杨东平相信:"当我们都能成熟自信、开放自如地在电视上讨论大家共同关心的问题时,将标志着我们国家和民族的文化素质达到更高的水平。"①

此外,电视谈话类节目深为电视传媒青睐的一个重要原因,是其制作成本十分低廉。与建立一套用来报道新闻的基础设施以及转播新闻所需要的成本相比,谈话节目的制作成本只是前者的一小部分。因此,广播、电视谈话节目、网站、聊天室、博客、互联网论坛以及其他主宰传播系统的新型混合媒体文化中产生了以评论取代核实(甚至有时越俎代庖地报道事实)的强烈愿望。传播革命更多地发生在新闻传输环节而不是新闻采集环节。②

二、电视谈话节目的兴起

对话,是人类的基本需要,是人类日常交流的重要途径。巴赫金在其对话理论中指出,"一切莫不都归结于对话,归结于对话式的对立,这是一切的中心"③。任何形式的存在都必须建立在语言或对话的基础上,也包括人类表达情感和理性思考。对话既是目的又是方式,它强调对话参与者的投入,没有使对话参与者产生变化的交谈不能称之为对话。可见,突破思维的惯性与束缚,形成精神能量的高度内聚,乃是对话的要义所在。④

在政治理论家南希・罗森布罗姆看来,"轻松自然"和"勇敢说出内心所想"⑤是公民应当培育的两种重要的美德或者称之为公民的"性情"。前者意即一种人与人之间相处的方式,遵循这一方式,一个人平等而轻松地对待其他人,而没有客套与繁文缛节;后者强调这一性情不是表现在生死攸关的时刻,而是展现在对日常生活最平淡无奇的那些非正式的行为和事例上。

传媒理论家迈克尔・舒德森认为,由美国人发展起来的政治人物访谈的新闻业实践,是对"轻松自然"的机构组织性的一种完美展示。扒粪式或调查式报道则有些类似于"勇敢说出内心所想"的机构组织性展示。"轻松自然"

---

① 何勇、潘可武:电视是让人说话的——中央电视台《实话实说》暨谈话节目研讨会。
② 〔美〕比尔・科瓦齐、汤姆・罗森斯蒂尔著:《新闻的十大基本原则:新闻从业者须知和公众的期待》,北京大学出版社 2011 年版,第 154 页。
③ 〔俄〕巴赫金:《诗学与访谈》,河北教育出版社 1998 年版,第 340 页。
④ 王继发:对话理论视角下的我国电视谈话类节目的创新,《传媒》2014 年第 1 期(上)。
⑤ 〔美〕迈克尔・舒德森著:《为什么民主需要不可爱的新闻界》,华夏出版社 2010 年版,第 80—81 页。

的精神和"勇敢说出内心之所想"的习惯正是美国新闻值得羡慕的特征。①

进入 21 世纪,媒介化社会的特征更加显著。信息技术和社交网络的日益发达,为人们的对话与交往提供了更加丰富多样的形式。在一个众声喧哗的网络时代,各种话语力量的主体通过对话能够获得思想碰撞,情感交流,进而达成目标共识。从一定意义上讲,电视谈话节目是当代大众传媒社会作用的一个缩影。作为电视荧屏上一种喜闻乐见的节目形式,谈话类节目的兴起,归根结底还是由于受众心理的转变以及受众主体意识的增强,是社会发展之必然。

韦恩·门森在《大家谈:媒介文化中的脱口秀》一书中,将西方谈话节目的源头追溯至 18 世纪的英国咖啡馆,在那里第一次出现了讨论社会问题的公众聚会。但是,作为一种节目形式,电视谈话节目滥觞于美国。1948 年,艾德·萨利文主持的《小城大腕》节目,把谈话与杂耍形式相结合,开创了名人访谈节目的先河。

早期的美国电视谈话节目主要是两种类型:一是新闻谈话,报道当前事态;二是杂耍谈话节目。20 世纪 50 年代末叶,美国电视节目的一个重大变化,就是在电视新闻和政治报道等要闻中穿插谈话和评论,从而打破了原来新闻谈话的界限。1967 年,俄亥俄州戴顿开播的《唐纳休节目》,标志着日间谈话节目和名流表演脱口秀节目的诞生。20 世纪 80 年代后,电视谈话节目在美国真正兴盛起来。这一时期的名人谈话节目,收视对象主要是以 18～49 岁的女性为主,节目对更时髦、更富有挑逗性的话题有着特殊的兴趣。节目变得更尖锐、更具对抗性,节奏也更快,充满了流言蜚语和丑闻,以及令人震惊的自我招供。《拉里·金现场》(*Larry King Live*)、《奥帕拉·温弗瑞访谈》(*The Oprah Winfrey Show*)、《大卫·莱特曼深夜节目》(*Late Show with David Letterman*)、《今夜》(*Tonight*)等都是美国乃至世界最具人气的节目样板。

中国大陆的电视谈话类节目起步较晚,最早的节目是 1993 年上海东方电视台创办的《东方演播室》。但是,真正意义上的电视谈话节目,则始于 1996 年 3 月 16 日中央电视台推出的《实话实说》。该节目开辟了人际交流的新空间,创立了我国电视谈话节目的典型范例,直到今天它仍然是国内影响最大的节目。90 年代以来,地方电视台也出现过一些谈话类节目,黑龙江电视台

---

① [美]迈克尔·舒德森著:《为什么民主需要不可爱的新闻界》,华夏出版社 2010 年版,第 82 页。

的《北方直播室》，广东电视台的《岭南直播室》，广州电视台的《夜谈》等。

据不完全统计，目前全国电视谈话类节目有将近 200 个，节目类型也多种多样，既有新闻时事类、专题对象类，也有综艺娱乐类、情感服务类等等，如中央电视台的《艺术人生》《对话》《大家》《面对面》《实话实说》《新闻会客厅》，北京电视台的《真情互动》《国际双行线》，东方卫视的《波士堂》《幸福魔方》，湖南卫视的《玫瑰之约》《真情》，江苏卫视的《超级访问》，重庆卫视的《龙门阵》，贵州卫视的《论道》，凤凰卫视的《鲁豫有约》《锵锵三人行》等。可见，电视谈话节目已成为当代电视媒体不可缺少的一种节目类型。

三、电视谈话节目的类型

2009 年，厦门电视台委托专业媒介研究机构对厦门电视受众的收视需求与喜好进行了调查。数据表明，在电视谈话类节目中，大多数受众最喜欢收看的话题内容首先是新闻事件和热点透视（53.2%），之后分别是情感故事叙说（37.1%）、市井民生百态故事（27.8%）、成功人士的奋斗故事（20.9%）。显然，对新闻话题的解读评析讨论、人生情感故事的讲述是电视谈话类节目中受众最感兴趣的内容，是受众的主要收视需求。

学者胡智锋认为，电视谈话类节目按照谈话的主题内容、谈话的形式等要素，可以各分为几种不同的类型：[①]

1. 按谈话主题内容划分

（1）新闻时事类谈话节目

这类节目着眼于当代社会的热点、焦点、难点问题，把谈话现场作为时事分析和发表意见的公共空间，谈话嘉宾多为此类问题的专家、学者，在交谈的过程中，逐渐廓清事件发生发展的相关背景、社会的影响和事态发展的趋势预测。相对于新闻深度报道或新闻评论节目来说，新闻时事类谈话节目的观点弹性更大。往往是不同观点的碰撞和相互激发，舆论的表达形式也相对随意，口语化的交谈使节目充满了个性化的表达和语言状态。如凤凰卫视的《时事辩论会》《锵锵三人行》，东方卫视的《东方直播室》等。

《时事辩论会》每天一个热点话题，聚集不同区域、不同行业、背景迥异的专家学者、社会名流，以深入探讨、小组辩论的形式，在时事辩论会展开观点交锋。每期节目只有 30 分钟，嘉宾们争分夺秒地抢辩自己的观点，待节目结

---

① 胡智锋主编：《电视节目策划学》，复旦大学出版社 2008 年版，第 58—60 页。

束时,话题辩论到哪儿就在哪儿结束,所以根本就没有结论可言。但在这 30 分钟的时间里,嘉宾、主持人和场内场外的观众所展现给大家的是一场激烈的争辩过程,多种观点汇聚的过程(30 分钟虽然没有提供结论,但提供了很多观点)。开放的结尾给观众提供了一个开放的解读。

(2)情感类谈话节目

这类谈话节目往往选择更加感性的话题,以人生、婚姻、家庭、生活中遇到的问题等话题为主,不是以娱乐调侃的方式去处理,而是以一种相对严肃的口吻去谈论。节目给观众提供了一种情感释放的空间,具有精神按摩和心理治疗的功能。如湖南卫视《天下女人》、东方卫视《幸福魔方》、北京卫视《真情互动》等。

东方卫视 2010 年 1 月 4 日开播的《幸福魔方》,第一次将"魔方智慧"导入电视节目,首创"魔方式"的情感服务类谈话节目。《幸福魔方》,顾名思义,就是用"魔方智慧"来寻找到全新的幸福之门。一座"透明玻璃屋",一方"网友九宫格",一个"心理疏导师",一位"知性主持人"和一扇"幸福回归门",将《幸福魔方》装扮得悬念十足,真诚感人,令人潸然泪下。其独特的空间设计、明晰的板块构造和真诚的话题讨论,以及最终的幸福结局,令人耳目一新,意欲一睹为快。

(3)综艺娱乐类谈话节目

这类节目引入了娱乐和追星的元素,谈话内容不以重大社会事件为主题,而是从娱乐、游戏等形式入手。谈话现场形式自由、轻松,经常穿插演艺节目形式,谈话氛围更加感性、煽情。节目中的"秀"的因素更加突出。如江苏卫视的《超级访问》、中央电视台的《艺术人生》、湖南卫视的《玫瑰之约》等。

被业内人士誉为中国最具原创风格的娱乐明星谈话节目《超级访问》,2000 年开播以来红遍大江南北,开创了娱乐访谈节目的新风格。节目大胆地将娱乐与谈话巧妙融合,一以贯之地坚持最独特的视角、第一手的明星资料、最刁钻的问题、最新鲜的爆料、最轻松搞笑的气氛。主持人李静、戴军大胆挖掘明星背后的故事,展现明星鲜活真实的一面。他们在节目中"穿针引线、画龙点睛",一捧一逗的相互自嘲和"攻击",不怕出丑的直率,插科打诨的默契配合,不仅使现场轻松愉快,让观众全方位地感受明星们的无限魅力,同时还可以近距离、深层次地了解明星们的内心情感世界和成长历程,而且使嘉宾通过笑声缓解了在现场中的紧张感和陌生感,自然地融入节目之中。

（4）专题类谈话节目

这类节目脱胎于一对一的人物专访，但是又加入了谈话现场的综合元素，现场主持人对嘉宾的访谈超出了一问一答的形式，可以说是一对多人的谈话节目。这类节目题材大多就某一专题或以精英人物的个案和相关事件为线索，主持人、现场嘉宾和观众就此展开互相问答和讨论。人物的背景和发展经历以及其与社会的碰撞常常是节目谈论的焦点。如中央电视台的《大家》《对话》，东方卫视的《波士堂》，北京卫视的《国际双行线》等。

2003 年 5 月 18 日开播的《大家》节目，目前是中央电视台容量最大的演播室访谈节目之一。《大家》自开播伊始，就把"口述历史"作为节目的特点和精髓，它的采访对象多是在科教文卫领域作出了杰出贡献的"大师"或泰斗级人物，节目除了展示他们的学术贡献和成长历程外，还浓墨重彩地再现了他们亲历的时代风云，他们眼中的历史真实。

2. 按谈话形式划分

从谈话的形式看，大致可以分为三种类型。

（1）辩论式谈话节目

这类节目是选择不同观点、不同利益集团的代表在谈话现场辩论，自然形成不同的谈话立场和观点交锋。观点或对立或大相径庭，观点的交锋推动着谈话现场，节目的卖点不在于最后的结论以及辩论双方的孰对孰错，而是在辩论过程中交谈双方有个性的观点和语言的展示，以及在辩论过程中对讨论的事件背景的不断充实和延展。如齐鲁电视台的《齐鲁开讲》、凤凰卫视的《一虎一席谈》等。

《齐鲁开讲》是国内首档辩论式谈话节目，虽然它是在省级地面频道（齐鲁电视台）播出的一档节目，从开播之初就以它独特的内容和形式吸引了众多省内外的观众。每期节目会根据近期出现的有争议性的新闻事件或社会现象，设置一个能产生直接对立碰撞观点的话题，邀请对立双方的代表人物就此展开针锋相对的争论。例如，《齐鲁开讲》曾开展过的《众说纷纭安乐死》《城市该不该设立禁乞区》《该不该废除经济犯罪死刑》《该不该取消三好学生评选》《交警暗中捉违章好不好？》《隔代教育，利大？弊大？》《您赞成全民学英语吗》《高考加分该取消吗？》等等选题都是老百姓身边真实存在的问题，都是有争议的问题。把这些问题拿到节目中去讨论，本身就很吸引观众。

（2）群言讨论式谈话节目

这类节目形式不追求对立观点的交锋，而是以一种相对随意、漫谈的方式进行,这是一个大众传播媒介虚拟的"聊天"过程。"聊天"的场合倒并不局限于演播室,而是能够辐射到屏幕前的观众。观众以心理参与的方式进入聊天的虚拟场景中。如凤凰卫视的《锵锵三人行》等。

《锵锵三人行》是凤凰卫视出品的谈话类节目,由主持人窦文涛与两岸三地传媒界之精英名嘴,一起针对每日热门新闻事件进行研究,并各抒己见,但却又不属于追求问题答案的正论,而是俗人闲话,一派多少天下事,尽付笑谈中的豪情,达至融汇信息传播、制造乐趣与辨析事理三大元素于一身的目的。看似"平衡一下"的"滑头话",其实是窦文涛引导嘉宾发表具有个人色彩的大胆言论,营造日常聊天的形态、谈笑风生的气氛,力求轻松、惹笑。主持人窦文涛以 3.2 亿元的品牌价值名列由世界品牌实验室独家编制的 2006 年度《中国最具价值主持人》的排行榜上。《锵锵三人行》被《新周刊》誉为"15 年来中国最有价值的电视节目"。

(3)个案叙述式谈话节目

这类节目不是从一个宏观的社会话题或社会现象出发去探讨其社会意义、形成舆论,而是从个案人物的经历入手,探讨人物的生命成长过程,在自我认识、自我发展过程以及与社会互动过程中的经历、经验以小见大给人以启迪。这些个案人物或者是名人,如政治名人、影视明星,或者是人生轨迹非常有特点的普通人物。如中央电视台的《面对面》、凤凰卫视的《鲁豫有约》等。

《面对面》是央视新闻频道的一档人物专访节目。它以更人文的态度关注社会,以更开放的视角关注中国。进入《面对面》的人物都是重量级的,都有自己的人生故事,他们中有新闻事件中的焦点人物,有新闻话题中的权威人物,有时代变革中的风云人物,有备受关注的公众人物。他们因为非凡的影响力进入了《面对面》,而《面对面》让他们更加具有影响力。节目秉持新闻性、权威性、关注度、影响力的诉求,是面对面的交流,心与心的碰撞,用对话记录历史,以人物解读新闻,为变幻中国制作一份打开的人物志。

第二节　电视谈话节目的策划要素

电视谈话节目是在多元文化结构和多元文化价值观念存在的基础上发展起来的。电视谈话类节目的出现,满足了人们由于现代化过程带来的文化焦虑、繁重的生存压力以及情感交流的缺乏而产生的倾诉与倾听的愿望,拓展了大众交流的公共领域,使人们在与他人的交流与比较中获得心灵的慰藉和生命的感悟。成功的电视谈话节目,是节目谈话人、话题和谈话方式等方面综合作用的结果。

一、嘉宾的选取

谈话节目的嘉宾至关重要,关系到节目的成败。

对于电视谈话节目来说,嘉宾和现场观众在某种意义上与节目主持人具有同等重要的地位,尤其是那些知名度高、口才好、人缘好的嘉宾,有时甚至成为现场观众的"定心丸""开心果",电视机前的观众也因为他们的存在而兴趣大增。

从节目内容的呈现方式看,谈话类节目似乎可以分为讨论型与叙事型。而不同的呈现方式,意味着对节目嘉宾的选取会有不同的考量要求。

一般来说,讨论型谈话节目由于需要对话题进行讨论分析,因此它需要一些思想和表达上乘的人来做嘉宾。谈话类节目为了确保节目的讨论质量和收视效果,必须对嘉宾的素质和水平进行一定的比较和筛选,逐渐形成一些较为固定的嘉宾班底。这些嘉宾在分析讨论相关话题时有权威有见解,具有提出问题、分析问题、解决问题的思路和能力,与主持人配合默契。而这样的嘉宾并不好找,因此讨论型节目的嘉宾往往相对固定,一般都是某个专业领域的专家学者或者意见领袖。比如,军事问题专家、外交问题专家、经济问题专家、时政分析专家等。

《论道》(贵州卫视)的节目嘉宾主持是博鳌亚洲论坛秘书长龙永图。他围绕"高度,深度,关注度",关注热点事件、焦点人物和国际风云,邀请政界名人、商界明星、学界名家共同论道,致力于用普适的、主流的价值观去进行思想启蒙和价值引导。《论道》的嘉宾和话题虽然都定位于高端,但是敢于直言的龙永图却并不喜欢"高高地端着",他希望节目达到的效果是用民生视角解读高端话题。为此,《论道》将公共价值作为节目的最高理念。根据这一理念,《论道》关注中小企业、关注中国企业竞争力和慈善事业,以敏锐的眼光,捕捉关键性热点话题,与地区政府合作创新多种节目模式推介地方品牌、宣传地方名片、探求城市文化,通过各种电视活动的举办,不仅栏目自身的影响力和收视率得到了双提升,同时也有力地助推了地方经济发展。

叙事型谈话节目需要给观众的是有意思的经历和故事,所以最重要的是嘉宾能否有精彩奇异的故事。由于叙事型谈话节目以满足观众了解他人生活与内心秘密的心理为动因,所以嘉宾的选择或者是那些与我们有相同生活的草根家庭,或者是有特别奇异生活经历的人物。如果是演艺、体育、媒体、商界的明星或者社会上的公众人物、新闻人物,观众表现出的收视兴趣就更加浓厚和强烈,这也是叙事型谈话节目为什么常常选择公众人物的原因。①

《艺术人生》是当下明星类电视谈话节目的知名品牌。它在做每一期节目之前,必要先开几次策划会,研究包括请谁做嘉宾、观众对其关注的程度和关注的方面、被邀嘉宾最近有何引人注目的举动等等问题。既然要做好这类节目,就应该精心选择目前最为观众所关注的明星及其故事。例如,朱军曾在一期节目中公布过一个权威调查统计数据,著名评书艺术家单田芳先生在全国拥有 1 亿固定观众和听众,非固定观众和听众可达 6 亿。这样的"人气"何愁节目收视率?况且当时人们十分关注单田芳的版权官司对他的影响,胃癌手术后的复出,以及涉足商界、开评书公司等等。这些观众的心理需求都是节目的"看点"。陈凯歌、赵本山和刘欢都曾在《艺术人生》"梅开二度",这是因为他们有新的为人们所关注的成就:陈凯歌是带着《和你在一起》再次作客;赵本山也是因为《刘老根》中的自导自演而接受《艺术人生》的邀请;而刘欢则是因为他的第二张专辑《六十年代生人》即将与观众见面。走进《艺术人生》的 300 多位嘉宾,都是当今文艺圈重量级的人物,但每一位嘉宾都是以独家的面孔、独家的讲述、独家的情感来完成每一期节目,使向来被光环所笼罩的文艺名人回归生活的真实。

二、话题的吸引力

"话题"是电视谈话类节目的核心与关键。话题选对了,往往意味着节目成功了一半。优秀的电视谈话类节目往往从话题的征集、确定到题材的深度、广度和可操作性的挖掘,都要经过精心的策划与准备。

《实话实说》提出:"每周一个话题,每题一个热点,每点一次舌战,每战一道火花。"由于"说什么"的问题解决得好,使《实话实说》的话题"取之不尽,用之不竭"。翻阅《实话实说》的目录,我们发现它们有着共同的特点,就是所谓的"三难":一是难在找不到山呼海啸、惊天动地的,像《时空报道》或《焦点访谈》常有的那样的"大选题";二是难在我们很难找到一期与老百姓生活没有密切关系的选题;三是难在我们很难发现哪一期的选题会令主持人无法把握,会让嘉宾和现场各种人无话可说。

---

① 赵柏华:讨论型与叙事型电视谈话节目的比较探析,《中国广播电视学刊》2008 年第 4 期。

为了避免谈话节目的话题漫无边际,谈话类节目话题的选择应当遵循下面这样一些原则和标准:[①]

1. 选择和设置哪些备受关注的话题

谈话类节目所选的话题应该是深受社会各界尤其是群众所重视和关注的。因为备受关注的话题无论是对于吸引观众注意力、刺激谈话激情,还是提高和保持节目的知名度和权威性,其意义都是不言而喻的。例如,凤凰卫视《军情连连看》节目,其话题选择主要有以下几个特点:第一,新闻性强,紧贴热点话题重点话题;第二,角度奇,经常挖掘各种军事信息,甚至是未经证实的数据内幕小道消息等;第三,话题敏感,极具冲突性;第四,接近性强,大部分话题都围绕中国。

2. 选择和设置哪些既有新闻性、又有娱乐性的具有多重属性的话题

强调新闻性而舍弃或破坏谈话节目固有的并赖以吸引观众的娱乐性是不合适的,而以娱乐性损害话题的新闻严肃性也是不应该的。因此,应该选择那些既有新闻性又有娱乐性的具有多重属性的话题。需要注意的是,设置此类话题时,话题在赢得笑声掌声之后,最好还能给人们留下一点回味和思考,而不要把谈话类节目完全等同于娱乐类节目。

3. 选择和设置与观众密切相关的话题

虽然古今中外天南地北大事小情都可以选做谈话节目的话题,但是要想真正引起观众的兴趣,就必须选择那些与他们工作、生活、情感等方面密切相关的话题。南极上空的"漏洞"让人焦虑,但作为话题则远不如"家庭服务员""孩子的零花钱""结婚的钱谁来出""下岗生活"之类的话题更能引起观众参与、聆听和收视的兴趣。同时,切近百姓生活的话题还能让参与者不仅有话可说,甚至还可以常"爆"出闪光点。《艺术人生》在选取与嘉宾的谈话素材时,特别关注影响嘉宾职业选择的个人性格、生活能力,或者使其人生命运发生转折的重要事件、重要人物,因为偶像的奋斗历程无疑都传达着其独特的价值观念,影响着观众对自我价值的判断;大众通过了解别人的成长经验,可以帮助自己确立人生目标、调整生活态度。[②]

4. 适当选择和设置一些带有争议的话题

这样的话题对于一期谈话节目来说,不但可以活跃现场谈话气氛,而且

---

① 朱剑飞、张静民:《实话实说》及谈话式电视新闻节目策划,《电视研究》1999 年第 1 期。

② 杜晓红:《艺术人生》成功原因探析及其启示,《苏州职业大学学报》2004 年第 3 期。

还有利于在语言的交流、智慧的碰撞中为节目带来华彩乐章。譬如"拾金不昧要不要回报""家长该不该打孩子""夫妻是否需要一米线""父子该不该定协议""家里的围裙到底该谁来系"等，都属于有一定争议性的话题。

当然，一档电视谈话类节目的成功，是主持人、嘉宾、话题、谈话方式各方面综合作用的结果。话题的选择和设置，最终都要落实到主持人访谈内容能否生动出彩，营造出一个活泼有趣的谈话空间上来。主持人既要把握全局的起承转合，又要睿智、多思、敏感。因为对话题的把握和引导决定着栏目的基本风格和价值取向。[①]

三、放大"亮点"，选好"切入点"

谈话节目的可观赏性源于节目内容本身，如观点的多元、持论各方实力的相当及富有张力，表达的智慧精彩等等。"亮点"是谈话节目最动人、最"煽情"的地方，是主持人、嘉宾和现场观众可以大肆展开谈话、大量渲染的节点。

《一虎一席谈》节目最大的亮点，就是它秉持"这里不是一言堂，所有的意见都备受尊重"的宗旨，力求每期辩论的话题都会产生多种不同的观点。这些观点来源于现场嘉宾、现场观众、连线的场外人士及媒体和网民的评论等等。除了节目现场持不同观点、代表不同利益集团的嘉宾们可以相互争论、表达各自的观点外，现场观众的话语权也给予充分的尊重。节目赋予现场观众随时插话、发表个人意见的权利，所以《一虎一席谈》现场的观众绝不是可有可无的摆设。他们每个人手里都有一个小牌子，一面白色写着"赞同"，一面黑色写着"反对"。如果对嘉宾的观点不赞同，可以举"反对"牌，并发表自己的观点。

"切入点"则是谈话节目谈话脉络的开始，引导着整个谈话的方向和风格。嘉宾的生活丰富多样，千头万绪，事业、生活、情感交织在一起，要根据节目的定位来考虑切入。商界人物的谈话节目，人物生平可以略谈，切入点可以选取初涉商界的经历开始，因为节目受众更关心的是商界人物如何在商界里起步、搏击(如第一桶金是怎么赚得的?)，又如何巧心经营的，所以切入点选取经商经历即可;明星的谈话节目，节目观众更感兴趣的是明星的情感生活，所以谈话切入点可以由人物生平、情感经历开始;专家学者的谈话，受众关心的是专家学者所取得的成就，为社会作出的贡献，谈话切入点可选取这

---

① 孟兰云:策划:电视访谈节目的灵魂,《中华新闻报》2005年6月29日。

一点,如《东方之子》栏目记者与袁隆平的对话就是如此。

《杨澜访谈录——谭盾》的采访时间是 2001 年 4 月 7 日,原因是 2001 年谭盾凭借影片《卧虎藏龙》赢得第 73 届奥斯卡金像奖的"最佳原创音乐奖"。因此,访谈很自然地从奥斯卡切入,但又不仅限于奥斯卡,杨澜很巧妙地串起了"奥斯卡—《卧虎藏龙》—电影音乐—创作空间的限制与挑战—创作者的立足点即民族性"这样一条线,层层推进,非常自然地揭示出了谭盾的最大特点——站在中西文化的交汇处引发他说出了"我现在做的事情,我在纽约做的事情,就是把我在两个世界学的东西融在一起,形成我自己的东西"。这既是谭盾一路走来的经历和感触,也揭示出了谭盾的成功之处。

在《鲁豫有约——庄则栋》中,主持人鲁豫没有刻意为自己的谈话寻找什么切入点,而是自然地和庄则栋从他最动人的记忆——世界冠军和乒乓外交开始交谈,自然过渡到"文革"那段不堪回首的岁月,再谈到重回山西的崛起和退休生活的惬意。看似漫不经心的谈话进程,却向观众展示了一个真实而非常人性化的庄则栋。在整个谈话过程中,庄则栋没有豪言壮语,也没有眼泪、叹息,但观众却能从他的表情和话语中读出真实的人生和也许比一些富有哲理的话更为深刻的人性感悟。①

四、拓展叙述的张力

电视谈话节目不光要有一个吸引人的话题、好的故事,话题和故事以何种方式叙述也很重要。故事的叙述要能够不断挖掘故事的内涵,让感人的力量广为辐射。一档优秀的电视谈话节目,往往高度重视情节的作用,善于通过冲突、危机等戏剧因素和波折起伏的故事吸引观众。

法国人类文化学者列维·斯特劳斯在《结构人类学》中指出:每个神话的中心都存在一个困境或者矛盾,这些矛盾或困境往往通过二元对立的结构来表达。神话为人们提供了一种逻辑模式,这种模式采用叙述式结构来解决诸如生命与死亡、正义与邪恶、传统与变革、自然与文化等抽象的冲突。换句话说,任何事物本身或事物之间都存在着某种对立性。脆弱与坚强、愿望与现实、苦难与欢乐……它们虽然未必诉诸表面的争斗,但必须能够形成暗藏的张力,谈话节目就需要保持这样一种叙述的张力。《艺术人生》节目中有过种种精彩的角色冲突展示,在对比中彰显出一种叙事张力:今日的辉煌与曾经

---

① 江山:访谈节目《杨澜访谈录》与《鲁豫有约》的对比研究,《中国广播电视学刊》2004 年第 8 期。

奋斗的艰辛对比,事业上的星光灿烂与生活中的不尽如人意对比,为人子(女)为人父(母)为人夫(妻)等人生角色的转换……在角色冲突的叙述中,呈现在观众面前的是披着明星外衣的普普通通的人,同样有着成功与失落、理想与现实、痛苦与欢乐的人生经历。自信、坚强、光鲜背后的茫然、痛苦、黯然神伤的强烈对比,让观众深切地触摸到人物的内心世界,人物的性格因此而更加鲜明生动,节目也因此而厚重、立体,并不只是简单的明星效应加煽情。①

电视谈话节目在美国长盛不衰的一个制胜法宝是:编导巧妙地将对抗性运用到节目各个环节。为了增强节目的娱乐性和吸引力,节目一般不回避冲突,甚至经常加强和利用各种潜在的冲突。在节目的谈话中,不仅观点的对立被摆在桌面上,唇枪舌剑、针锋相对,而且情感的对立、利益的纠葛甚至文化、种族的差异都被当作戏剧性因素,得到尽情发挥。②《玫瑰之约》节目收视率居高不下,其中一个重要的因素就是加入了对抗元素。男人女人之间充满了爱意的嘲弄,绅士式的玩笑都是以含蓄和克制的方式进行的对抗。通过双方丰富多彩的语言或才艺展示,男女双方的嘉宾阵营、亲友团中,充满了相互对抗的火药味,再加上主持人的煽风点火,使得这种对抗性有了进一步强化的趋势,从而使得观众强烈地意识到表面玩笑的幽默下潜伏着的竞争与对抗,观众也对此饶有兴致。

五、创设谈话的情境

情境是故事发生的环境、背景,是人物行动的依据,也是情节发展的主要动力。谈话情境是形成主持人、嘉宾和现场观众交流、讨论的外部环境和氛围。它会影响嘉宾的状态,激发嘉宾的情绪。谈话情境包括演播室的布置,影像资料、纪念品的展示和小乐队的配合等等。电视谈话类节目创造性地使用这些元素,往往能在关键时刻收到神奇的效果。例如,安徽卫视《非常静距离》节目当谈话进行到某一时刻,现场音乐适时响起,嘉宾和观众的情绪同时在音乐的带动下上升,现场气氛在这一刻达到高潮。《艺术人生》采访陈冲之前,编导们想到,陈冲早期拍了《小花》,中期拍过《红玫瑰白玫瑰》,现在又拍了《茉莉花开》,于是,就在录制现场放了三盆花:一盆小花,一盆玫瑰花,一盆茉莉花,这样就迅速地切入到陈冲的艺术生涯中去。陈冲一出来,看见花,一

---

① 杜晓红:《艺术人生》成功原因探析及其启示,《苏州职业大学学报》2004 年第 3 期。
② 熊鹰:电视谈话类节目的魅力,《当代电视》2001 年第 10 期。

切都明白了。乐队也很聪明,话题谈到哪,他们就弹奏关于哪种花的曲子,嘉宾和策划者在现场默契相投。[①] 湖南卫视《新青年》为了营造谈话的现场感和氛围,通常选择具有浓厚文化底蕴的地方录制节目,如岳麓书院、孔庙、北大等。

按照弗洛伊德的精神分析理论,人的精神活动,包括欲望、冲动、思维、幻想、判断、决定、情感等,会在不同的意识层次里发生和进行。在谈话的过程中,很多交流主体对于一些敏感的话题浅尝辄止,或者避而不谈,淡化了冲突,从而削弱了话题的内在张力,而这个时候,节目主持人就应采用各种方式弱化或抵消对象的心理防御机制,引导他自然表述其内心深处的真实想法。[②]调动起受访对象倾诉和表达的欲望,吸引观众的注意并形成共鸣。《鲁豫有约》节目中,主持人很少会给她的嘉宾带来压力,常常靠自己的宽容与理解去打动受访对象,让嘉宾放下戒备倾诉自己。例如鲁豫在采访杨钰莹的时候,杨钰莹与赖文峰的事很敏感,可是要做她的访谈,这又是观众最感兴趣最想听的事,是无法绕开的,所以,鲁豫在节目一开始就很自然地切入话题:"那段谈恋爱的日子,现在可以去回忆吗? 比如说这是一段什么样的感情,他是一个什么样的人,这些事中有一些是可以跟我们分享的吗?"这种提问方式,让嘉宾感到就是一种朋友之间善意的关心,而并非是很犀利,直指嘉宾的伤疤和痛处。因此,很多有争议的名人都愿意到《鲁豫有约》吐露心扉,他们来是为了表达自己,也是因为陈鲁豫是他们熟悉和信赖的主持人。

第三节 策划案例分析

一、《对话》的品位

《对话》是央视财经频道于 2000 年 7 月创办的一档电视谈话节目。其目标收视群体是"关注经济改革动态并具有决策能力的社会精英人士",致力于"为新闻人物、企业精英、政府官员、经济专家和投资者提供一个交流和对话的平台",做一个有高度影响力的节目。秉持"真诚的开放性、观念的先锋性、交流的争论性、多元的并存性的融合"这一宗旨,每次节目由突发事件、热门人物、热点话题或某一经济现象导入,捕捉鲜活经济事件、探讨新潮理念、演

---

① 于泳:《艺术人生》的"情"结,《徐州工程学院学报》2005 年第 2 期。
② 裴晓蕾:主持人对电视谈话类节目的驾驭,《记者摇篮》2007 年第 7 期。

绎故事冲突,着重突出思想的交锋与智慧的碰撞。《对话》通过主持人和嘉宾以及现场观众的充分对话与交流,直逼热点新闻人物的真实思想和经历,展现他们的矛盾痛苦和成功喜悦,折射经济社会的最新动向和潮流,同时充分展示对话者的个人魅力及其鲜为人知的另一面,从而为确立电视谈话类节目的高品位创立了一个典范。

具体地说,《对话》节目的高品位主要由三个要素构成。

1. 时尚型的话题

在这个"内容为王"的传媒时代,《对话》所关注的是最为前沿的行业和热门话题,视野覆盖世界;如物联网、低碳经济、医疗改革、转基因、光伏、3D 打印、PX、PM2.5、电商、大数据、新媒体、风投、养老产业、微时代、第三次工业革命、纳斯达克等等,这些最能吸引社会精英与白领年轻人的关注。这些话题从 2014 年以来《对话》播出的节目单就可以略知一二。

表 4-1　《对话》2014 年 1—8 月上旬节目单

播出时间	节目选题
1 月 5 日	改革:我们如何看未来
1 月 12 日	移动浪潮下的重生
1 月 19 日	我要飞得更高
1 月 26 日	颠覆硅谷的俄罗斯人
2 月 16 日	尝鲜混合所有制
2 月 23 日	民资的金融冲动
3 月 2 日	为网络正能量点赞
3 月 9 日	对话"幸福城市"
3 月 16 日	让消费更有尊严
3 月 23 日	激辩特高压
3 月 30 日	互联网上的金融较量
4 月 6 日	互联网教育:翻转课堂
4 月 13 日	将颠覆式创新进行到底
4 月 17 日	阅读变革:我们的文学梦

续表

播出时间	节目选题
4 月 20 日	PX:科学保卫战
5 月 4 日	当联想遭遇特斯拉
5 月 11 日	谁是下一个移动好应用
5 月 18 日	高铁是怎样炼成的
5 月 22 日	电商换市 全球机遇——天下电商话义乌
5 月 25 日	潘基文:靠什么在全球"舞蹈"
6 月 1 日	食品安全的真相与误区
6 月 8 日	新媒体:大腕的对手还是朋友
6 月 15 日	意大利总理的"中国航线"
6 月 22 日	穿越:如何做成了大生意
6 月 29 日	中国制造给中国足球做榜样
7 月 6 日	3D 打印:从神话到现实
7 月 13 日	问诊城市地下病
7 月 20 日	大数据时代的金融创新
7 月 27 日	胜诉奥巴马
8 月 3 日	中国制造业的服务升级

例如,在 2014 年 7 月 6 日播出的《3D 打印:从神话到现实》一期中,节目向广大观众展示了一场别开生面的 3D 打印梦想秀。随着现代信息技术的突飞猛进,3D 打印技术开始走进人们的日常生活。3D 打印机下,配饰、巧克力、玫瑰花、服装、太阳镜、乒乓球桌、自行车、汽车、建筑、埃菲尔铁塔、人体器官等均可化为现实,无所不能。通过节目,观众了解到:3D 打印的房子在结构、性能上与传统的房子并没有区别,而且在抗震性能上还更高(抗震级别 8 级以上)。3D 打印作为一种制造技术,将有望解决传统建筑业劳动用工量大的问题,用机器把劳动者从繁重的体力劳动中彻底解放出来。类似这样的时尚型话题在《对话》节目中不断挑起观众们的好奇。

《对话》不刻意地追求高收视率,因为它不是一个大众化的谈话节目,它将自己的观众定位为知识型、年轻化的小众上。他们是一群受过良好教育、专业素质较高、关注社会经济发展和活跃在社会经济各领域的人,是这个知识经济社会形成的"知识群体"。

《对话》自开播之日起就已明确,节目的选题定位是锁定中国经济转型期典型之举。

找到第一当事人,寻找影响世界的思考者;节目的选题维度是:从赢世界、利中国、智企业、惠个人的角度出发;节目的选题内容是:找到价值事件、价值观点、价值人物、价值主张。

《对话》节目的策划,分为选题策划和节目策划两部分。选题策划实行栏目策划制,节目策划实行导演负责制。

所谓选题策划,就是对与《对话》栏目相关的世界各地和国内谈话节目进行比较研究,时时掌握最新动向和潮流,随新闻事实的发生、发展确定选题方向和具体选题。对每一个选题一般都要问问下列问题:(1)本选题是否有新闻时效性?(2)本选题是否有独特的新闻视角?(3)本选题是否有二次开掘的可能性?(4)本选题最关键的嘉宾能否请到?(5)是否有应急措施?(6)本选题在嘉宾搭配上是否有意想不到的效果?

在考虑"说什么"的时候,《对话》还需要对已确定的选题进行脑力振荡,思考:(1)有哪些可利用的人物元素?(2)有哪些不可舍弃的内容和观点?(3)有哪些新的表现形式?(4)有哪些形式设计?(5)有哪些道具可用?(6)有哪些提问技巧和特别的问题设计?(7)观众有哪些要求?

2. 重量级的名人

名人效应是成就《对话》高品位的重要因素。因为并不是每个人都有机会和名人相遇并与他们面对面地交流,所以这种交流就具有极大的吸引力。

《对话》中的名人可以细分为新闻人物和精英人物。每个嘉宾在自己的领域里都是精英人物,但邀请他们往往是由于某个新闻事件。与新闻人物的谈话趋向于知识性和感悟性,在他们与主持人和观众的交流中,可以听到和感受到这些人物的内心独白、人格魅力和对人生的独特领悟。

《对话》坚定地走精英路线,强调国际化视野。当全球股市老大思科公司意欲斥资100亿美元控股斯坦福大学之际,思科首席执行官约翰·钱伯斯在《对话》演播室谈笑风生,畅谈"高处不胜寒";当新经济的浪潮来袭时,英特尔公司首席执行官贝瑞特博士在《对话》中坦言,中国也需要互联网;当全球油价大幅上涨、中国成品油市场硝烟四起时,BP阿莫科总裁布朗爵士走进《对话》现场,讲述如何将一个英国老牌国有企业变成世界石油巨人;当摩托罗拉公司做出在中国增资 19 亿美元的重大决定之后,董事长高尔文先生与《对话》观众一起回顾走出困境的点点滴滴。①

我们从《对话》2012 年播出的节目中选取其中的 13 期,一窥节目所邀主嘉宾的身份与地位。

第 1 期"民营经济的力量":陈志列(研祥集团董事局主席兼总裁)、励行根(宁波天生密封件有限公司董事长)、茅永红(百步亭集团董事局主席)、张近东(苏宁家电有限公司董事长兼总经理)、王文彪(内蒙古亿利资源集团董事长)、徐冠巨(浙江传化集团有限公司董事长)、李书福(吉利集团董事长)、郭广昌(复星集团董事长)、李河君(汉能控股集团有限公司董事局主席)、尹明善(重庆力帆控股有限公司董事长);

第 3 期"经济变革中的德国选择":德国前总理施罗德;

第 4 期"与稻盛和夫话管理":日本航空公司董事长稻盛和夫;

第 8 期"厦门:走出小岛思维":厦门市委书记于伟国;

第 12 期"王雪红的商界传奇":HTC 董事长王雪红;

第 15 期"张艺谋对话卡梅隆":好莱坞著名导演卡梅隆、著名导演张艺谋;

第 17 期"从华尔街之王到美国财长":美国前财长鲍尔森;

第 24 期"撬动版权金山":国家出版总署署长柳斌杰、联合国前秘书长加利;

第 29 期"留与不留:谁来保护我们的权利":前任证监会主席周正庆;

第 33 期"县域经济发展高层论坛——对话产业新城":著名经济学家厉以宁;

第 36 期"从奥运冠军到人生冠军":奥运冠军杨扬、王皓;

第 40 期"起诉奥巴马":三一重工总裁向文波、三一集团总经理吴佳梁、北京雷曼律师事务所律师郝俊波、中国社科院美国研究所研究员张国庆、商务部国际贸易经济合作研究院副院长邢厚媛;

第 43 期"深度透视中国经济":清华大学经济管理学院教授李稻葵、红豆集团董事长周海江、中联重科副总裁何文进。

3. 高水平的现场观众

《对话》节目的精彩,不仅因为受邀的嘉宾都是各个领域的顶尖人物,而

---

① 张卓:从《对话》和《波士堂》看我国财经类电视谈话节目发展的趋势,重庆工商大学硕士学位论文,2011 年。

且因为它拥有一个平民化的视角,它从普通人的角度探讨名人的成功与面临的挑战,也让名人以普通人的视角与普通人对话。在谈话类的节目中,观众的地位已不是陪衬,现场观众的作用也不仅仅局限于以鼓掌或欢呼等简单的方式来制造气氛,他们已成了节目重要的组成部分。观众或提出尖锐、精彩的问题,或直接、明了地表达自己的感想。观众和嘉宾在对话中进行思想的交流和碰撞。《对话》里很多节目因为有了高水平的观众的参与而更加精彩。

例如,"改造我们的大学"一期邀请了澳大利亚最年轻的校长——悉尼大学校长迈克尔·斯宾塞来到演播室现场,围绕如何改造澳大利亚最古老的悉尼大学(创建于 1860 年)这一话题娓娓道来,生发开去,主嘉宾迈克尔·斯宾塞校长深入阐发了他"大胆地返璞归真"的治校理念。之后,节目主持人陈伟鸿和主嘉宾与现场观众——联合国教科文组织产学合作教席主持人查建中、北京大学数学学院副院长王长平、北京泡泡信息技术有限公司 CEO 李想、悉尼大学毕业生代表纪景姝、清华大学教育研究院研究员钟周、南方科技大学校长朱清时、北京科技职业学院副院长郭俊诚、新东方教育科技集团高级副总裁陈向东、北京奥际教育咨询有限公司总裁李平、澳大利亚悉尼大学副校长约翰·科恩等,就"怎么让学生能够有更多的创新能力?""您会用什么样的标准来衡量一个合格的毕业生?""高校改革的实质到底是什么?""返璞归真的'璞'是什么?""如何看待出国留学的产出比?""出国留学能带给你想要的东西吗?""出国留学生与国内就读的学生相比哪方面最有提高?"等问题进行了热烈的讨论,现场观众结合各自的学习经历和工作经验各抒己见,现场的实时互动、家长与校长的激烈交锋不仅充分彰显了节目话题的开放性,让场内场外的观众加深了对现代大学精神的理解,也使节目更加精彩纷呈,兴味盎然。

二、《奥普拉脱口秀》的魅力

在美国"重男轻女"的白人主流电视圈里,奥普拉·温弗瑞简直就是个异类。她主持的以吸引女性观众为主的《奥普拉脱口秀》(*The Oprah Winfrey Show*)节目持续了 25 年,连续 16 年高居美国日间电视收视率的冠军宝座,平均每周吸引 3300 万名观众,节目覆盖超过 140 个国家,数十次荣获美国电视访谈节目"艾美奖"。奥普拉以年收入 9.88 亿美元的天价创下了美国传媒界主持人身价的最高纪录,并被《时代》杂志列为 20 世纪世界最有影响的 100 位人物之一。《时代》杂志如此褒奖奥普拉:"脱口秀并不是她的独创,但是她用无与伦比的热情和亲切感,将脱口秀带到了一个新高度。她像一座灯塔,不仅带给传媒领域光亮,还延伸到了其他很多公共事业上。"

1. 话题设置:给人提供指导性的建议

《奥普拉脱口秀》能在竞争十分激烈的美国电视传媒环境中脱颖而出,并且风靡四分之一世纪,话题设置是其制胜最为重要的法宝。

"话题质量的评判有两个标准:一是要以故事为基础,话题能够展开;二是具有论争性,话题能够顺利展开得精彩。只有具备了生动呈现的故事外壳以及讨论的矛盾支点,节目才可以进行。"[①]电视收视率表明,《奥普拉脱口秀》节目在这两个方面均表现出色。

在节目网站上,奥普拉公开宣示节目的诉求:"我们的初衷就是通过电视媒介提升观众的生活质量,启迪、鼓舞和娱乐观众。现在《奥普拉脱口秀》的使命就是利用电视改变人们的生活,让观众用新的眼光看待自己,把幸福和满足感带给每一个家庭。"[②]

《奥普拉脱口秀》节目深知对受众进行准确定位的重要。它根据对受众的准确定位,选择他们感兴趣的话题,并用他们易于接受的表述方式,激起他们的互动与合作欲望。《奥普拉脱口秀》将受众定位为妇女,其选题范围则多集中在与女性息息相关的话题上,例如性侵犯、减肥、虐待儿童、如何保护儿童不被诱拐、缺乏自信、种族歧视、贫富差距,甚至还有卢旺达的种族屠杀这类的政治问题。她通过节目让人们关注社会问题、焦点问题,并提出可行性的解决方案。例如在《奥普拉脱口秀》往期的节目中,奥普拉曾用试验来证明孩子是很容易被骗走的,并针对这一状况请专家给予专业性的意见。《奥普拉脱口秀》里所涉及的谈话内容不仅满足了受众对事件的关注与好奇心理,也起到了一定的社会防范功能。奥普拉说:"一个好的脱口秀应该激发人深思,引进一个新思路,也许在你绝望时给你一点希望,使你有一点受到鼓励的感觉。"[③]

有学者对节目2000年前6个月的话题进行分类整理,发现话题主要集中于"生活话题"(31%)和"情感与心理话题"(27%),两者相加几近60%;其他

---

① 苗棣等著:《美国经典电视栏目》,中国广播电视出版社2006年版,第99页。
② 《奥普拉脱口秀》官方网站,http://www.oprah.com。
③ 转引自李烨辉:《奥普拉·温弗瑞秀》的传播学思考,《现代传播》2006年第2期。

的话题比重依次是"社会问题"(17％)、"明星访谈"(12％)、"特别节目策划"(6％)、"时尚话题"(5％)。具体包括怎样处理职场生涯与家庭生活？怎样处理子女、夫妻、朋友的关系？怎样把握爱情、宽恕、仇恨等各种人类共同的情感心理？等等。① 由于奥普拉身为黑人，因而她对种族问题格外关注，经常呼吁消除种族歧视，要求权利平等。她以自己为例向美国女性现身说法：一个体态臃肿的女人也可以在一个白种男子世界拥有话语权，取得辉煌的成就。

2. 谈话技巧："摘下生活的面纱"

亚里士多德在《修辞学》中指出："当演说者的话令人相信的时候，他是凭他的性格来说服人。"

奥普拉是一个天才的采访者。她的问题设计得体而又巧妙，同时又把这些问题安排得张弛有度，每一个紧张的问题的前后总会穿插一些无关紧要的问题，整个节目波澜起伏，节奏鲜明，采访过程中，她既能准确地把握和细微地感受对方的情感状态，又能随着访谈的进行调整自己相应的情感表现。

迈克尔·杰克逊是世界摇滚巨星，拒绝电视采访14年。但在1993年，奥普拉成功地对他进行了90分钟的专访。在杰克逊的私人豪宅里，奥普拉将质疑逐一抛给他："你漂白过皮肤吗？""你整过容吗？""你还是处男吗？"坐在奥普拉面前的杰克逊，像一个坦诚、羞涩的小男孩，一度哽咽地表示，自己为黑人身份感到骄傲。采访过程中，奥普拉问了至少50个问题，这50个问题的设计集中体现了人们对迈克尔·杰克逊从生活方式到内心世界不同层面的争议，也代表了不同的人对迈克尔·杰克逊共有的好奇心。奥普拉的提问往往旁敲侧击，既不让杰克逊过于难堪，又满足了观众的探知心理，迂回曲折的战术使观众于不动声色间得到了他们想要了解的信息，也让杰克逊对外界对于他性取向的种种猜测质疑进行了有力的回应。

当奥普拉问及杰克逊有关童年的记忆时，她先是回放一大段杰克逊成长的片段，之后再由眼前的感受进入采访："现在有多紧张？""是否有往事涌上心头？"当觉得自己表达还不够到位时，她又及时进行补充，用自己的经历来解释说明每个孩子逃离现实的地方，使杰克逊更易理解，使言语交流的渠道得以进一步的畅通。奥普拉轻轻拨动杰克逊的心弦，最终成功地打开了杰克

① 苗棣等著：《美国经典电视栏目》，中国广播电视出版社2006年版，第99—100页。

逊的心门。① 这期节目吸引了全球 1 亿人收看,创下了电视节目史上的记录。它不仅使首次被控犯有"猥亵儿童"罪的杰克逊暂时摆脱了诉讼纠纷,更使奥普拉·温弗瑞本人名声大噪。美国《名利场》杂志称赞她"在大众文化中,她的影响力,可能除了教皇以外,比任何大学教授、政治家或者宗教领袖都大"②。

在奥普拉对世界著名自行车冠军阿姆斯特朗的采访中,她的前三问就直接指向观众最为关心的问题:你是否使用禁药提升自行车运动水平?这些禁药中是否包括 EPO(促红细胞生成素)?在七次环法赛夺冠过程中你是否都用过禁药?阿姆斯特朗在她连珠炮似的追问下回答了三个"Yes"。这是一个早已预料到的结果,在全世界观众的注视下,阿姆斯特朗首次承认自己服用禁药。一切悬念已不复存在。这位跨世纪的传奇英雄,最终以这样的方式轰然倒地,终结了一个自行车运动的神话。

奥普拉将节目的成功归因于观众和嘉宾能够在她的节目里"摘下生活的面纱"——"无论你是瘾君子、施虐者还是被虐者"。在节目中,奥普拉与嘉宾互动沟通时有针对性,适时切近,步步紧逼,步步追问,不达目的誓不罢休之势,直到把问题的真相、本质弄个水落石出,方肯罢休。

3. 角色定位:"每一位妇女的好朋友"

与一般谈话节目不同的是,《奥普拉脱口秀》的邀请嘉宾并非是某一领域的专家或学者,而是普通大众,谈论的主题也集中在个人生活方面。她以一个"好打听的邻居"或"每一位妇女的好朋友"的身份,耐心地倾听并鼓励人们把生活中最难于启齿的那部分经历谈出来。为启发嘉宾"实话实说",奥普拉常不惜将自己的一些秘密也告诉对方。当嘉宾的故事令人感动时,她会和嘉宾一起抱头痛哭。与别的黑人少年一样,奥普拉曾一度自甘堕落。在她日后主持的金牌节目《奥普拉脱口秀》中,奥普拉曾面对 3300 万观众坦承了自己那段不光彩的历史:吸毒、堕胎甚至还产下过一个不久就夭折的女婴。她的真诚、善良、善解人意打动了亿万观众,从此人们开始追捧这个敢于把隐私公之于众的主持人,人们视她为"心灵导师"。

奥普拉对社会形形色色的人都表示出强烈的兴趣,无论是达官贵人,还

---

① 周梅:交际有术,和谐共振——简析奥普拉·温弗瑞在迈克尔·杰克逊专访中的采访技巧,《安徽警官职业学院学报》2006 年第 6 期。

② 脱口秀女王:奥普拉,搜狐网 https://www.sohu.com/a/82351449_124676. 2016-06-10。

是普通百姓,无论是总统,还是水管工,无论是摇滚歌星还是抑郁症大妈,她都愿意去倾听和关注。奥普拉在节目中体现出的真诚、善良和智慧让许多美国人留恋,人们更珍视她在从"草根"成长为"精英"的历程中飘散出的感人力量。美国评论家、奥普拉传记作者乔治·麦尔评价说:"一般说来,广播电视的访谈者只是提出问题,却并不认真听回答,他们的心思放在其他事情或者下一个问题上。但奥普拉仔细倾听嘉宾们的谈话,并且利用谈话内容把主题步步引向深入。"①

相比其他节目,《奥普拉脱口秀》更直接、更坦诚,也更具个性化。它让观众触摸到一个活生生的有血有肉的奥普拉,因此,深受那些白天在家无所事事、知识层次不是很高的中年人,尤其是中年女性的热烈欢迎,而这些人正是收看电视节目的主流人群。

奥普拉用自己的智慧和个人魅力轻而易举地"撬"开了无数人的嘴巴——妮可·基德曼离婚后来找她诉苦;朱丽娅·罗伯茨怀孕了找她秀肚子;就连桀骜不驯、从不将别人放在眼里的"坏小子"西恩·潘,都乖乖地讲述起了与麦当娜那段失败的婚姻。

对于奥普拉的主持风格,有人说她善于即兴发挥,令人耳目一新,说她不喜欢准备讲稿,喜欢用一种自由的、无拘无束的方式。然而也有一些人认为她的谈话中并没有什么无意义的废话,因此即使当她的问话和评论看似是一种本能反应的时候,也被认为是事先经过了精心的准备。曾经有人问奥普拉每期准备多少个问题,她回答:"我从来不准备问题,我只是坐在那儿和别人聊天。"

传播学教授德博拉·坦纳对比《奥普拉脱口秀》与一些男性主持的脱口秀节目后,做出如下解释:男性主持的节目形式是"报告谈话"(report-talk),经常是代表了男人之间的谈话;而奥普拉的节目形式是"亲切谈话"(rapport-talk),是一种你来我往的交谈。② 由于奥普拉的角色定位是能与嘉宾平等交流的一方,使得她能够在谈话中收放自如,不但引起嘉宾的共鸣,同时也引起了电视机前观众的共鸣。

---

① 转引自陈一鸣:奥普拉的最后一秀,《新闻战线》2011 年第 7 期。
② 转引自高建忠、吕晓志:奥普拉·温弗瑞秀节目风格研究,《中国电视》2007 年第 7 期。

【延伸阅读】

《罗辑思维》的叙事话语特征分析

作为新媒体时代的知识服务商和运营商,《罗辑思维》已成为国内较有影响力的知识性自媒体脱口秀节目。它面向 80 后、90 后的年轻人,推崇个体的理性思考,节目所呈现的叙事话语方式带给受众全新的视听体验。

1. 话语主体的作用

话语主体,即话语的讲述者,也是话语信息的传播者,是呈现文本的"声音"。话语主体的选择反映了特定的身份与观察视角,对受众的话语感知具有重要影响。

《罗辑思维》的话语主体是具有丰富知识储备与从业经历的罗振宇,他是中国传媒大学的博士,历任央视等多家知名节目的制片人。节目中,罗振宇凭借自身的知识优势与志趣化身"知识转述者",启发受众思考。《罗辑思维》综合运用多种叙述视角,包括全知视角、限知视角与第一人称视角。罗振宇认为,自媒体脱口秀节目最终"拼的其实是人格",即他常说的"魅力人格体"。

2. 话语主线:时间单线叙事和话题多线叙事

线性叙事是自媒体脱口秀节目的主要叙事顺序,线性叙事主要强调叙事的前后衔接,顺时不间断。自媒体脱口秀节目主要通过口头叙事,而口头叙事只能在特定的时间内被消费,因此叙事的连续性是线性的,必须一气呵成,这也是由口语的天然属性所决定的。

《罗辑思维》的话语主线主要包括时间单线叙事与话题多线叙事。时间单线叙事是按照时间的先后顺序来安排故事发生和发展的线性叙事手法;话题多线叙事则是根据不同叙事内容的特征进行分类,并根据不同的特征来逐一叙事的手法。这种叙事手法让叙事从平面走向立体,从时间诉求走向空间诉求。

在《罗辑思维》中,几乎每期都会使用时间单线叙事手法,从人物生平的介绍到事件始末的推进,重在强调因果关系与逻辑性。如果只用时间单线叙事手法,很容易产生啰嗦之嫌,话题多线叙事就很好地弥补了这一点。话题多线叙事不是平面叙事,而是绕一个明确的核心来展开。

3. 话语单元:用词汇、用句和语式等构建新叙事话语

《罗辑思维》的成功也离不开运用词汇、句式和语式等话语单元构建新叙

事话语的能力。多元表达是《罗辑思维》叙事话语的显著特征,比喻和排比是最常用的手法。罗振宇就通过大量比喻手法的运用化抽象为具象,引发受众联想和想象。

《罗辑思维》还善于使用日常生活中的一些口语来让表达更加生动有趣,包括流行词、民间俗语以及外来词语等。如用流行词"小清新"来形容希特勒,用俗语"撒尿和泥"来表现曹操和袁绍从小的关系,用外来词语"cosplay"来形容雍正生前的画像等,既幽默有趣,又贴合互联网的传播属性。句子是组成话语的单元,不同的句式组合会形成特定的语式。《罗辑思维》中最常见的句式包括直陈式、反问式和模仿式等,丰富的句式使用增强了节目的表达效果。为了契合受众的接受习惯,节目还格外注意用句的方式,如多用短句避免长句,常式句与变式句适当转换等,让受众充分感受到口语句式的魅力。

4. 话语接受:要让受众产生"感觉"

话语是人和人之间在特定的社会语境中进行沟通的具体言语行为,是叙述者和受话人的沟通活动,话语只有通过受话人的心理并产生相应的心理效应,才能实现话语接受。话语接受在具体操作层面就是将现实的话语材料转化为接受者的心理现实。

《罗辑思维》的话题选择和话语表达始终坚持受众中心原则,是选择深度话题还是广度话题,是表现高冷范还是接地气,都建立在受众"感觉"之上,以最大限度实现受众的话语接受。

首先,《罗辑思维》根据不同受众的需求来选择相应的主题与内容,话题选择注重分众化,以更精准地服务受众,迎合现代传播活动"窄众化"的需求。

其次,为了摆脱知识型脱口秀节目的说教之嫌,罗振宇还有意识地采取"俯就式"的叙事风格。这种"自黑"精神让他很容易融入受众。同时,罗振宇还时常使用"你看""你想想"等口语词和受众交流,创造亲密的讨论氛围,让受众产生场景感与代入感。

此外,作为叙事话语的基本单元,故事在《罗辑思维》中也扮演着重要角色。正是一个个故事构成了"叙事话语",以讲故事的方式来展开节目更容易激起受众的欲望,哪怕忘记了《罗辑思维》中的观点和结论,也会对一个个鲜活的例子记忆犹新。

——摘自梁军童:自媒体脱口秀节目的叙事话语分析——以《罗辑思维》为例,《出版广角》2020 年第 20 期。

第五章
电视综艺节目的策划

娱乐是人从功利的、受控制的劳动中解脱出来的、寻求欢快的活动。诚如文化社会学家豪泽尔所言:"娱乐、放松、无目的的玩耍是生活不可或缺的部分,从心理学和生理学的角度上说,是保持旺盛精力、刺激和加强活动能力所必需的。"①一个渴望娱乐、沉浸娱乐的时代,为电视综艺节目的繁盛提供了契机和沃土。从收视热潮风头无二的《中国好声音》,到点燃两岸观众激情的《我是歌手》,再到引发业内外广泛好评的《星跳水立方》,这些综艺节目无不透露出一个强烈的信号:以电视综艺节目为主力军的娱乐文化俨然成为当今一种新的电视文化霸权,它以大众的名义行使着一种巧妙的新的一元化文化专制。

第一节　电视综艺节目概述

"后工业化"时代的一个显著标志,是随着生产力的提升和社会的进步,人们可以自由支配的闲暇时间逐渐增加,并大大超过工作时间。2003 年,美国《时代》杂志发表文章认为,2015 年前后,发达国家将进入休闲娱乐时代,休闲娱乐在美国国民生产总值中将占有一半份额。如此的时代背景,作为最大众化的节目形态,电视综艺节目大行其道势所必然。

一、电视综艺节目的定义

从广义上讲,凡是涉及两种或两种以上艺术形式的电视节目都属于电视

---

① 〔匈〕阿诺德·豪泽尔著:《艺术社会学》,学林出版社 1987 年版,第 12 页。

综艺节目；从狭义上讲，电视综艺节目是指电视节目生产者为满足受众艺术欣赏的需要，围绕节目主旨，聚合多种艺术形式编排制作的电视节目。

目前，我国有关电视综艺节目的界定主要有以下几种代表性的观点。

赵玉明、王福顺主编的《广播电视词典》给电视综艺节目的定义是："集音乐、歌舞、小品、戏曲、杂技等多种文艺形式于一体，在一定的时间长度内按照特定的主题或线索，采用主持人现场串联、字幕串联、现场采访的方式，运用视听语言，将现场演出用电视化手段与传播的时效性、新闻的纪实性、文学艺术的表现性融为一体，具有娱乐、趣味、知识、宣传、审美相结合的特点。"显然，这一定义的着眼点是电视综艺节目的组织构架和构成要素。

高鑫在《电视艺术学》中是这样定义电视综艺节目的："充分调动电子的技术手段，对各种文艺样式进行二度创作，既保留原有文艺形态的艺术价值，又充分发挥电子创作的特殊艺术功能，给观众提供文艺娱乐和审美享受的电视节目形态。"该定义从节目的功能价值角度，把综艺节目与其他类型的节目区别开来。

胡智锋认为，电视综艺娱乐节目是以娱乐大众为目的，运用各种电视化手段，对各种文艺样式以及相关可提供娱乐的内容进行二度加工与创作，并以晚会、栏目或活动的方式予以屏幕化表现的节目形态。[①] 与上面两种观点有所不同的是，这一定义偏重于电视综艺节目的呈现方式及表现手段。

综括以上各家之说，我们可以这样认为，电视综艺节目是一种在一定时间长度内，以审美娱乐为目的，以电视呈现为手段，以多元文艺形式为要素，由节目主持人及主创人员共同加工与创作的节目样式。

二、电视综艺节目的兴起

作为一种电视节目形态，电视综艺节目最早诞生于美国。

综艺节目（Variety Show）一般由一系列短小但不相关联的歌曲、舞蹈、滑稽幽默剧组成。它是一种带有戏剧性的娱乐表演。据考证，综艺表演起源于北美19世纪80年代到20世纪20年代繁荣的歌舞杂耍和音乐喜剧。与诞生高雅艺术的剧院不同，它是在综艺剧院和杂耍剧场中发展起来的。这种将演唱、舞蹈、杂技和新式喜剧混合起来演出的形式逐渐被越来越多不同社会阶层中的人所喜爱。而这种先在综艺剧院、随后在杂耍剧场发展出来的文化混

---

① 胡智锋主编：《电视节目策划学》，复旦大学出版社2008年版，第93页。

成品,从许多方面看,都成为电视娱乐节目乃至早期电视节目的一个重要前身。

综艺节目是美国电视娱乐节目中的主要形态之一。按照美国电视艾美奖的节目分类标准,美国电视娱乐节目分为综艺、喜剧和音乐节目三大项。而综艺节目是其中不可或缺的一部分,而且由于综艺节目的历史悠久,它得以稳定地作为一种节目形态,显出相对固定的程式化特征。

20世纪50年代被认为是美国电视的黄金时代,这很大程度上是因为电视综艺节目在50年代早期所占据的统治地位。这一时期具有代表性的节目包括《德士古明星剧场》(The Texaco Star Theater)、《德特·马克原创表演时间》(Ted Mack's Original Amateur Hour)和《为你表演》(Your Show of Shows)。20世纪60年代至70年代间,综艺节目在电视上达到了巅峰。但是到了80年代后,由于时代和收视习惯的改变,综艺节目很快进入衰落期。①

我国的电视综艺节目起步较晚,经历了一个学习、模仿和本土化创新的过程。追溯我国电视综艺节目的发展历程,不难发现,作为面向大众具有明显娱乐导向的节目类型,它从诞生之日起就天然的是一个各种艺术形式、各种文化思想共同表演、对话、碰撞的大舞台。

从1958年5月1日北京电视台(中央电视台的前身)开播至1978年的20年时间里,"中国社会的阶层结构相对比较简单,城乡二元的社会结构限制了人们的正常流动和身份变化。在这样一个计划经济体制下的大一统的社会中,政治、经济、意识形态三个权力中心高度重叠,社会利益和价值判断趋于一元化状态。在这样的社会结构中,电视综艺节目呈现出单一化的特点,以诗歌朗诵、独唱、独舞、独角戏、笑话等形式播出,是电视媒体娱乐功能的最早体现"②。诗朗诵《工厂里来的三个姑娘》《大跃进的号角》,舞蹈《四个小天鹅》《牧童与村姑》《春江花月夜》成为我国最早的电视综艺节目的代表。

从20世纪80年代至今,我国的电视综艺节目一直在探索中转型和发展。"有学者形象地将国内的综艺节目分为三个发展阶段:《综艺大观》为什么会火?因为明星在上面唱(第一阶段);《快乐大本营》为什么会火?因为明星可以带着大家合唱(第二阶段);《非常6+1》为什么会火?因为观众可以自己上

---

① 刘利群、傅宁编著:《美国电视节目形态》,中国传媒大学出版社2008年版,第160—162页。

② 周欣欣:节目流变,谁主沉浮——多元因素驱动下的中国电视综艺娱乐节目发展脉络梳理,见王兰柱主编:《中国电视节目创新与收视》,中国传媒大学出版社2010年版,第119页。

台唱(第三阶段)。这是一条清晰的演进之路,即由过去的文化训导大众到明星娱乐大众直至今天的大众娱乐大众,这其中显著变化的是观众的地位。"①

1992年,全国电视观众抽样调查显示,娱乐成为我国观众收看电视的首要动机。② 2002年进行的第四次全国范围内的电视观众调查,娱乐消遣以75.4%的比例高居收视动机的榜首。③

进入新世纪以来,电视技术与信息技术的迅猛发展,加上消费社会和大众文化的不断壮大,中国电视综艺节目的内容、形态、手法、元素呈现出前所未有的融合创新,广场性与狂欢化逐渐蔚为大观。这种广场式的狂欢化娱乐缓释了中国观众背负的政治、传统道德压力,以娱乐的方式完成了具有政治意义的社会个体、公众的建构。"以《幸运52》《开心辞典》为代表的具有中国特色的益智博彩类节目和以《非常6+1》《超级女声》《我型我秀》等为代表的平民选秀类节目是融合多种表现手法的电视综艺节目的典型代表。这些节目综合利用播出现场、电话连线、手机互动以及网络投票等多种元素,使观众体验到了前所未有的对节目的深度参与和极强互动,将电视综艺节目的交互文化功能发挥到了极致。"④

相当长的一个时期里,电视剧、新闻和综艺娱乐节目稳居全国各电视台节目收视的前三甲。资料显示,2013年第一季度,全国上星频道综艺节目的播出比重为7.88%,收视比重达到16.58%,仅次于电视剧居各类节目收视比重的第二位。从各类型节目的资源使用效率来看,综艺节目无疑是投入回报价值较高的节目类型,其资源使用效率高达110.41%。居各类型节目之首,彰显出综艺节目在观众中较高的收视影响力(见表5-1)。

表5-1 2013年第一季度上星频道主要节目类型收播比重和资源使用效率(71城市)

类　别	播出比重(%)	收视比重(%)	资源使用效率(%)
电视剧	31.15	30.45	−2.25
新闻/时事	10.27	12.24	19.18

---

① 朱述超:中国电视综艺节目:狂欢化与公共领域,《当代传播》2011年第1期。

② 刘建鸣:1992年全国电视观众抽样调查分析,《电视研究》1994年第1期。

③ 刘建鸣、徐瑞青、刘志忠、王京:对2002年全国电视观众抽样调查的分析,《电视研究》2003年第4期。

④ 周欣欣:节目流变,谁主沉浮——多元因素驱动下的中国电视综艺娱乐节目发展脉络梳理,见王兰柱主编:《中国电视节目创新与收视》,中国传媒大学出版社2010年版,第125页。

续表

类　别	播出比重(%)	收视比重(%)	资源使用效率(%)
专题	9.35	6.62	−29.20
生活服务	7.99	6.35	−20.53
综艺	7.88	16.58	110.41
青少	6.21	5.80	−6.60
电影	3.35	4.40	31.34

数据来源:CSM 媒介研究

纵观 2011—2013 年第一季度综艺节目的收、播情况可知,综艺节目的资源使用效率呈现逐步上升的态势,尤以 2013 年一季度增加最为明显,较前两年分别增加了 22 个和 25.56 个百分点。

针对 2013 年第一季度推出的 35 档综艺新栏目,计算 18:00—24:00 在 71 个城市的收视率,可知这些新栏目的收视表现差异悬殊,收视率最高的达到 1.51%,最低的则仅有 0.01%。占据收视率排名前五位的新栏目,分别归属于湖南卫视、中央台三套、上海东方卫视、江苏卫视。湖南卫视的《我是歌手》居首位,收视率为 1.51%,市场份额达到 7.92%(见表 5-2)。

表 5-2　2013 年第一季度收视较高的综艺新栏目
(18:00−24:00,71 城市,不区分首重播)

节目名称	播出频道	收视率(%)	市场份额(%)
我是歌手	湖南卫视	1.51	7.92
开门大吉	中央台三套	1.43	4.40
舞林争霸	上海东方卫视	1.21	3.63
妈妈咪呀	上海东方卫视	1.02	3.94
郭的秀	江苏卫视	0.92	3.66
谁是我家人	湖北卫视	0.73	2.56
王牌谍中谍	浙江卫视	0.71	3.05
转身遇到 TA	浙江卫视	0.67	3.04
芝麻开门	江苏卫视	0.63	2.61

续表

节目名称	播出频道	收视率(%)	市场份额(%)
男左 VS 女右	深圳卫视	0.62	1.92
夜问	深圳卫视	0.55	1.63

数据来源:CSM 媒介研究

根据我国电视综艺节目勃兴的轨迹和特点,张国涛在《中国电视综艺的四个浪潮及其思考》一文中指出,中国电视综艺节目经历了四个浪潮,它们依次是"表演"(晚会)"游戏""益智""真人秀"。第一个浪潮的标志是 20 世纪 80 年代春节联欢晚会的出现和《综艺大观》《正大综艺》《曲苑杂坛》综艺节目的栏目化;第二个浪潮的标志是风靡一时的《快乐大本营》《欢乐总动员》,让观众初次接触到游戏娱乐综艺节目;第三个浪潮的标志是《开心辞典》通过竞猜加奖品,逐渐由以前的嘉宾表演型向全民互动型转变;第四个浪潮的标志是诸如《超级女声》《非常 6+1》之类的全民参与的互动性节目渐成荧屏主角,拉开了表演类"真人秀"节目的序幕。

三、电视综艺节目的类型

电视综艺节目有着广泛的受众基础,在广阔的收视市场中,电视综艺节目不断随着市场的需要扩充和改进节目的品种和播出形式。如今,电视综艺节目已经发展成为一个多品种、多样式的节目系统。

电视综艺节目的类型划分,标准是多样的和相对的。其实,这种分类上的相对性也是随着节目品种的不断增多、节目样式的不断发展、节目内容的不断兼容而出现的一种必然现象。

若仅从节目样式看,电视综艺节目大致可以分为以下几类。

1. 电视综艺栏目

电视综艺栏目一般以周为播出周期,它是由固定主持人主持、内容主题明确、风格和形式统一、定时定量定期播出的节目单位。[①] 电视综艺栏目具有系统性、固定性、综合性的特征。按照题材的不同,可以将综艺栏目分为表演、游戏、竞技、谈话和交友五大类。如中央电视台的《旋转舞台》《艺苑风景线》《影视同期声》《同一首歌》《欢乐英雄》《星光大道》,北京光线传媒的《娱乐

---

① 石长顺著:《电视栏目解析》,华中理工大学出版社 2003 年版,第 5 页。

现场《中国娱乐报道》,北京电视台的《欢乐总动员》,上海东方卫视《娱乐星天地》,湖南卫视的《娱乐无极限》,江苏卫视的《非常周末》《芝麻开门》,浙江卫视的《我爱记歌词》《壹周·立波秀》,江西卫视的《超级星期五》,安徽卫视的《超级大赢家》,福建东南台的《开心100》等都是深受观众喜爱的电视综艺栏目。

由于节目资源有限,不同的综艺栏目有着各自不同的特色定位。如《艺术人生》强调感动,《可凡倾听》倾力打造文化品质,《爱传万家》关注明星的家庭情感,《超级访问》侧重还原明星的普通人身份,《今夜有戏》追求语言的幽默有趣等。

2. 电视综艺活动

"电视活动是一种以特定主题活动为平台,集互动、参与、营销为一体,能够引起轰动效果的综合性节目形态。"与一般综艺资讯类栏目不同的是,"电视活动以其活动的参与性、过程的互动性、内容的开放性、环节的竞争性、结果的未知性和功能的娱乐性等不同于常态的节目的特质,构成了较为强大的吸引力"[1]。如中央电视台的"CCTV全国青年歌手大奖赛",湖南卫视的《超级女声》,上海东方卫视的《中国梦之声》《舞林大会》《加油,好男儿》,浙江卫视的《中国好声音》《中国好舞蹈》等。

最为经典的是,《超级女声》几乎动用了现代传媒所有的娱乐功能和元素,制造了一场多媒体的立体娱乐轰炸,将全民选秀的热潮推向巅峰。"单纯的电视节目一步步演变成媒介事件、文化事件、社会事件,节目的影响力超越了人们的预期,不经意间形成了一场平民大狂欢。"外电评论《超级女声》为中国民主意识的萌芽,2005年"超女"冠军李宇春的照片登上了美国《时代》杂志的封面。此外,《超级女声》的市场操作模式,包括与新媒体如手机、互联网的联姻,与广告商"蒙牛"在活动和品牌上的深度合作都为中国电视娱乐产业的发展提供了积极的借鉴。[2]

3. 电视综艺晚会

电视综艺晚会一般以年为播出周期,通常会综合歌曲、舞蹈、小品、相声、杂技节目等多种艺术形式,从而形成一种特殊的艺术形式。综艺晚会一般具

---

[1] 赵化勇主编:《中央电视台品牌战略》,中国广播电视出版社2006年版,第115页。
[2] 《中国广播电视年鉴》编辑委员会:电视文艺概况,载《中国广播电视年鉴》,中国广播电视年鉴社2006年版,第60页。

有鲜明的主题、强烈的仪式感、广泛的参与性、积极的互动性等特点。按照举办晚会的目的,综艺晚会可以分为节庆晚会,如中央电视台的春节联欢晚会、元宵晚会、中秋晚会,文化部的春节文艺晚会,公安部的春节电视文艺晚会,全国"双拥"工作领导小组、中华人民共和国民政部、国家广播电影电视总局、中国人民解放军总政治部联合主办的军民迎新春文艺晚会(也称"双拥晚会")、江苏卫视跨年演唱会;专题晚会,如纪念抗日战争胜利60周年文艺晚会、民政部助孤援孤文艺晚会等;行业晚会,如中国电视剧"飞天"奖颁奖晚会、中国"金鸡""百花"奖颁奖晚会等。

值得一提的是,"当年中国的老百姓从'革命化的春节'中走出来,电视为他们提供了一种在世俗生活中体验'狂欢'仪式的可能,八十年代的春节联欢晚会给中国人带来的期待感和解放感是今天所不再具备的"①。而文化部春节晚会自1992年首播以来,一向以高雅、优美著称。每年大年初一晚8点准时和观众见面,以"荟萃名家与经典,奉献艺术与美好"为主题,展现的是全国文艺界的创作成就和表演水平。该晚会以音乐、舞蹈和戏曲作品向海内外展示中国最顶尖的艺术作品和艺术人才。

四、电视综艺节目的特征

电视综艺节目是一种有别于其他电视艺术形式的节目,因而有着自己独特的品格和价值。节目的娱乐性、审美性、综合性、体验性等特点,是其他电视节目形态所难以企及的。

1. 娱乐性

娱乐是人的天性。英语中的"娱乐",其含义就是转换(Recreation)。对电视观众而言,他们希望电视节目能够给他们一个放松心情的空间,转移或缓解对现实生活的忧虑与担心。

著名传媒学家尼尔·波兹曼指出:"娱乐是电视上所有话语的超意识形态。不管是什么内容,也不管采取什么视角,电视上的一切都是为了给我们提供娱乐。"②电视综艺节目最典型地体现了娱乐的本质特征,它带给观众的最浅层、最直接的作用,就是观众能够从中获得心理放松和压力缓释,这也是观众收看综艺节目的最基本动因。电视综艺节目犹如一名心理按摩师,让观

① 吕新雨:中央电视台2002年"春节联欢晚会"解读,《读书》2003年第1期。
② [美]尼尔·波兹曼著:《娱乐至死》,广西师范大学出版社2004年版,第114页。

众暂时忘却或紧张、或忙碌、或沉重的世俗生活,沉浸于一种声光舞美所营造的感性狂欢之中,体验到最松弛、最谐趣的欢乐与开怀。借用约翰·菲斯克在《大众文化》中的分析,"电视节目中的狂欢因素可以回避日常生活中的种种压抑,并使得权力关系暂时退隐"。从这个意义上说,电视综艺节目为观众营造了一个"荧屏乌托邦"。

施拉姆说:"电视基本上是一种娱乐性的媒介。"[1]在有关电视传媒的属性和特征探讨上,尼尔·波兹曼也表达了类似的观点:"电视之所以是电视,最关键的一点是要能看,这就是为什么它的名字叫'电视'的原因所在。人们看的以及想要看的是有动感的画面——成千上万的图片,稍纵即逝然而斑斓夺目。正是电视本身这种性质决定了它必须舍弃思想,来迎合人们对视觉快感的需求,来适应娱乐业的发展。"[2]这就是说,"在电视上,话语是通过视觉形象进行的。也就是说,电视上会话的表现形式是形象而不是语言"。

尼古拉斯·阿伯克龙比认为:"电视主要是一种娱乐媒体,在电视上亮相的一切都具有娱乐性。"[3]

在布尔迪厄看来,"电视作为一种'大众传播工具',将会'制造大众'。电视被认为会逐渐地抹平所有的观众,使得它们成为同质的一群"[4]。事实已经证明布尔迪厄的眼光是锐利的,如今,"一切公众话语都日渐以娱乐的方式出现,并成为一种文化精神。我们的政治、宗教、新闻、体育、教育和商业都心甘情愿地成为娱乐的附庸,毫无怨言,甚至无声无息,其结果是我们成了一个娱乐至死的物种"[5]。

丹尼尔·贝尔在《资本主义文化矛盾》中更是入木三分地指陈了电视与众不同的特性:当代文化正在变成视觉文化,直白、简单、快速、透明、刺激,无需费力用脑用心想象、回味、观照、思考,人们沉溺于流光溢彩的图像世界中。电视这种凭借画面刺激感官的运作方式已足以构成使人入迷、难以自拔的氛围。许多坐在电视机前、不到"再见"不关机的电视迷,说起来并不是被什么有趣的节目所吸引,其实不过是全身心地沉溺在这种氛围中而已。换言之,

---

① [美]威尔伯·施拉姆等著:《传播学概论》,新华出版社1984年版,第275页。

② [美]尼尔·波兹曼著:《娱乐至死》,广西师范大学出版社2004年版,第120页。

③ [英]尼古拉斯·阿伯克龙比著:《电视与社会》,南京大学出版社2001年版,第6页。

④ [法]皮埃尔·布迪厄:《布迪厄论电视》,台湾麦田出版/城邦文化事业股份有限公司2006年版,第52—53页。

⑤ [美]尼尔·波兹曼著:《娱乐至死》,广西师范大学出版社2004年版,第4页。

他们只是看"电视"而不是看节目。"电视屏幕希望你记住的是,它的图像是你娱乐的源泉。"①

综上所论,可见娱乐性是电视综艺节目的最本质特征。

2. 审美性

审美性是电视综艺节目的一个明显特性。电视综艺节目中的声光电画诉诸观众的视听感官,亦即黑格尔所说的认知性感官,从而使人的精神从总体上得到一种感发、兴发,张扬着始终如一的愉悦之情,充溢着一种生命活力。当然,"审美享受并不只是一种单纯的快感或喜悦感,也不只是某种单一的情感色调,而是可以包括惊、吓、疑、急、悲、忧等各种情感反应,是从忧转化为乐,从惊转化为喜,从疑转化为快,从急转化为慰,这样一种复杂的心理过程"②。例如,《向幸福出发》节目向观众呈献的是人性中最光辉的一面,对生命的呵护与关爱在这里得到了最终的体现,"幸福"一词的真切涵义在这里得到了生动的诠释。嘉宾们不同的生命遭际、悲欢离合和真情挚爱,不仅感动了主持人和现场观众,而且也引发了电视机前观众的美感共鸣。

电视艺术的"泛审美"倾向,使得审美不再是少数精英的专利,审美进入广阔的生活领域,大众成为审美活动的中心。电视综艺节目的平民化,使得日常生活得以藉由图像的方式呈现在观众面前。在一个电视"艺术化""美化"的环境中,"审美活动可以跨过高高的精神栅栏,化为日常生活层面的视觉形象,精神内部的理想转移为视觉活动的外部现实。心灵沉醉的美感转移为身体快意的享受"③。

在韩国电视综艺节目中,虽然为了喜剧性的需要有许多夸张、恶作剧、矛盾冲突等设计,但人们几乎看不到过火的语言和举动,节目很注重文化性、哲理性和对真情的赞美。大型综艺节目《情书》尽管是游戏节目,反映的主题却是永恒真挚的爱情。观众经常被主持人和嘉宾富有哲理的爱情名言所打动,沉浸在充满真挚情感的节目氛围之中。如《夜夜万心》的主要立足点不在挖掘明星故事上,而是选取与人的情感、心理相关的话题作为讨论的重点。这种感觉更能使人通过简洁的方式体会深奥的人生哲理,是一种将文化与娱乐结合得很好的方式。④

---

① [美]尼尔·波兹曼著:《娱乐至死》,广西师范大学出版社 2004 年版,第 156 页。
② 叶朗主编:《现代美学体系》,北京大学出版社 1988 年版,第 234 页。
③ 王德胜:视像与快感——我们时代日常生活的美学现实,《文艺争鸣》2003 年第 11 期。
④ 刘宏:韩国电视综艺节目的审美特征,《电视研究》2006 年第 5 期。

3. 综合性

相较于电视文艺专题、电视音乐、电视戏曲、音乐电视(MTV)、电视文学、电视歌舞等较为单一的电视文艺节目而言,电视综艺节目是综合性最强的一种节目。

电视综艺节目的综合性特点是由电视媒介的特性所决定的。电视是运用声音、图像、文字等多种符号,通过电波进行信息传播的一种媒介。多种符号的综合运用,可以允许电视将文学、音乐、戏曲等多种艺术形态融为一体,又可以在一个电视节目内运用多种表现手段,形成电视不同于报纸、广播等其他媒介的包容性。多种艺术内容的综合呈现、多种艺术手段的综合运用,带给观众多层次、多方面的审美体验,因此,综合性是电视综艺节目最突出的审美特点,也是区别于其他电视节目的根本特性。① 《综艺大观》是一个比较典型的集娱乐性、趣味性、参与性、新闻性于一体的综艺栏目,喜剧小品、音乐舞蹈、相声、游戏、猜谜等构成了栏目的多样化元素。

"现代生活多姿多彩,五颜六色,目不暇接。现代人最忌单调,他们追求主题多样,手法多样,体裁多样,而且希望时时更新。如今一台晚会,特别是专题晚会,哪怕是观众喜闻乐见的相声晚会,都不如综合性的晚会更受欢迎。有歌有舞,相声小品相辉映,再加上时装表演、健美比赛,或许获得观众更多的掌声。"② 央视主办的《春节联欢晚会》之所以能够引起海内外不同年龄、职业、性别的电视观众的高度关注和街谈巷议,一个十分重要的原因是晚会的综合性较好地满足了妇孺老少各色人等的审美期待。晚会不仅荟萃了歌舞、小品、相声、魔术、杂技等多种表演艺术形式,而且云集了许多万众瞩目的明星大腕。导演能够根据受众心理和各种表演艺术形式的特点,通过节目主持人巧妙的串联编排,演绎或煽情或谐趣或荡气回肠的精彩节目,展示声、光、电、画诸高科技手段与表演节目的密切配合,以实现表演艺术与受众心理的最佳契合。

4. 体验性

电视综艺节目除具有主旨的娱乐性、内容的审美性、手段的综合性的特征之外,受众的体验性也是其鲜明的特色。《正大综艺》节目从演播室走出去,融入更多成分的观众参与,使得整个节目增加动感,加快节奏,让"奇"与

---

① 吴闻博:大陆电视综艺节目的审美特性,山东师范大学 2008 年硕士学位论文。
② 林一民:商品大潮中的文学艺术,《文史哲》1994 年第 6 期。

"妙"有机地结合到节目中,而不是单纯地用画面展示,以增强节目的视觉冲击力,锁住观众的注意力。《星光大道》打造草根英雄和民间偶像,赢得了观众的喜爱和参与。通过手机和网络,观众可以直接参与到节目中去,实现节目与观众的互动,甚至在某种程度上决定节目的走向,观众本身也就成了节目的一部分。

迈克·费瑟斯通认为,消费文化"使用的是影像、记号和符号商品,它们体现了梦想、欲望和离奇幻想;它暗示着:在自恋式地让自我而不是让他人感到满足时,表现的是那份罗曼蒂克式的纯真和情感实现。当代消费文化,似乎就是要扩大这样的行为被确定无疑地接受、得体地表现的语境与情境之范围"①。也就是说,作为一种娱乐文化、消费文化,电视综艺节目不过是在贩卖大众的梦想,而大众却感到一种自我的满足并联想起某种潜在性的自我实现。

作为一个成功的例子,《超级女声》中的李宇春是一个被大众传媒塑造出来的神话。在一系列的造星运动后,她从一名普通女生,一举成名成为大众偶像,先后两次登上美国《时代》杂志,一次荣登国际知名杂志 *Glamour*,她还成为多个商品的品牌代言人,获得巨额的广告收入,同时她因此进军影视圈。其他的选秀明星如张靓颖、叶一茜、谭维维、陈楚生等,也都摆脱了原先默默无闻的普通生活而进入明星的行列。②

第二节　电视综艺节目的策划要素

综艺、电视剧、新闻一贯是拉动电视收视率的三驾马车。收视调查表明,在各种类型的电视节目中,综艺节目的受众数量最多,人群分布广泛。所谓雅俗共赏,老少咸宜,皆大欢喜。据统计,2013 年所有调查城市观众全年人均综艺节目收视量为 6587 分钟,较 2012 年有比较明显的上升,成为近年来仅次于 2011 年的综艺丰收年。由此可见,我国综艺节目的发展已经逐渐走上正轨,并且越来越受到观众的喜爱和重视,收视比重稳步上升,成为电视节目中不可撼动的中流砥柱。

一档成功的电视综艺节目,包含了正确的节目定位、新颖的形式设计、吸引观众的元素或卖点、有魅力的主持人。任何一档当红的综艺节目,一定有

①　[英]迈克·费瑟斯通著:《消费文化与后现代主义》,译林出版社 2000 年版,第 39 页。
②　荣耀军:论电视综艺节目对"自我"的幻想与塑造,《现代传播》2011 年第 5 期。

一个最佳的节目形式和节目特有的灵魂,把它的精髓表现出来。

1. 主题确立

电视综艺节目必须蕴含明确的价值导向和审美取向,娱乐并不是综艺节目唯一吸引观众的元素,它的娱乐须有较为深刻的意义,隐含明确的主题,以达到"无目的的合目的性"。对电视综艺节目的策划者来说,首要之务是找到节目的支撑点,确定一个明确的中心主题,组成一个完整的结构,并把节目的各个部分串连成一个统一体。

不同类型的综艺节目可以根据各个电视频道的定位、各类节目的属性要求,确立自己的主题定位。

为了巩固"中国最具活力的电视娱乐品牌"的龙头地位,湖南卫视 2014 年启动了前所未有的主题日编播:周一"真人秀日"、周二"比拼日"、周三"约会日"、周四"创意日"、周五"活动日"、周六"青春日",周日"喜剧日"。一周七天,每天都有不同主题、定位准确的新节目呈现给观众。这些节目诠释"越成长越青春"的价值体现和精神状态,用生动的语言让人们感觉到青春向上的气息扑面而来。

上海东方卫视 2014 年尝试以一批"励志"为主题的综艺节目"征服"新老观众。《中国达人秀》以"王者归来"为励志主题,"达人秀"的海选和个人梦想征集,覆盖国内 50 座城市,真正做到"民星"从大众中来;《我们一起来》集结国内各省份的学子代表,在班主任和知名学长的带领下齐心协力,通过"阳光少年跑"两轮选拔,晋级赢取"阳光夏令营"。

围绕培养众多新栏目成为具有竞争力的主打栏目,促进已有的品牌栏目焕发新的生命力、持续扩大影响力的主旨,中央电视台综艺频道从 2013 年开始实行了周播的基础编排和主题化季播相结合的编排方式。基本思路是:用《开门大吉》《星光大道》《我要上春晚》《幸福账单》《回声嘹亮》等七档品牌节目锁定一周七天的晚间黄金档,形成观众在黄金时段的约会意识和栏目的品牌效应。同时,在重点节日、重要假期,继续推出阶段性的、已经形成品牌的季播节目,从而让频道布局由点到面、有规划有重点地走上健康全面发展的轨道。①

---

① 于蕾:电视综艺节目主题化编排发展趋势解析——以央视综艺频道近年编排为例,《电视研究》2014 年第 10 期。

2. 形式设计

任何电视节目都有一个与之相应的固定形式(英语中称之为 Format)。综艺节目策划工作的第一步就是构思设计适宜节目呈现的基本模式。电视综艺节目不只是各种舞台艺术的简单集成拼装,而是在原来舞台艺术的基础上进行的再开发和再创作。

《我爱记歌词》节目创新性地将"比歌喉"变为"不比歌喉",将"比唱歌"变为"记歌词",节目规则简化为"谁能唱对歌词",零门槛的设置拉近了与观众的距离,调动了全民的娱乐积极性,真正做到了全民卡拉 OK 大联欢。首先,《我爱记歌词》开启了不设评委,不比外貌、音准和舞台表现的电视 KTV。没有职业、性别、年龄限制,唱对歌词成为唯一的筹码,实现了真正的"零门槛"。其次,《我爱记歌词》改变了以往选秀节目邀请明星主持压阵的方式,用本土颇具时尚、诙谐气质的年轻主持人华少、朱丹,贴近节目主要收视群体。再次,《我爱记歌词》非常注重观众参与互动,并不断创新互动模式。节目初级阶段,在各大城市街头,KTV 包房搜罗选手"城市对决",继而直接从报名参加节目、来到现场的观众中"歌词大接龙"选出选手上台。节目在新年等特别日子临时增加接唱送红包,全场接唱、热烈参与,观众与演职人员争相竞秀。①

与一直以来充满浓烈"火药味"的选秀节目不同的是,《我要上春晚》从节目设计的理念上反其道行之,有意回避"投票选拔"等竞赛程序,提出"只秀不选"的理念,即只秀不选,人气为王。表演不论好坏,名气不论大小,有才就来秀。台上设立的三位明星评委只做点评,不定生死,并且他们还可以随时与演员进行互动,做一些即兴表演。这种"只秀不选"的理念和春晚的要求十分吻合,演员在春晚的舞台上也只是尽可能完美地表演节目,并不存在淘汰或者晋级的压力。

3. 主持人选配

电视综艺节目要做到"形散而神不散",主持人是关键。主持人的参与、组织和串联,沟通了观众和演员、场内与场外的情感联系,扩展了节目的表达空间,形成了不同节目形式水乳交融的协调氛围。这就是说,主持人是电视综艺节目的灵魂,他/她不仅是导演意图的表达者,也是节目情绪的调度者。节目主持人往往以独具的学识、修养、风度、气质、幽默感引导观众,协调节目,

① 岳林:电视综艺节目成功策划探析,《今传媒》2010 年第 9 期。

并以其二度创作的才智和魅力成为收视热点。① 因此,有专家认为,一档好的电视综艺节目,主持人的魅力应当占70%的比重,节目内容占30%的比重。

由于主持人是电视综艺节目的重要标识,因此,选配综艺节目主持人,须以节目的主题定位和观众的审美期待为支点,以主持人自身素质和风格为基础,根据不同类型的综艺节目量身定制。最重要的是,主持人的外在形象、个性气质、语言表达、文化内涵须与节目相契合。"时尚的装扮、俊朗的外型加上能歌善舞的才能、风趣生动的语言成就了程前在《欢乐总动员》中的主持地位。青春朝气、活泼伶俐,另有伴随着右手一曲一伸脱口而出的'你想好了吗? 不改了吗?''恭喜你,答对了'的特有模式,都成为王小丫节目的收视保证。"②

此外,从受众心理学上看,观众通常希望每每能从节目中看到新、奇、绝的内容,获得超出他们个体日常生活体验和审美经验之外的东西,以此丰富人生的阅历与体验。电视综艺节目邀请跨界明星(如影视明星、歌星、著名相声演员、体坛风云人物)做主持人,可以给观众"熟悉的陌生人"之感,突破观众对明星大腕的刻板印象,亦即以明星的自我颠覆式形象和反常态表现来满足观众的猎奇心理,以赢得高收视率。《非诚勿扰》先后邀请"FDA性格色彩"创始人乐嘉、剧作家宁财神,演艺明星佟大为、黄磊、刘恺威、张亮等加盟非诚合伙人,不仅因为他们的嵌入而使较为程式化的节目风格时有改变,给人耳目一新之感,而且具有不同的性格特点、表达风格、阅历见解的合伙人也极大地满足了广大观众的好奇心和"窥私欲"。如歌手羽泉与主持人张宇联袂主持《我是歌手》节目,即为该档节目带来一抹亮丽的色彩,也形成了节目的一个新看点。

4. 功能定位

电视是具有通俗性、消费性和大众性等特点的文化传播载体,人们在紧张的工作之余,通过收看节目获取信息,放松身心,因此,娱乐成分不断被强化是电视作为大众文化传播载体贴近生活、贴近观众的必然结果。

美国电视学者希利亚德说:"节目的音乐部分是强调流行型还是新颖型? 舞蹈是古典风格的? 还是现代风格? 或是纯表演性质的? 或仅仅是演出? 是解释性的? 节目的喜剧内容的创作必须适应于喜剧的个性,同时还须包括

---

① 胡北:电视综艺节目初探,《中国电视》1994年第12期。
② 胡智锋主编:《电视节目策划学》,复旦大学出版社2008年版,第198—199页。

相当容量的即席表演、发挥的内容,以促进喜剧自发的才干。……不论采取哪种形式,最终的目的只有一个:让观众得到娱乐。"[①]可见,电视综艺节目无论怎样改头换面都不能偏离一个宗旨,那就是"大众化、通俗化"。在坚持"大众化、通俗化"的前提下,综艺节目要充分反映现实生活、社会热点,尤其是要从普通百姓的立场出发,关心发生在他们身边的以及他们关心的社会热点,深入开掘百姓内心深处的情感焦点。

作为"百姓舞台",《星光大道》是"一个没有门槛,没有距离,没有限制的大众栏目"。"传统的综艺节目是以明星表演为主,而《星光大道》则把舞台还给了普通百姓。它通过广告语强调节目的宗旨就是'百姓的自娱自乐'。"[②]该栏目成就了许多草根明星的人生辉煌,凤凰传奇、李玉刚、阿宝、杨光、阿尔法、玖月奇迹、郝歌、张羽、三木科、扎约、额尔古纳乐队、刘大成、朱之文、徐桂花、茸芭莘那、风云组合等众多不见经传的民间音乐爱好者在这个舞台上绽放了自己的梦想,并从此驻留在广大观众的心间。

电视综艺节目在功能考虑上应当充分反映现代人的审美要求。湖南卫视 2008 年开播的《天天向上》,突破了以往娱乐谈话节目以娱乐明星为对象、以娱乐话题为内容的局限性,充分拓展了娱乐谈话节目的文化包容性,它将娱乐从一种形式转变成了一种态度,娱乐明星、科学家、警察、医生、学生都可以成为访谈的嘉宾,科学发明、医学技术、高雅文化、社会问题都可以和娱乐八卦一样被聊得妙趣横生。该节目播出不到一年就稳居同时段全国收视前两名,其最大的意义是对受众娱乐兴趣的多样性进行了一次大胆的试探和测量。

第三节　策划案例分析

一、《春节联欢晚会》:中国人的新年俗

自 1983 年起,中央电视台一年一度的《春节联欢晚会》已连续举办三十几年。如今,"看春晚"已与"放鞭炮""包饺子"一道成为媒介化社会全球华人欢度春节的三大民俗。在长达五个小时左右的演播过程中,"春晚"让华人观众

---

① 转引自赵淑萍:综艺节目——独放异彩的电视娱乐艺术,《现代传播》1991 年第 6 期。
② 章伊倩:欢乐云集,星光远播,《中国电视》2005 年第 7 期。

保持了实时观看和共同参与,并让这种"影像共同体"以集体记忆的方式留存于来年的每一天。从某种意义上说,《春节联欢晚会》所附着的内蕴其实早已不再是单纯的文艺演出,而成为当代中国主流文化、精英文化与大众文化交融互动、共谋共生的创新实践。

1. 主题的鲜明性

主题是晚会的基调和灵魂。它的确定不是个人的随意性,而是要广泛听取观众和专家的意见,既要有浓烈的民族传统节日的气氛,又要把晚会置于宏观的时代背景下去深化立意。春节联欢晚会的核心和关键乃是主题的确立。

春节联欢晚会上电视的能指符号决非任意的,而是有具体实在的指涉对象与其相对应的。"春晚"不单单是艺术性晚会,而是集政治性、思想性、艺术性为一体的,面向全国、全世界的大型文艺晚会。它的总体设计均要体现出"团结、欢乐"的主题并把健康向上作为基调。"一台晚会的主题,直接关系着节目创作、演员选择、风格色彩等各个方面。一台大型综合性文艺晚会,如果没有明确的主题,并贯穿于晚会的始终,就会显得东拼西凑、杂乱无章,即使有好的节目也给糟蹋了,或者只有个别节目给人留下印象,而整台晚会人们会很快淡忘。因此,在设计晚会的开始,必须把确定晚会主题作为首要课程,精心地考虑、研究。"[①]

纵观历届春节联欢晚会,其主题选定的基本要求是鲜明突出、意涵深刻(见表 5-3)。对此,导演和主创人员一是要善于把握社会潮流,捕捉社会热点,提炼出具有高度概括性和前瞻性的主题以及具有时代特征的新鲜主题;二是要充分运用适合电视表现的各种艺术手段予以精彩呈现。

表 5-3　历届春节联欢晚会主题

年　份	主　题
1983	团结、欢乐、希望
1984	爱国、统一、团结
1985	团结、奋进、活泼、欢快
1986	团结、奋进、欢快、多彩

① 林强编:《邓在军电视艺术》,华文出版社 1993 年版,第 148 页。

年　份	主　题
1987	团结、向上、喜庆、红火
1988	团结、奋进、欢快
1989	团结、欢乐、向上
1990	团结、和谐、欢快
1991	团结、欢乐、多彩
1992	团结、欢乐、祥和
1993	团结、祥和、自豪、向上
1994	团结、自尊、奋进、祈盼
1995	亲情、友情、乡情
1996	欢乐、祥和、凝聚、振奋、辉煌
1997	团结、自豪、奋进的中国人
1998	中华民族春节大团圆 万众一心迈向新世纪
1999	欢乐、美好、动情、奋进
2000	江山多娇跨世纪 龙腾报春迎复兴
2001	新世纪、新希望、新生活
2002	祖国颂、社会主义颂、改革开放颂
2003	凝聚力和自信心， 团结奋进、热烈欢快
2004	祝福
2005	盛世大联欢
2006	张灯结彩大拜年 天地人和万事兴
2007	欢乐和谐中国年
2008	携手共进盼奥运
2009	中华大联欢

续表

年　份	主　题
2010	龙腾虎跃贺新春
2011	欢天喜地,创造美好生活 欢歌笑语,共享阖家幸福
2012	回家过大年
2013	新春中国
2014	四季——春夏秋冬
2015	共筑中国梦,家和万事兴
2016	你我中国梦,全面建小康
2017	大美中国梦,金鸡报春来
2018	喜气洋洋,欢乐吉祥
2019	奋进新时代,欢度幸福年
2020	共圆小康梦,欢乐过大年
2021	万民安康辞鼠岁,欢歌笑语迎牛年

　　"可以看出,实际上每年的主题都没有太大的变化。尽管 2008 年突出了奥运主题,并且由于南方冰冻雪灾临时关注灾民,对传统主题格调似乎形成一定冲淡,但是,正因为春晚所承载的厚重期望值,在唱颂歌舞升平的同时,应当体现这种人文关怀,以彰显国家媒体的社会责任,这恰恰成为春晚数月筹备过程意料之外的新卖点。春晚也正是秉承了中华民族传统文化的精髓而形成了其独特的风格。它首先注重的是家人之间的亲情感受,感受父慈子孝、兄友弟恭、夫妻和顺、各守本位的人伦之情;并以此向外推广,注重亲朋好友之间、邻里乡亲之间的和睦相处;在更大的圈层上,它追求 960 万平方公里神州大地上的 56 个民族亲如一家人。"①

　　2. 仪式的体验性

　　"仪式化"是大型电视综艺晚会日益凸显的一个特征。美国传播学者詹姆斯·凯瑞认为,传播是一种仪式。大型电视活动在一定意义上是"邀请"大

---

　　① 白传之:电视综艺节目视觉美的嬗变——从中央电视台春节联欢晚会说起,《今传媒》2008 年第 4 期。

众来参与的一种仪式,是一种"文化表演"。这种不同于日常常态节目的"节日性收视",丹尼尔·戴扬在《媒介事件》一书里把它称作"电视仪式"或"节日电视"。

作为一种象征性活动,仪式承载着体验者特殊的情感和思想,"将社会成员从日常普通的生活场景和庸常的生命状态中隔离出来,使其在一定的时间或特定的空间下进入一种超常的脱俗状态、一种神圣的隔离情境,从而同现实生活、当下情境保持一种隔绝与距离"①,在仪式的特殊表演中,生命本身充满了集体性的召唤,人们在与他人时空共在的特殊体验中,找到"在家的"安全感和归属感。

春节是中华民族最为重要的传统节日,它以欢乐祥和为基调,是全球华人阖家团圆的重要时刻。而作为全世界华人相聚联欢的大舞台,央视春晚早已超出了一台综艺晚会的意义。一方面,它以"团结""欢乐"为主题,担负起弘扬民族传统文化、营造节日气氛的职责,将观众置身于欢声笑语的海洋;另一方面,它也集中体现了国家意识形态的主旋律特色,无时无刻不在向观众传达着国泰民安、稳定繁荣的信息,依靠着荧屏上的视觉符号构建出一种太平盛世般的恢弘景象。②

关于"家"和"故乡"的节目是历年春节联欢晚会的重头戏。2004年除夕下午,央视在春节联欢晚会开播之前,隆重推出精心打造的长达4个小时的大型直播特别节目《一年又一年·回家》。围绕"回家"这个主题,节目分为"人在旅途正回家""有人今年不回家""回家为了咱爸妈""团圆时刻年夜饭""合家守候春节晚会"五篇展开,为春节联欢晚会奏响前奏,也很好地契合了人们过年的"回家"情结。此外,"春晚"巧妙地把"小家"和"大家"联系了起来,民族和国家都成了一个大家庭,这种"家国同构"意识在很大程度上满足了人们特别是海外华人在过年时的归属心理。③

春节联欢晚会的舞台设计和布置极具仪式感和象征意义。大红灯笼无疑是整个舞台最夺人眼球的装饰物和道具,曾经好几年硕大的灯笼还一度成为整个舞台的背景;爆竹虽然不会在舞台上燃放,但它的模型总会时常出现在舞台的某一个角落或者演员的手中;贴春联、倒福字、挂年画,祈福保平安;

① 林少雄著:《视像与人——视像人类学论纲》,学林出版社2005年版,第350页。
② 何梦颖:多元文化合力建构电视娱乐节目新范式:《我要上春晚》的文化分析,《新闻研究导刊》2013年第4期。
③ 田丽:浅谈"春晚"的主题定位及其品牌打造,《牡丹江师范学院学报》2007年第3期。

包饺子、吃年夜饭、守岁、拜年,尽享天伦和团圆之乐;猜谜语、论"生肖",诉说美好心愿……除夕晚会所有这些仪式性的神圣体验活动,无不唤醒人们共同的生命记忆和相通的情感体验,从而为全球华人营造了一个"想象的共同体"。

3. 文化的多元性

每年的春节联欢晚会,从导演竞聘、班子组建、选调节目、排练彩排,一直到最后现场直播,再加上后续的社会反响,从时间上看,从每年七八月份春节联欢晚会导演初露端倪的那一天起,到次年三四月份各类专业性学术评点与论述的出炉,媒介关注周期可达十个月左右。除电视媒体加强对自身的宣传与推介外,平面媒体、网络媒体等对这台晚会也都是津津乐道,乐此不疲。如此繁复周密的操作流程,透露出晚会所负载的特殊意义与价值。

无论从创作、制作、表演的群体,还是从电视机前的观赏者的角度看,春节联欢晚会都是一种群体行为。从对象群体看,"春晚"收视观众在文化程度、个性特点、心理欲求、生活环境等方面存在很大差异;从对象个体看,同一位观众往往既喜欢雅文化又喜欢俗文化,抑或既酷爱民族文化又对外来文化葆有浓厚的兴趣。因此,春节联欢晚会理所当然地承载了传统除夕夜中一切具有"文化超越性"内涵的价值,成为了实实在在的神圣承载物。

"春晚"舞台既有精英文化的超越性引领,更有通俗文化的现世性关怀。1986 年的舞蹈《雀之灵》,向人们展示的绝非一只始终在远离人世的净土上让万人举头瞻仰的、孤傲冷峻的神鸟,它生动地阐释了舞蹈家杨丽萍对生命的感悟、思考与追求:生命平和纯净,充满灵性,人生因自然而斑斓绚丽。2008 年的小品节目《公交谐奏曲》和歌舞《农民工之歌》关注了弱势的农民工群体;相声《疯狂股迷》则针对"全民炒股"的社会现象进行了一定的批判和反思。

"春晚"既有不同民族、不同国家、不同地域文化的多声部交响,也有传统文化与现代文化的融合嫁接。1997 年春晚上演的微型音乐剧《天长地久》在国内尚属首次,这样一种纯粹的美国百老汇艺术形式与反映人间真情、反映真善美的主题相结合的创意,是基于这种载歌载舞的形式本身适合春节欢乐、喜庆的气氛。2007 年的杂技节目《俏花旦·集体空竹》将杂技的惊险、绚奇之美与京剧古韵完美结合在一起,令人耳目一新;《行云流水》将武术、舞蹈等元素融合在一起,完美地诠释了武术太极的轻盈飘逸、刚柔并济、宁静悠远,渗透着和谐之美,体现出雍容自信的民族气息。

"春晚"是大众的狂欢,唱歌跳舞通过音乐舞蹈进行狂欢,相声小品通过语言叙事进行狂欢,杂技魔术通过神奇技艺进行狂欢。

"春晚"更是文化的盛典,多姿多彩的少数民族文化为"春晚"的取材提供了得天独厚的资源,一大批少数民族艺术家、歌手正是通过"春晚"舞台而为广大电视观众所熟知。老一辈的歌唱家有才旦卓玛(藏族)、胡松华(满族)、克里木(维吾尔族)、德德玛(蒙古族)等,年轻一代的有宋祖英(苗族)、腾格尔(蒙古族)、李琼(土家族)、布仁巴雅尔(蒙古族)等,更有像斯琴格日勒(蒙古族)、彝人制造(彝族)、艾斯卡尔(维吾尔族)、容中尔甲(藏族)、阿里郎组合(朝鲜族)、土苗兄妹组合(土家族、苗族)等这样的新生代歌手。

4. 传达的可视化

"电视之所以是电视,最关键的一点是要能看,这就是为什么它的名字叫'电视'的原因所在。……正是电视本身这种性质决定了它必须舍弃思想,来迎合人们对视觉快感的需求,来适应娱乐业的发展。"①

电视艺术是由视听语言构成的综合艺术,与其他媒介相比,电视艺术的优势更侧重于对视觉和画面的动态表达。春节联欢晚会的每一个节目都与可视化传达密不可分。可视化传达实乃一种"有意味的形式",它为演出提供了一个情景交融、虚实相生的意象世界。

2008 年春晚导演陈临春介绍说:"春晚开场歌舞是整台晚会给人的第一印象,大幕拉启的第一眼就要给人强烈的视觉冲击,从而给晚会定下基调。曾经想过用大宫灯、大扇子等元素构成视觉形象来开场,让人留下深刻而形象的印象。但总觉得这样有点小气,还不足以表现 2008 年,不足以表现北京奥运之年,不足以表现中华民族向世界敞开胸怀的豪迈心情。最后,晚会紧紧扣住'春天',抓住'盛世',设计了'春潮起伏''盛世飞天''天女散花''百花迎春'四个概念,构成了开场歌舞。绚丽的舞蹈,鲜艳的服装,缤纷的色彩,优美而气势恢宏的音乐,壮观而多变的场面,瞬间就把人们带入了 2008 年'春'的氛围中。整个开场成了充满动感的一个祭春的仪式,先声夺人地吸引了人们的视线,满足了人们的视听觉。"②

为了达到总体设计要求,实现 2003 年春晚可视化传达整体性的突破,总导演金越对美术设计、摄像师、音响师、灯光设计、服装设计、化妆设计、道具设计等工作人员均提出了明确的要求。例如,"对摄像师的基本要求是:强调镜头对节目美感的电视化体现,要深刻领会晚会总体基调,善于提炼节目亮

---

① [美]尼尔·波兹曼著:《娱乐至死》,广西师范大学出版社 2004 年版,第 120 页。
② 陈临春:解析 2008 年《春节联欢晚会》,《电视研究》2008 年第 11 期。

点并用恰当的镜头语言加以呈现,构图考究,动静得当;强调镜头的预案设计,分镜头要形成台本,并具体规定每个机位在全过程中依次使用的景别和运动方式。导播、摄像依据台本规定完成调机、切换和拍摄,避免全过程即兴操作,用严谨的操作流程真正呈现高质量"①。

精致曼妙的舞美是春节联欢晚会创造可视化传达的一种重要手段。2007年春节联欢晚会上的舞蹈《小城雨巷》,不同于之前节目对其具象化的运用,屏幕墙中的小巷与舞台上的"房宇"构筑在一起,尤其是在最后——"轻柔女子摇摆着手臂漫步在雨中的小巷"的场景,这是大屏幕中幽长的小巷与舞台上的雨帘的设置所表现出的时空叠加与贯通,表演者从镜头前景的舞台上悠然地"走入"屏幕墙中的小巷中,在观众视觉"透视"中渐行渐远,慢慢消失在"小巷"尽头。这个节目揉合了真实与虚拟、确指与模糊,巧妙地流露出天人合一的自在心境,同时也蕴含抒情主体心灵瞬间的曼妙感觉。可以说,意象化情境的视觉表现非常成功。②

二、《快乐大本营》:本土化的综艺先锋

《快乐大本营》是湖南卫视于1997年7月11日开办的一档综艺性娱乐节目。作为本土化的综艺先锋,该节目内容以游戏为主,辅以歌舞及各种形式的节目,强调贴近生活、贴近观众,以较高品位的娱乐形式给广大观众带来快乐。此后,"快乐旋风"成为各种类型综艺娱乐节目生产的自觉追求,以《快乐大本营》为代表,以"明星＋游戏"为特点的综艺娱乐节目引发了新一轮的收视热潮。在这股热潮中,综艺娱乐节目的内容被全面游戏化,暗合了"去艺术化"的平民心理,实现了电视娱乐"从功能到本体"跨越的重要一步。这为中国电视文化打上了深深的"娱乐"印记③,也为把湖南卫视打造成中国第一电视娱乐品牌定下基调。《快乐大本营》荣膺第十六届"中国电视金鹰奖"优秀综合文艺节目奖;2005年被《新周刊》评为15年来最有影响力的电视节目之一;在百度电视节目排行榜中,《快乐大本营》超越了包括央视在内的众多节目,位居榜首。

---

① 金越:2003年春节联欢晚会总导演阐述,《电视研究》2003年第2期。
② 王雁:浅析综艺晚会中视觉元素的呈现方式,《新闻世界》2010年第11期。
③ 王甫:艺术欣赏 娱乐体验 心理参与——对中国电视综艺娱乐节目的几点思考,《中国电视》2008年第12期。

1. 定位精准化

《快乐大本营》的定位是一档周末黄金时段适合全家人一起收看的综艺节目。主创人员一开始就意识到,制作一档能够满足各个年龄层需求的电视节目是不现实的。电视节目市场的竞争越激烈,需求的分化越明显。因此,一档节目要想获得成功,节目的定位就必须准确。经过充分论证,《快乐大本营》把节目的收视主体定位为青少年。通过青少年的收视和参与,还可以调动人们欣赏青春、眷恋青春的情感,带动整个大众市场,达到"全民娱乐"的目的。于是,在节目制作的过程中,《快乐大本营》的制作团队力求从青少年的收视心理出发,根据青少年的性格特征、行为习惯、思维方式来设计节目内容和游戏环节,所请嘉宾都是在青少年中有较高知名度的人或者符合青少年心理期待的娱乐形象,让节目不但能够吸引青少年的眼球,而且能够深入他们的潜意识。由于《快乐大本营》锁定青少年为收视目标、以娱乐为目的、以快乐为宗旨的市场战略获得了巨大的成功,其依托的湖南卫视整个频道借此机会打出了"快乐中国"的响亮口号。可以说,没有《快乐大本营》,就没有湖南卫视的自信和后来电视湘军的辉煌。①

《快乐大本营》执行制片人罗昕和湖南卫视创新研发中心主任宋子超2012年介绍说,《快乐大本营》开播后,先后经历了四次改版,即2002年起,以活动策划为亮点进行"快乐之旅"等外景录制;2004年,以"观众海选"活动改版;2005年起,主持群进行大调整;2008年起,回归"明星＋游戏"模式,邀请明星人物参与,并与现场观众一起娱乐。诚如许多学者指出的,《快乐大本营》的长盛不衰来自于它的不断创新和改版,但并不是每一档节目都能像它一样每改版一次都获得巨大成功,并将其推向一个更高的境界。正是因为《快乐大本营》的每一次改版都是切实根据观众不断变化的需求来进行创新,并根植于时代的土壤中②,定位精准,所以才能成为国内的综艺常青树。

2. 功能娱乐化

《快乐大本营》节目策划和创办伊始,湖南卫视前任台长魏文彬曾要求把它做成一档轻松的娱乐节目,以摆脱往昔名曰"寓教于乐"实则说教为主的电视节目形态,让老百姓在周末的时间里真正地放松,从节目中获得乐趣。为

---

① 吕佳宁:内外兼修创新为王——《快乐大本营》为何"快乐"长久?《新闻与写作》2014年第9期。

② 罗昕、宋子超、唐苗:综艺常青树——湖南卫视原创节目《快乐大本营》艺术魅力探析,《湖南大众传媒职业技术学院学报》2012年第2期。

此，2006 年《快乐大本营》改版时提出了"全民娱乐"的概念。《快乐大本营》形塑的"清新、青春、快乐、激情、八卦、生活"的娱乐风格很快便受到观众和业内人士的好评，节目更被视作中国电视从单纯教化功能转向包括娱乐功能在内的多功能的分水岭。

《快乐大本营》主打"明星加综艺"，特色是青春亮丽，所以节目一开播就以一种完全不同于央视综艺节目那种严肃正式的清新气质吸引了观众，每个周末许多观众都准时地伴随着节目开场曲开始长达 100 分钟的狂欢。节目邀请的嘉宾，往往是眼下热播剧的主角和媒体红人，仅 2014 年 8 月份，来到《快乐大本营》的嘉宾就有罗志祥（发新专辑）、筷子兄弟（潮流单曲《小苹果》）、潘玮柏（发新专辑）、张亮（当红的好爸爸）、杨丞琳、郑恺、舒畅、陈键锋（电视剧《一见不钟情》主角）、李易峰、陈伟霆、余少群、袁弘、张智尧和马天宇（古装片美男）。明星们在游戏中展现他们不为观众熟知的一面，或聪敏，或窘迫。这些大胆的尝试都为 90 年代的观众带来了新鲜的体验。这种新鲜，说到底是对于真实人性的释放和回归，而不是贪图感官刺激的新鲜。

戏仿是《快乐大本营》节目最为常见的情景，主持人通常扮演小丑或傻瓜的角色来取乐于大众。节目给人印象深刻的游戏有这样两类：一是明星、特邀观众及主持人分成两组，比赛唱某一类歌曲如校园歌曲，看哪一组唱得多，接得连贯；二是由一名假扮的非洲黑人含混不清地哼唱一支歌的曲调，看哪组人辨别得多。看了这些戏仿之后，观众感觉到的是这些歌曲作为艺术的严肃性和文化品格的被消解或戏谑，但编导和观众却乐此不疲。诚如阿多诺所说："今天，消费者可将自己的冲动与模仿残余投射到他鼓吹的事物中去，其中包括艺术；但是在以前，个体就得忘却自己，在观、听和读的过程中使自身沉浸于艺术之中。"①

《快乐大本营》在颠覆传统、"祛魅"明星的同时倡导了一种属于平民大众的快乐生活。观众不再是被动的收看者，而是主动的参与者。全国各地甚至全世界可以收看到节目的观众都可以通过发送短信和拨打热线电话的方式参与到《快乐大本营》的生活当中去，成为《快乐大本营》的成员之一。在节目录制现场，台下的观众和台上被邀请的明星、主持人都是节目的参与者，观众经常上台和主持人、明星们进行对话交流，相互插科打诨。在节目进行过程中，人们悄然融入到了节目所提倡的"快乐生活"中去。

---

① ［德］阿多诺著：《美学理论》，四川人民出版社 1998 年版，第 31 页。

3. 主持本色化

语言是主持人传递信息、表达思想、沟通情感的重要手段，也是构成主持人个性魅力的重要因素。《快乐大本营》改版前，曾由年轻有为、活力四射的何炅和伶牙利齿、机智活泼的李湘以及外景主持李维嘉搭档主持，他们以清新自然活泼的风格赢得观众的喜爱。2006 年 3 月改版后，节目的成功很大程度上得益于"快乐家族"主持群的确立，他们优化组合，分工明确，恰到好处地形成了互补效果，从而塑造出了节目所需要的融趣味性、欣赏性于一体的整体风格。

"快乐家族"由何炅、谢娜、李维嘉、杜海涛、吴昕五人构成。节目中他们身着统一色调的服装，仿如一家人，配合非常默契协调，对节目主持倾心投入。

何炅应变能力出众，常常能够想到非常不错的点子，而且长了一张似乎永远不老的脸，具有很强的亲和力。在大本营中他的地位是不可动摇的，这从每一期《快乐大本营》五个主持人站立的位置就可以窥见一斑：何炅处在一个中心的位置上，而其他四个主持人则以他为中心地分立两侧。何炅善于把握和调节现场的气氛和节奏，引导话题走向，语言幽默风趣，在轻松的氛围中让观众时刻跟随群体主持人参与节目。谢娜天生具有幽默感，善于推动节目进程，语言中常带自嘲和调侃，略显粗暴却很搞笑，活跃了现场，逗乐了观众，使节目高潮迭起。"舞台上，她成为到访嘉宾的情景模拟器，与演对手戏的男嘉宾和女嘉宾形成鲜明的对比。谢娜对合作伙伴非常了解，经常自称谢依晨、谢当娜、谢舞坛、马栏山马栏镇马栏村马栏坡的马小姐、Lady娜娜、玛丽莲梦娜、坡姐、坡花、坡主，由此产生了大量的幽默。"[①]高大憨厚的杜海涛一般被当作调侃对象，滑稽的语言带给观众笑声不断，有助于缓解舞台冲突与矛盾；被戏称为"雕兄雕妹"的李维嘉和吴昕节目中表现不俗。李维嘉时常给大家抛丢话题，烘托气氛，串联节目流程；吴昕则以清新可人的小女生形象出现，既代表最广的年轻女性，又有效开辟了相对应的年轻男性市场。

与很多节目主持人形象的美化包装不同，《快乐大本营》主持人走的是本色路线，努力将主持人最本色的一面呈现给观众，对每位主持人的缺点不加

---

① 梁亚宁：电视综艺节目主持群的分工与合作探析——以《快乐大本营》为例，《才智》2012 年第 12 期。

掩饰。比如谢娜蹩脚的英文发音 fashion 就成为观众和主持人之间的心灵默契,常常引爆观众的快乐神经。即便主持人偶尔出现口误,临场的调整和自我解嘲不仅不会让观众讨厌,有时甚至还能调动现场气氛。也正因为这样,在观众心目当中,"快乐家族"的成员仿佛是我们自己身边的朋友,可触可感,真实亲切。实践证明,"快乐家族"的搭配,既烘托了节目的主题与气氛,又对各个主持人的特质提供了充分的表现空间,视觉传播得到了形式上的相互补充和内容上的相互丰富。

4. 资源高端化

作为国内首屈一指的王牌综艺节目,《快乐大本营》拥有着国内综艺节目中最顶级的嘉宾和明星资源,从陈奕迅、王菲到贝克汉姆、朴海镇,几乎所有国内一线明星和不少国际巨星都曾经登上过《快乐大本营》的舞台,留下了属于他们的精彩瞬间。节目邀请过来的嘉宾,多半都有值得电视观众关注的某类新闻热点,并且还非常新近,以增加观众对节目的热情度。

2009 年 3 月 28 日《快乐大本营》的主题是"我爱看电影"。节目的每一个板块都围绕着电影这个主题进行。先是请来香港著名喜剧配角演员苑琼丹来展示她深厚的喜剧表演功力,再加上主持人和现场观众的表演互动,使大家在欢笑中体会到"我爱看电影"这个主题。别具匠心的是,主创人员还请来了与电影有不解之缘的著名拟音大师程小龙。他通过一些简单的工具,如报纸、芹菜、大米、椰子壳等日常生活中常见的物品,就能模拟出拔剑的声音、火声、马蹄声等真实的声音。这不仅满足了观众的好奇心,同时也突出了节目的主题。

在当今的中国,电视节目经常与网络互相联动,共享娱乐的热点、焦点,互惠互利,合作共赢。《快乐大本营》十分注重对网络资源的把控,善于借助时下网络让情绪发酵的力量,把亮点炒热,把热点炒红。例如,2014 年 3 月 22 日,《快乐大本营》栏目组成功邀请到了网络热评乃至全国热议的韩剧《来自星星的你》中的演员朴海镇做嘉宾,受到全国观众的高度关注。2014 年 5 月 31 日的《快乐大本营》节目,又邀请到了人气很旺的"00 后男生组合"TFBOYS(加油少年),结果获得全国收视率同时段排名第一的佳绩。《快乐大本营》由于善于捕捉娱乐的热点人物和热点事件,也乐于给热点人物充分表现的机会,因此,双方的合作总是融洽愉快,默契十足,真正达到了互惠互利、合作双赢的目的。[①]

---

① 吕佳宁:内外兼修创新为王——《快乐大本营》为何"快乐"长久?《新闻与写作》2014 年第 9 期。

　　《快乐大本营》的品牌影响力不仅在国内综艺节目中独占鳌头,而且同国际接轨,广泛传播快乐文化。2013 年何炅、李维嘉和制片人龙梅就受到伦敦奥组委的邀请,代表《快乐大本营》前往伦敦奥运会宣扬快乐文化的品牌,受到当地民众的热烈欢迎。其推崇的"快乐向上,健康娱乐"的快乐文化更是湖南卫视所推崇的快乐中国品牌中最不可缺少的重要一环,以何炅为核心的快乐家族主持群在青少年观众中更是有着无与伦比的影响力和号召力。《快乐大本营》的长盛不衰不仅得意于它青春向上的快乐气质,更是充分彰显了湖南卫视品牌在全国的真正影响力。[①]

【延伸阅读】

大众传播与圈层传播的交汇交融

　　春晚作为一种新民俗,具备大众认可的文化认同和情怀,拥有在文化上破壁出圈的先天优势,传统媒体借力全媒体拓展思路,使内容挖掘的视野豁然打开,得以基于不同的圈层受众而整合文化资源,实现多样性和大众性的共赢。

　　春晚串联起的节目往往都是高浓度展现主流价值观的内容,这对于喜欢新鲜有趣内容的年轻人来说,并不是可以轻易沉浸的语境。2021 年总台春晚积极探索圈层文化中的热点和触点,作为引发不同圈层特别是年轻圈层深度卷入的契机,从而将家国情怀、文化认同"润物细无声"地渗入大众心中。

　　同时,这也为不同圈层的受众群体提供了一个情感释放和深度反思的空间,可以在新媒体上交流观点、分享价值,通过主流文化的内容去探索属于不同圈层的意义,进而实现圈层活化、出圈、破圈,最终找到大众传播和圈层传播的平衡——无论是传统的电视观众,还是前卫的新媒体青年;无论是传承性的国风戏曲,还是破次元的虚拟人物,都离不开中国文化的根。

　　在不同场域内,春晚也是产生文化"破圈"的最佳空间。观看春晚时,不同圈层的群体最为常见的传播行为集于两大类:"刷着手机看春晚"和"客厅聊天看春晚",这两类行为无疑都营造了特殊的场景化传播。

---

　　① 冷淞:演艺＋游戏＋访谈——对当前电视综艺娱乐节目程式化现象的分析,《当代电视》2010年第 3 期。

放眼新媒体空间，关于 2021 年总台春晚的热门话题已经从节目发散开，延伸到舞台服装、现场布局、演员服饰等，这是因为当今受众特别是年轻人想从春晚中得到的不仅仅是他们对日常生活和流行文化的认可，更希望有一种新的拓展，而这些拓展的焦点恰恰是能够激起共享相同文化的跨圈层群体共鸣，成为整体性社交货币的"梗"。

着眼家庭客厅，关于总台春晚的"合家欢"伴随特性一贯有之，在这一特殊时间段的物理空间内，千家万户都在上演着普遍意义上的家庭互动，互动话题通常也绕不开春晚节目的讨论。有传播学者曾指出，在文化产品的消费上，圈层更多被用于界定为基于人际传播形成，围绕交往主体展开，建立在共同的价值观之上。因此春晚可谓为数不多的，可以即时实现"代际融合"的文化产品。

总台在这几年的媒体融合发展过程中，已深刻意识到全媒体传播形态的必要性，所以懂得尊重并引导圈层传播，注重与新媒体的合作，努力找寻大众传播与圈层传播的契合点。春晚为打造具有冲击力的产品提供了想象空间，于是商业资本的投入支撑着全媒体互动的展开，成为挖掘传媒经济的"聚宝盆"。2021 年总台春晚延续之前与新媒体的深度互动，共同构建了一个更具社会价值和商业机会的平台。

送红包是春节传统习俗，代表着祝福、喜庆和热闹。随着新媒体技术的发展，这一充满仪式感的春节象征符号有了新的内涵，"电子红包"横空出世，演变成维系情感、传递祝福的新方式，强化了各类不同圈层的参与互动，这与社交平台的属性不谋而合，有效地实现了一加一大于二的传播效果和经济效益。

2021 年，抖音作为春晚独家红包合作伙伴，在春节前就开始预热，投入 12 亿元开启五场红包雨，时间穿插于春晚播放过程中，并以主持人口播方式提醒抢红包，从而深度浸入春晚氛围。传统媒体与新媒体全天候、全平台、全年龄段的"地毯式触达"，让两方的传媒产品效益尽现：春晚有机会让互联网的影响力直达社会基层，特别是针对中老年这个互联网使用相对低度的用户群体，利用春晚平台是扩大潜在市场的最佳"破圈"机会；而新媒体也使春晚这一符号活跃在社交网络，借助圈层间在新媒体不断编码解码的过程，持续发酵出延展价值。

同时，短视频作为当下最具商业价值的媒体产品，也成为传统媒体跨圈层共赢的必选项。微博已连续七年与春晚合作，成为 2021 总台春晚官方短视频内容合作伙伴,通过短视频与春晚内容的整合与推送,提升了各圈层网友对春晚的讨论和关注,确保用户流畅、便捷地消费晚会内容,升级春晚 IP 的全媒体影响力,发挥长尾效应共享春晚带来的多方位红利。

2021 年总台春晚融合运用 5G、4K/8K、AR、VR、XR 等技术,实现三个首次:8K 超高清试验频道进行世界首次 8K 直播;"央视频"和"央视文艺"进行首次"VR 视频+三维声"直播;采用伴随制播模式实现 4K 智能直播,并在上海国际传媒港融媒体影院首次进行 4K 影院直播。可见,总台春晚一直是新技术的率先应用者和推广者,带来了全媒体环境下的诸多"首次",并将科技传播扩散开来,助力开启全新的传媒时代。

新技术在 2021 年总台春晚的应用,其直接效果便是大大提升了受众观看春晚的视听体验——超高清技术的呈现可以让受众拥有更高层次的现场感,画面噪点大幅减少,细节展示更为真切;5G 网络大大改观了网络延时、画面拖尾等现象,让受众的视频体验更流畅;三维建模、虚拟技术的介入为春晚营造了浩瀚的宏大舞台场景,让受众仿佛置身于科幻大片;远程采集 VR 内容,实时渲染制作技术,使视觉特效与节目内容无缝衔接。

——摘自官承波、吴迪:2021 年总台春晚:大众传播与圈层传播的交汇交融,《CMG 观察》2021 年 2 月 16 日。

第六章
电视社教节目的策划

　　在某种意义上,形态多样的社教类节目是社会发展和时代变迁的"风向标"。综观那些优秀的社教类节目,它们往往以其反映和表现时代生活的敏捷性、广泛性和深入性,而与时代精神同声相应,同气相求,它们不仅深刻全面地反映了社会转型时期政治、经济、文化的冲突与融合,还以其生动感人的影像表意系统对当代中国社会的时代风尚、价值观念、社会心理等产生复杂而深刻的影响。

第一节　电视社教节目概述

一、电视社教节目的定义

　　社教节目,又名社会教育节目。一般说来,电视社教节目,是运用电视技术和艺术手段,面向整个社会传播科学文化知识,进行社会教育的节目。在国外,这类节目又被称为"公共利益服务节目"或"公共教育节目"。

　　社教节目是电视传媒机构中一个非常重要的节目类型。从节目数量看,中央电视台播出的总节目量中,社教节目占据了 30%,它与新闻节目、综艺节目一道成为媒体节目中的三大支柱。从组织架构看,我国第一家电视台——北京电视台(中央电视台的前身)在创立之初,全台最早建立的三个节目编辑部中就有社教部。直至今日,在中央和各省市电视台里,社教中心(或社教部)仍是重要的节目编辑部门,每年制作和播出大量的优秀社教节目。从节目影响看,作为国家政府奖之一,中国广播电视新闻奖电视社教节目评奖,每年也要推出一批精品。

二、电视社类节目的分类

电视社教节目题材广泛,门类多样,节目设置、编辑、播出手法也十分灵活,寓教育于娱乐、寓教化于服务、寓宣传于信息和文化知识的传播之中。根据社教类节目的主要功能,大致可将其划分为知识性节目、服务性节目、对象性节目、课堂教学性节目四类。

1. 知识性节目

社教节目突出的作用是向受众传授维系社会发展所需的社会规范和知识,承担起个人社会化的功能。这一作用比较集中地体现在它的政治、经济、文化、科技等各类知识性节目中。

《语林趣话》节目每天一期,融知识性与趣味性一体。节目主旨是讲述中华成语典故,追溯中华汉字演变,弘扬中华传统文化。《百家讲坛》汇集名家名师,主要面对具有中学以上文化程度、具有求知欲的受众。节目内容涉及人文科学、自然科学、社会科学;选题范围包括大学通选课、选修课精华,名校有影响的专题讲座、主题演讲,社会各界学者、名流的精彩演讲。《走近科学》以弘扬科学精神、宣传科学思想、提倡科学方法、传播科学知识为主旨,引发观众对科学的兴趣,引导观众走近科学。《科技博览》则强调严谨、精彩、贴近生活,力求化深奥的科学理论为通俗易懂的语言,以形象生动的方式展示现代科技,让人们在轻松有趣的气氛中领会科学的奥秘,把握科学动向。《人与自然》的栏目宗旨是"讴歌生命,关注环境"。节目内容致力于介绍动植物和自然知识以及探索人与自然之间的相互影响、相互作用,探讨社会、经济、生态协调发展和可持续发展的有效途径。

理论性节目主要通过讲座、论坛、座谈等形式表现,如中央电视台大型文献纪录片《让历史告诉未来》《毛泽东》,理论文献片《小平您好》等。大型理论谈话类节目《有理大家谈》(长沙电视台)采用电视论辩形式,对中央提出的重大理论方针政策进行解读,围绕广大群众普遍关注的教育、医疗、文化等热点问题展开讨论,力求明辨是非,释疑解惑。

2. 对象性节目

不同层次的人群有着不同的需求。对象性节目为特定的对象开办,按照社会的需要来教育、塑造一定层次的社会群体,使之担负起相应的社会责任。如《当代工人》《夕阳红》《半边天》《十二演播室》《第二起跑线》《大风车》《天下女人》等。

《当代工人》全方位多角度地反映当代工人的精神风貌,将演播室设在生产第一线,将镜头对准普通劳动者,一起探讨职工和企业共同关心的话题。

《夕阳红》是一个典型的以老年人为收视对象的节目。该栏目从满足老年观众的精神文化需求出发,选择老年观众喜闻乐见的内容与形式,努力开阔老年人的视野,拓展老年人的生活空间,真实反映老年人生活的情感和乐趣,深受老年观众的欢迎。

《半边天》栏目以"关注社会性别,倾听女性表达"为宗旨,致力于维护女性权益,拓展女性发展空间,增进男女两性沟通,风格轻松温馨而又不失敏锐的观察。收视调查表明,城镇职业女性是本栏目的主要收视群体。

继 1991 年 12 月出台面向青年观众的《十二演播室》之后,在 1994 年 9 月中央电视台又创办了一个以 13 至 17 岁的中学生为对象、反映 6000 万中学生生活的栏目《第二起跑线》,并且在原有栏目的基础上推出了面貌一新的面向儿童观众的《大风车》(1995 年 6 月开播)栏目,使中央电视台的青少年儿童节目面向不同年龄层的观众,目标具体,层次清晰,形成了对象感鲜明、整体感突出、针对性强的特点。①

3. 服务性节目

服务性节目是指那些以提供信息和咨询等方式直接帮助观众解决思想、心理、工作和生活中的实际问题的节目。服务性节目的特点是实用性强,生活气息浓郁,题材广泛,内容丰富。如中央电视台的《为您服务》、湖北经济电视台的《何嫂五分钟》、广东电视台的《家庭百事通》等节目一直受到观众的喜爱。

《家庭百事通》(广东电视台)是 20 世纪 80 年代初开办的一个名牌栏目,以融百家之事于一身、贴近生活、贴近百姓的特色而广受观众欢迎。时隔多年之后,《相聚珠江》栏目把《家庭百事通》重新推上了荧屏。经过重新包装后的《家庭百事通》,同样是一个综合资讯服务类节目,节目内容涉及健康、养生、家庭、交通、饮食、家居、美容等,突出服务性,走平民化的路。娱乐性的加强、节奏的明快,让新版的《家庭百事通》节目焕然一新。由"大雯"和"毛毛"这样的青春组合搭档主持,打破了服务性节目必须由"家嫂当家"的传统思路,体现出现代女性的精明能干、时尚前卫,同时兼具精打细算、勤俭朴实的特性。靓女主持加专家指点,为观众送上实用、方便的生活小窍门,则是《家庭百事通》的一大亮点。

---

① 秦瑜明:专题化与对象化:电视社教节目发展走向分析,《现代传播》2002 年第 4 期。

《天天饮食》(中央电视台)是一档轻松、实用、充满烹饪乐趣和饮食文化的节目。主持人刘仪伟就像一位天天见面的朋友,在10分钟的时间里,生动、活泼地介绍一道简单易做的家常菜。节目在提高受众的收视效果方面有两点令人印象深刻:(1)利用字幕,把重要的信息,还有书面语或文言文中的句子用字幕打在荧屏上。比如用料的主料、辅料,需要特别提醒的地方,像一些小常识,还有烹饪所需的时间等等。另外还有李白的诗,李时珍关于生姜的药用、食用价值的一段话。节目充分运用镜头语言,突出了重点,引起观众的注意。(2)主持人充分使用体态语,表情、语调、动作都很配合,不像过去这类节目,厨师只介绍做菜的过程,严肃有余,活泼不足。刘仪伟声情并茂,把做饭当作一件有趣的事情来做,有很强的感染力。

4. 教学节目

教学节目是系统地传授某一类文化科学知识的电视节目。它是课堂教学的扩大和延伸。将电视这一现代科学传播手段运用于教育领域,是教育手段的一次飞跃。它突破了传统课堂教学的时空局限,一人讲,万人听,容纳最大量的学生,把教育面扩大到整个社会。如《Follow me》、《走遍美国》、《旅游汉语》、《中国文化概论》、《职业经理人常犯的11种错误》、《摄影艺术讲座》、《公务员考试讲座》、《电脑培训》、《汽车维修》等。

1982年推出的电视英语教学片 Follow Me,采用主持人讲解和日常生活中的实际情景相结合的方法,颠覆了以往的"语法英语"和"哑巴英语"教学模式,掀起了全民学英语的热潮。

中央电视台制作的百集电视汉语教学节目《旅游汉语》借用情景剧的方式,通过一种故事化的逻辑,把所有教学点融入情节中,用富有故事情节的情景剧来讲授汉语。

三、电视社教节目的功能

麦克卢汉在《理解媒介》中指出,电视不只是大众的娱乐工具,还是塑造现代人心灵、改变整个生活情境的新力量。威尔伯·施拉姆的《传播学概论》对电视的评价是:"所有的电视都是教育的电视,唯一的差别是它在教什么。"

电视毫无疑问是当代最具支配力量的媒介,它改变了我们的世界、我们的观念、我们的行为,以及我们的日常习惯。电视是一座学校,不论人们怎样看待电视,它实际上已经成为一种新的教育工具。因此,电视用于教育被人们称之为教育手段的第四次革命。具体地说,社教节目具有以下四个功能。

1. 传播科学知识

全国电视观众调查显示,在 13～18 岁年龄段收视动机排序中,"学习各种知识"的动机得分仅次于"了解国内外时事",位居第二。电视已成为青少年获取信息、掌握知识的重要渠道。因而有人断言:"21 世纪真正的教育在学校外面,是在电视网和电视机面前。"

如果说新闻类节目是以及时传递新近事实变动的信息为职志,综艺类节目的功能主要是娱乐身心、陶冶情感、和谐社会,那么,普及文化科学知识则是社教类节目的核心诉求。

《蓝猫淘气 3000 问》是我国第一部大型科普动画系列故事片,共 3000 集(每集 15 分钟),总长 45000 分钟。经上海吉尼斯总部确认,该片已成为全世界最长的动画节目。《蓝猫淘气 3000 问》首次采用儿童喜闻乐见的动画形式,大规模、系统生动地传播科普知识和高科技的最新成果。二维故事,妙趣横生,演绎精彩话剧;三维特效,逼真再现大千世界,令人叹为观止。它极大地开阔了孩子们的眼界和知识视野,为素质教育探索了一条新途径。

《大家》是中央电视台的品牌栏目,致力于追求、推崇和弘扬的是永不磨灭的大家精神、大家智慧、大家风范。2009 年 9 至 12 月,《大家》栏目组在中国科技馆隆重推出了大型科普公益电视活动——"大师讲科普"。活动邀请了九位当代中国最具影响力的科学大师,讲述九个牵动人心的科学话题,以"大师点燃梦想,科学照亮人生"为口号,在社会上营造落实科学发展观、普及科学知识、传播科学精神、创造先进文化的良好氛围,促成《大家》栏目的新格局。主讲嘉宾有诺贝尔奖得主杨振宁,有五位国家最高科技奖得主袁隆平、吴文俊、吴孟超、李振声、金怡濂,还有三位是国际应用数学家林家翘、"两弹一星"元勋王希季和"探月工程"首席科学家欧阳自远。九位顶尖级的科学家领衔的这次科普活动,可以说是隆重的科普"盛宴"。《大家》栏目所关注的是科技界、教育界、文化界和卫生界的精英人物,已经采访了 200 多位中国科教文卫领域的"大师"。之前,《大家》栏目曾发起《医学大家校园行》《名家讲谈》等活动。这些都为"大师讲科普"做了一定的铺垫,而"大师讲科普"的不同之处在于它是一次科学家的大行动,是一次面对青少年的科学素养的教育,也是《大家》从建设栏目向建设平台逐渐转变的过程,它增加了节目中科技的含量,拓展了节目的表现空间,满足了公众多层次的需要。①

---

① 孟兰云:《大家》栏目的品牌创新——浅析"大师讲科普"活动,《电视研究》2008 年第 11 期。

2. 传承优秀文化

电视是文化科学的承载物,它具有传承文化的作用,由此电视便具备了文化传播的属性。文化传播是对社会意识形态、道德规范和文明规则的一种启蒙与宣扬。社会的风俗、习惯、伦理道德、宗教信仰、哲学及法律等意识形态和社会观念,通过文化传播不仅影响到人们的社会心理和价值观念,而且向人们提供行为规范,制定"游戏"规则以协调和控制人们的社会活动,实现社会的稳定与平衡,促进人类社会文明进步。

由于社教节目强大的传播功能,观众可以在一个更大的文化时空中搜索信息,体验感悟,沉潜思索。换句话说,一方面,受众置身于电视传播的信号区域内,不仅可以穿越时空的隧道,演绎今人与先贤的对话;而且可以突破疆域的围限,纵览不同国度的文化奇观,实现足不出户而知天下事的梦想;另一方面,电视那直观形象、通俗生动的影像符号,即便是蹒跚学步、乳臭未干的幼童也能明了其结构与涵义。受众通过观赏、交流和沟通共享人类的智慧和文明,使社会主体间达成一种普遍的共识和认同,促进社会整合,以保持整个社会系统的动态平衡和稳定。从这个意义上说,教育的过程就是文化的过程,教育的内容就是文化的内容,教育的形式就是文化的形式。

中国教育电视台从日本 TBS 引进的大型文化类电视纪录片栏目——《索尼世界遗产》,受众定位是高中生以上年龄层修养较高的知识阶层。致力于世界遗产的保护宣传,增强社会大众对世界遗产的关注。

集鉴赏诗画和评古论今为一体的文化教育节目《诗情画意》,是上海教育电视台的一档品牌节目。主持人或采取简明而质朴的对话,互相提问、切磋、探讨,使观众渐入佳境,把握精髓;或配以音乐进行诗意的专业讲解,为观众营造欣赏作品的最佳氛围。节目旨在弘扬高雅艺术,陶冶高尚情操,充实内心世界,拓宽知识领域,以铸就完善人格,提高民族素质。每一集节目不仅鉴赏精品,而且其本身也都是一个小小的精品,力求使观众有所感、有所思、有所得。

北京电视台荣获"新中国 60 年有影响的 60 个广播电视栏目"殊荣的《这里是北京》节目,以"白话历史"的方式,让阳春白雪、曲高和寡的"文化"降低身段,步入寻常百姓家,从低端起步再向高端发展。节目坚定地扎根北京,主打京味儿文化,力图为观众描绘一幅淳厚的北京精神地图。历史文化与地理风情的巧妙结合,把曾经的往事变成了百姓的身边事。一座普通的四合院就可能留有伟人的气息;一个仅存的地名或许隐藏着一段未知的典故;一条胡同没准儿发生过改写历史的传奇。总之，每一处地标都记录着历史、影射着历史。该节目成功地将精英文化嫁接为草根文化。①

3. 传递社教信息

一般来说，"信息是指与人类的认识过程和传播活动相关的知识积累"，而新闻学里的信息"即消除受信者不确定的东西"。"接受信息和使用信息的过程就是我们对外界环境中的种种偶然性进行调节并在该环境中有效地生活着的过程。"②从传播学角度看，人们在接受信息传播时，其信任程度与传播层次成反比，即传播层次越少，可靠性越强，可信度也越高。比如电视直播节目与一般的录播节目相比，由于减去了中间的转述层次，减少了信息的变异或流失，因而它更容易得到观众的青睐和信任。

电视社教节目对观众意识、观念和行为的影响是潜移默化的，它没有行政命令的职能，没有法定的约束力，但是具有明显倾向的报道，却能引导观众的思想和行为。纪录片《百年税票》没有空洞的说教，以税票的历史沿革为载体，表现了政治与经济，历史与当下，切入点非常新颖，使观众在增长知识的同时，受到依法纳税和尊重纳税人权利的教育。这部具有相当历史厚度和艺术底蕴的电视精品，包含了密集的信息量，具有珍贵的历史文献价值。③

美国儿童教育节目的"大哥大"当推《芝麻街》(Sesame Street)。这部1969年首播的节目至今已捧回超百项"艾美奖"，创下单项节目获奖最多的纪录。《芝麻街》不仅在120多个国家播放，还与包括中国在内的数十个国家合作制作了本土版。据统计，全球每周有超过600万的学龄前儿童收看《芝麻街》。《芝麻街》以50多年不变的高水准成为不折不扣的品牌节目，并始终秉持"传递正确和安全的讯息给儿童观众"的原则。有关研究显示，收看《芝麻街》的学龄前儿童在字母表、数字、身体部位、形状和分类等知识方面较其他孩子有优势，最突出的是字母认读——恰恰是《芝麻街》里最强调的部分。④

4. 传扬先进理念

传扬先进理念是电视社教节目的主要价值取向。

---

① 黄瑨：从《这里是北京》看文化专栏节目的发展，《电视研究》2010年第2期。
② 转引自李良荣著：《新闻学概论》，复旦大学出版社2004年版，第39—40页。
③ 高有祥：电视社教节目的几个理论与实践问题，《中国有线电视》2001年第23期。
④ 沈捷：成长良师与贴心玩伴的角色交融——探析《芝麻街》等美国著名儿童教育节目的成功之道，《视听界》2007年第1期。

现代电视传播较之于原始的口头传播、人际传播,其传播的速度、广度、深度和效果已不可同日而语。电视强化了当代工业社会的社会引导型文化,以它那立体化的视听系统,操纵着人们的无意识。电视传播的无孔不入,形成了它对人的心理结构、思维方式、行为方式和价值标准的全方位强烈渗透,以至于人们常常会有被"灌输""教育""洗脑"的感觉,以至于抵制和颠覆都难之又难。

浙江电视台教科频道曾于 2003 年教师节那天,依据国家《新课程标准》要求,于著名的京杭大运河畔的拱宸桥边现场直播语文实践课《相约拱宸桥》的课堂实况。直播节目以拱宸桥的人文价值作为切入口,以看桥、走桥、说桥的形式让各位师生在大运河的背景下充分体会杭城的人文地理风貌,从而拉开了持续一个月共计 16 节课的全省特级教师授课现场直播活动。当时,节目摄制组动用了 2 辆直播车、12 个讯道多角度全方位展示现场授课过程。节目充分调动各种电视元素和现场情趣,展现特级教师的总体风貌及杭州的城市文化,旨在使节目既成为教学新理念、新方法的展示舞台,又成为为广大普通观众提供视觉化知识的课堂。节目的制作播出,产生了很好的教改示范影响,并获得全国教育电视节目评比特别奖。

与以往同类节目惯于采用《非常讲台》的方式展示教师的教学理念和独特的教学方法不同的是,中国教育电视台的《我为老师打分》节目全部以说服主人公的方式来体现教师的这些特点。它用独特的说服方式来阐释教育主题,用公益的主线来诠释能够接受教育的珍贵,用情景再现的短片反映真实生活中存在的问题。节目还综合运用多种电视元素,以打破昔日教学类节目"黑板加人头"的呆板枯燥的传统模式,例如情景再现短片的导入即收到画龙点睛之效。短片的内容以每期学生的真实故事为内容,完全按照情景短片的拍摄和制作方式进行,力求以短片的形式幽默、风趣、真实地反映学生在现实生活中存在和遇到的问题。故事情节与教师说服学生的过程紧密地结合在一起,形成清晰、可信的故事。故事的资源是无限的,故事也是观众最容易接受的电视方式。将这些融合在一起使其与节目紧密地结合是节目创新意识之所在。

第二节 电视社教节目的策划要素

1995 年,联合国开发计划署发表的《人类发展报告》指出:"人的发展是一个扩大向个人提供可能性的过程。无论发展水平如何,对于人来说,有三个可能性是主要的,那就是健康长寿、获取知识和拥有体面的生活所需的资源。如果没有这三个基本可能性,其他很多机会就仍然无法得到。"电视社教类节目正是这样一种帮助人们获取立足社会、改造社会的知识,从而能够主宰自己命运的节目形态。

一、根据时代变化改进内容的实用性

社会知识类的社教节目是一个和社会紧密结合,和时代息息相关的节目类型。它的内容不仅要根据受众的需要,还要根据时代的变化作预见性的调整,对未来知识的转型做出预见性的引导和传授。

我国早期社教类节目内容比较单一,那时受制于当时的社会环境还不够开放,因此节目的眼光多半停留在一些比较单一的传统文化内容上,如书法、刺绣、雕刻等等。随着社会更加开放,更多的新鲜事物进入了我们的生活,一些事物对我们而言是一个全新的陌生的概念,如:道琼斯指数、纳斯达克、B股、纳米、转基因、PM2.5、微信、住房按揭等。作为节目或栏目策划者,要善于利用电视教育的深远影响帮助社会大众了解、学习这些新知识、新技术、新概念,对他们进行深入浅出的知识宣教。选题的策划不仅要依赖栏目自设的策划组出谋划策,还要调集多方人力资源,多借用"外脑",多听取各界专业人士的意见,这样有利于在策划中把握选题的要点和方向。

《社会经纬》的收视率曾在中央电视台一套节目的同一时间段中名列前茅,但随着新闻评论类节目的走红,《社会经纬》风光不再,收视率滑坡并徘徊在 2‰~3‰ 之间。面对《焦点访谈》《东方时空》《新闻调查》等节目大量触及司法案件和社会伦理的题材并以其新闻时效性而受到观众青睐的挑战,《社会经纬》从 1998 年 11 月 5 日起,以全新的面貌改版,旨在"在庭审中讲述故事,在冲突中普及法律"。新版的《社会经纬》将法庭审理的形形色色案件作为报道的线索和依托,充分调动庭内时空、庭外时空和演播室这三个要素,从多个板块组合的杂志型节目演变为每期用 45 分钟篇幅讲述一个故事的样式。节目紧紧围绕审判活动来展示案件发生的原因和社会背景,挖掘诉讼当事人的内心世界,从而以生动感人的故事,精辟入理的分析,将矛盾、冲突置于法律的显微镜下加以辨别和放大。《吴越打官司的故事》《父子情薄》《"心"的诉案》《未能出庭的受害人》《审判褚时健纪实》等一系列节目在观众中产生了较

大反响。①

二、以人为本,实现对观众的人文关怀

"以人为本"的传播理念就是把"人"作为社教类节目运作的核心。社教类节目要吸引观众,打动观众,与观众心灵产生共鸣,就要开发节目中能拨动观众心弦的情节和细节,晓之以理,动之以情。人情味是社教节目的要素之一。社教类节目最感动人心的地方就是最情深意切的地方。

以人为本的精神内核使《舌尖上的中国》节目抛却以往纪录片严肃、高傲的面孔,以观众为中心,运用平民化的语言,从平民的视角去审视世界。陕北的饸饹商贩、云南的火腿匠人、兰州的拉面师傅、深夜湖塘中的挖藕人、凌晨冰湖上的捕鱼老者等,洋溢着朴实的气息,他们辛勤劳动、憨态可掬,组成了影片甚至是社会生活最重要最真实的部分。

社教类节目要实现对受众的人文关怀,可以从以下四个层面予以考虑。

1. 倾听心声,表达善意和关爱

谈话即交流。美国著名节目主持人拉里·金认为:"一名优秀的访谈主持人,首先要学会倾听。"美国传播学家库什曼曾说:"一个人要想进入人际沟通,不需要首肯对方的每个想法,但必须把对方作为一个独特自我或重要的个人加以支持,积极的尊重对这种互动来说是最基本的。"②这是电视人表达对受众的人文关怀的最基本的行为。实现人文关怀的前提是了解什么是需要关怀的,倾听受众的故事,并鼓励受众说出真实的有意义的故事,已经成为一个电视工作者或说传媒从业者所应具备的基本素质。

主持人的倾听对节目制作至少有两个重要作用:一是主持人的倾听使受访者感到被尊重、被理解,从而打开"话匣子",把自己的心灵世界展示在观众面前;二是倾听给了主持人思考的空间,使他得以提出深入的追问,深入的追问又引出精彩的回答,形成良性互动。

在谈话过程中,主持人眼睛的注视可以给谈话人更多畅所欲言的信心,一个赞同的微笑会让谈话人感受到被接纳的喜悦,而主持人不失时机重复某些谈话内容或提出恰当的问题,则能为整个节目增添和谐的气氛。

在《鲁豫有约》中,主持人鲁豫便十分注意在倾听中及时给予对方自己在

---

① 黄海星:《社会经纬》改版后法制专题节目的定位,《电视研究》1999 年第 3 期。
② 转引自路原、王春雨:沟通从心灵开始——谈主持人与观众的交流,《新闻传播》2009 年第 5 期。

倾听的信号。在采访徐悲鸿之妻廖静文时,有一段是廖静文讲述她在文革中所受的打击,在2分钟的时间里,鲁豫点了6次头。而采访昔日乒乓球男单冠军庄则栋时,当庄则栋谈到当年在山西的生活,仅仅2分钟的时间,鲁豫频频微笑,眼睛里流露出赞同与好奇。这些看似十分平常的方式却起到了举足轻重的作用,正是因为她善于倾听,善于娴熟地运用倾听技巧,她主持的节目让人感到轻松,感受到圆满。[1]

2. 尊重人性,肯定人对幸福的追求

在电视节目中,这主要表现在真实地反映生活,真实地反映人的生存状态。电视的画面可能不是最美的,但内容一定是尽可能真实的,尽可能原生态的。

《法律在线》(湖北电视台)、《夫妻剧场》(北京电视台)、《经典重访》(上海电视台)、《人生》(云南电视台)、《品戏斋夜话》(上海东方电视台)、《发现档案》(福建电视台)等节目,或通过对风云变幻的社会图景的再现来表达人们真切的生存体验;或用一种平淡的节奏、朴实的风格来讲述那些芸芸众生悲欢离合的日常遭际与心灵困惑;或使影像中的人生具象为当代人的现实人生。这些节目以其洞察力、同情心和现实精神连通着观众的现实体验,并与他们达成了心灵的共鸣与对话。[2]

东方卫视播出的有关残疾人杂技团的纪录片,采用了大量的跟拍、长镜头和同期采访。画面展示的是城市边缘的危房、废弃的工厂、面黄肌瘦的残疾儿童和简陋危险的训练设施,但从中却反映了孩子们希望成为"千手观音"的执着和这类民办残疾人艺术团至今得不到关注的状况。

以"发廊妹"为主人公的18集电视纪录片《姐妹》"零距离"追踪底层小人物悲欢离合。该片以一间20多平方米的发廊为中心,记录了来自浙江衢州的一对亲姐妹的真实故事。主人公章桦、章微姐妹和她们招收的湖南的小芳和贵州的阿文等"洗头妹",因坚持正规营业、拒绝色情服务而惨淡经营,而她们的感情生活也同样饱经痛苦:有的离婚,有的遭男友始乱终弃,有的苦苦等待杳无音信的孩子的父亲……为了生存,为了孩子,她们苦苦与命运搏斗。《姐妹》的宣传资料上面写着:"走近她们,每个人都要准备好悲悯的胸怀和同情的眼光。"《姐妹》这部纪录片中采用的完全是真人、真名、真事,这里面有隐

---

① 李溪阳:论"倾听"在广播电视谈话类节目中的重要性,《西部广播电视》2013年第7期。

② 彭文祥、钟丽茜:论社教类电视节目的制作理念和审美追求,《浙江传媒学院学报》2007年第2期。

忍,有荣辱,有激动,有郁闷,有沮丧,也有莫名的突如其来的欣喜。它毫不隐藏地把原生态的发廊妹的生活展现给观众。面对记者的探秘采访,制片人陈镭深刻地阐述了主创人员的思想:"发廊妹"是一个新兴的群体,而且在世人眼里,这个行业本身就带着一层暧昧的色彩。作为艺术工作者,我们没有能力去改变些什么,只能通过作品去表达一些想法。然而,与其概括生活的本质,不如用镜头记录真实的人生。我希望通过摄像机为时代划下刻度,它是温情观照而不是"窥视",是人文关怀而不是怜悯。

3. 启发理性的思考

社教类节目无疑是以引导正确的价值导向为主要目标的。但是,社会转型要求我国的电视文化逐渐摆脱过去单一的宣传、教化功能,回归、扩展到传达信息、社会教育、娱乐消遣、服务大众等多重并举的社会功能。

基于此,社教类节目倘若过于说教,那么很容易让观众感到节目枯燥乏味,甚至导致受众的流失。钱钟书先生在《管锥篇》中说:"理之于诗,如盐溶于水,有味无痕。"理性的思考对于电视社教类节目来说亦应如此。

湖南卫视的《辨法三人组》节目以典型案例为载体普及法律知识,节目加入情景再现的内容,以还原事件发生的现场,让观众对案例有最直观的了解。节目不仅仅是给观众提供一个故事,更多地是揭示故事背后所蕴藏的深意。观众常常在了解故事的同时,不知不觉地学到了相关的知识,同时获得许多启迪和教益。比如,节目通过讲述一起安徽少女被毁容案件,提醒社会高度关注青少年法律观念的教育问题。

五集纪录片《幼童》,首次为广大观众生动、真实、完整地展现了一段尘封百年的清末留美幼童的留学往事。在美国,他们不仅学业优异,品德高尚,而且在体育、社交等各种场合都有卓尔不群的表现,令他们的西方同龄人钦慕不已。他们中的大部分都进入了哈佛大学、耶鲁大学、哥伦比亚大学、麻省理工学院等美国著名学府深造。在那段风云变幻的历史岁月中,这些处于时代风口浪尖的国家精英,为了祖国的富强、民族的独立而奔走呼号、奋斗不息,他们在促进国家的现代化方面作出了无法替代的贡献。反观今日,随着全球化浪潮的到来以及我国经济的发展,出国留学日益走入寻常百姓家,社会上的"海归"也越来越多,同样的出国留学,现在的"海归"能从百年之前的这些优秀留美前辈身上学到什么呢? 如果只是以他们最终的业绩来衡量是否"优秀",是否会显得太过功利和迂腐?

4. 提升内在的智慧

内在智慧的提升是以前三者为基础的,在前三者的构筑之上实现内在的心智生活,这比理性的思考更具有超越性。如果说外在生活是幸福的必要条件,那么内在的心智生活就是幸福的源泉。也许电视所要实现的人文关怀的最终目标就是让每个人都去思考:我们到底需要什么? 我们到底缺乏什么? 一个没有健全心智的灵魂必然无法拥有健全的人格。

《百家讲坛》本着"学者使电视深刻、电视使学者有为"的宗旨,以中国传统历史文化为内容定位,通过主讲人雅俗共赏、深入浅出的讲解,很好地演绎了文化和文学名著,提高了人们对文化的渴望;所讲述的东西达到了思想与叙述并重,从而让那些没有办法在大学课堂听课的观众获得了知识的享受。李泽厚认为,于丹对《论语》的新解,起到了慰安人际、稳定社会健康身心的功能作用。[①] 讲坛节目的世俗关怀还表现在选题、叙述方式、传播策略等方面。央视《百家讲坛》的文史选题契合中国受众的民族文化心理结构与集体无意识。凤凰卫视《世纪大讲堂》选题特别注重新闻性与时效性,更是一种最现实的世俗关注。讲坛节目对原有学术讲座进行电视加工,满足了受众的现实诉求与世俗嗜好。讲坛节目更是择取诸多不同于学术讲座的传播策略来获取最大化的传播效益。[②]

三、根据接受对象灵活地选择传授方式

社教节目趣味性较低,这就要求我们必须采取灵活生动的传授方式,使观众易于接受、消化和吸收。

就儿童类社教节目而言,我们要抓住儿童好动、好奇、好胜的心理,尽可能采取能够刺激他们兴趣、诱发他们好胜心的方式。比如,开办趣味知识讲座,让具有一定经验的小朋友自己上台讲述;开办有奖问答,分出几个小组进行抢答,对获胜一方予以适当奖励;开展实地考察学习,结合自然界的情况,将旅游和教学结合起来,增加他们的兴趣。

《智慧树》(中央电视台少儿频道)是一档面向 3 至 6 周岁的学龄前儿童的日播节目,以活泼生动的形式,寓科学的教育理念于生动的游戏当中,让孩子

---

① 李泽厚:于丹们是精英和平民[EB/OL],资料来源:http://www.book.qq.com/a/20070323/000034.htm.

② 陈立强:电视讲坛节目的世俗关怀及传播学审视,《新闻知识》2007 年第 7 期。

在游戏中学,在游戏中乐,在游戏中健康成长。《智慧树》每天的节目都是以适合学龄前儿童年龄特点的歌舞开场,由主持人带领现场幼儿,用唱带动跳,让孩子在快乐的歌舞中进入我们的《智慧树》乐园。在英语学习时间里,编导们用最有趣的动画片和英文儿歌为孩子营造了轻松活泼的外语环境,用科学的、有计划的循环播放方式帮助孩子在不断重复和不断探索中学习外语。整个节目的串连被设计成主持人带领孩子进行一场有趣的表演性游戏,让孩子们在浓厚的游戏性体验中参与到节目中来。

根据节目内容或主人公的讲述,在军事社教类节目中配以恰当、切合时宜的音乐,不仅可以丰富节目的表现形式,而且能够提高节目的情境感,增强节目的感染力。如在 2009 年 3 月 13 日播出的《朱军·时刻准备着》节目中,朱军正准备录制中纪委晚会,突然传来母亲去世的噩耗,可临时更换主持人根本就来不及。朱军回忆说:"因为有关纪委晚会的词都很专业,必须提前准备,主持人要经过自己消化才能讲得明白。我一想,换人来不及了,就去主持了。那天晚上,满文军的《懂你》在那台晚会上唱响,真的是唱得很感人,对我来讲是撕心裂肺。后来我就干脆跑出去不听了。"伴随着朱军的讲述,《懂你》作为背景音乐渐起,"你渐渐地离去,一步一步孤独的背影……"配以朱军与母亲的合影,节目的情感渲染瞬间达到高潮。

四、注重节目的趣味性包装

与文艺节目、娱乐节目相比,社教节目稍嫌枯燥、严肃,正是因为这样,社教类节目的趣味性包装才显得越发重要,因为它不仅可以增加观众的收视兴趣,也加深了观众对信息的理解。从一定程度上说,现今的电视节目已经进入一个"包装时代"。

包装意识正在越来越广泛地被运用到节目制作中。《国家地理频道》(*National Geographic Channel*)所制作的一些知识类节目就是这方面的典范。他们常常运用高科技的拍摄手法,选择特殊的拍摄角度,采用计算机动画完善后期制作,在动物节目中撰写带有故事情节的文字稿,采用富有人情味的拟人化配音,这些方法都将整个节目制作得精美而富有动感,使节目表现得生动、有趣,富有感性色彩。

对于一些制作能力不足或经费有限的媒体来说,借用并重新包装其他媒体(甚至是外国媒体)制作的节目,是避免造成资源浪费的一种有效的方法。广东有线电视台都市频道曾经播出的《外星人入侵周系列》就是将 *Discovery*

Channel 中的内容进行重新包装、主持和播出,每期节目中策划者还安排了与内容相关的有奖知识问答,以增加观众的收视兴趣,强化他们对知识的理解,节目播出后收到很好的社会反响。

《文涛拍岸》(凤凰卫视)节目,从演播室设计、道具的使用、主持人服装和片花等各个环节无不体现出包装意识、资源整合意识。《文涛拍岸》的片花设计为线装书样式,扉页中显示出"文涛拍岸"字样,古色古香中透出中国特色,这种源于中华传统文化的浸淫,它的受众指向非常明显。片花实则串起了整个节目,又分为初刻、二刻和三刻三部分,这既可以理解为形式上仿效《三言二拍》,更可以看作对 CBS《60 分钟》片花纵贯节目始终的"拿来"。这样设计的好处在于,使节目有整体感,符合受众收视习惯。在凤凰卫视主办的 2003 "新春新景象"推介会上,窦文涛说这档"说法"节目是为他量身定做的。从语言上,典型的"说话"主持人窦文涛被塑造成为一个说书人,这与整个节目非常和谐。从着装上,窦文涛一改《锵锵三人行》中的马甲装束或休闲装为中山装,这是节目包装中国化的一个表现。

五、将感性阐述与理性点评融为一体

综合社会访谈类节目主要是指一些内容较为综合的知识性、教育性、社会性讲座或者论坛,它的内容可以涉及各个领域,可以针对各种社会现象进行探讨和分析,从而起到教育大众、引导思维、推动社会进步的目的。

综合社会访谈类节目主题可大可小,涉及的领域也没有明确的限制,而论坛类节目的话题多半较为重大,形式也较为严肃。对这类节目策划,应该注重的是如何将感性的阐述和理性的点评很好地融合起来,这样可以在提升节目精神内涵的同时又淡化节目的说教色彩。

《世纪大讲坛》的节目内容主要是结合当今较为重大的社会问题、科技发明、文化现象作最深刻的检讨。节目由一位主持人、一位知名学者和众多的现场学生组成。虽然节目的主要部分是由专家作专业性较强的演讲,但是策划者十分注重感性阐述和理性点评的结合,使整个节目显得轻松活泼,互动性极强。

节目一开始,主持人阿忆诙谐而轻松地引出本期话题,介绍专家,然后根据专家的身份以及网络上部分背景资料和专家作简单的闲谈,主持人常常将自己放在一个对所讲述的话题全然不懂的位置上,甚至有时会提出一些在专家看来非常幼稚而简单的问题,正是因为这个原因,大部分的专家都采取了

打比方、举例子等通俗易懂的讲述方式,将一个个深刻的话题讲述得娓娓动听,使整个节目妙趣横生。随后,是现场学生提问;接着,是主持人根据网友提出的问题向专家提问,由于网上提问不需要面对面,使许多问题较为尖锐、一针见血,增加了节目内容的可看性;最后,是主持人请专家用一句话点评当天所讲述的内容。

第三节 策划案例分析

一、《中国汉字听写大会》:全民娱乐时代的逆袭

2013年暑假,全国各大卫视为抢滩暑期荧屏,纷纷对电视综艺娱乐节目进行改革,使得这一时期综艺节目形式百花齐放,有选秀、有竞技。目前,国内越来越多的综艺节目通过引进国外节目版权,复制国外成熟综艺节目形式。面对银屏上众多的综艺娱乐节目,网友们形象地称之为"疯狂综艺季"。

就在各大卫视纷纷推陈出新之时,一档以汉字听写为主的《中国汉字听写大会》节目犹如一匹黑马,脱颖而出,并吸引了观众的广泛关注。这档制作经费仅为《中国好声音》10%的非明星类电视节目,一度获得全国第二的收视率。节目播出后,数以万计的电视观众拿起了笔和纸,跟着节目一起听写。不少人更是纷纷自嘲,自己成了文盲,一场针对传统汉字书写危机的讨论也随之拉开帷幕。面对全民娱乐的时代,《中国汉字听写大会》成功逆袭。

1. 节目筹备

《中国汉字听写大会》是一档本土原创的电视节目。想法起源于六年之前,设计完成于四年之前,在国家版权局的登记完成于2011年初,之后就是漫长的推广和等待。即便在央视,制作一档新节目也必须要考虑市场反馈,收视率是个绕不过去的考核指标。因为时尚娱乐的收视效应比较容易判断,复制已经有成功先例的节目样式风险也小得多。像《听写大会》这样一档文化节目能否获得收视支持,判断起来却比较困难。

节目总导演关正文说:"六年中,我不断制作各种节目,但这个(做《听写大会》的)想法不断被生活中的观察强化,最终转变成一个电视梦想。我需要等待一个敢于支持原创的媒体,央视科教频道总监金越就是我一直在等的人。还是在十几年前,金越把我从《开心辞典》组拉出来,一起创办了《挑战主持人》。那时候金越刚当上代理制片人。后来我们又一起做了好几届春晚。

越是多年的朋友,有时候越是不愿意发生工作上的关联。直到去年的一天,他跟我说:'你必须得为10套做点什么。'我说:'我只想做汉字听写大会。'他说好。"关正文向记者回忆起这档节目的研发过程时说,"立项之后,我们并没有急于开始制作去抢占什么位置,而是用了整整两个月的时间,按照国外做节目那样,制作了一本厚厚的节目执行手册。对未来节目制作中所有的管理细节进行了尽可能详细的思考和规定。这本手册后来成了庞大剧组的行动指南。"①

2. 选题创意

近几年来,大量选秀、相亲类等纯娱乐节目充斥着电视荧屏,而文化教育类节目则是凤毛麟角。在娱乐至上的今天,如何创意文化教育类节目,在泛娱乐节目中杀出重围,更好地传播中国传统文化,已成为当代电视制作人时刻关注的问题。

《中国汉字听写大会》这档文化教育类节目,既没有明星、大腕,也没有华丽的舞台,但它却深深地吸引着人们的眼球。不仅如此,在参与节目的过程中,很多电视观众都会发现一个现象,明明听出来的汉字,脑海里也有印象,可就是写不出来,或者写出半边或者写错。更出乎意料的是,像"癞蛤蟆""僭越""醍醐灌顶"这种常见词汇也有70%以上的成年人出现拼写错误,电视观众开始进行反思,心中对汉字的热爱也被唤醒,拾起字典、拿起笔,重新开始学习汉字。

《中国汉字听写大会》是我国规模最大的国学娱乐赛事,节目采用质朴的制作方式,采用高科技数字展示与多屏合成显示的科技手段,呈现了我国传统文化的精粹——汉字。节目为我国传统文化信念的凝聚,汉字书写的美德传递,展现了无穷的魅力。节目的创意具有很强的现实针对性,现代社会人们习惯了键盘打字,手写几率严重降低,提笔忘字已成为社会的普遍现象,能够正确写出汉字与笔顺的人已越来越少,要保持民众汉字的手写能力,就要开创新的方式,让人自愿地学习,而不是简单地回到手写时代。② 专家江蓝生认为,《中国汉字听写大会》最大的社会意义,在于给人们提供了一个重新激发对汉字和中国文化热情的契机。在这样的节目中,我们会发现,原来汉语是如此博大精深,在6500个常用字之外,我们还有如此多的表意精微、意味深

① 骆俊澎:《中国汉字听写大会》:"娱乐至死"时代的逆袭,《东方早报》2013年9月10日。
② 沈悦:全民娱乐时代的逆袭:《中国汉字听写大会》,《西部广播电视》2014年第3期。

长的字词;原来汉字并不是简单的表意工具,而是音义结合、具有文化传承功能的载体;原来我们习惯了现代化、习惯了全球化,却在不知不觉中忽略了最应该继承和发扬的本民族传统文化,观众在节目收视过程中悄然实现了全民的自我教育。

2. 规则确定

福斯特把情节定义为一系列具有因果关系的叙述出来的事件。① 《中国汉字听写大会》看似简单的听写节目,缺少故事化的情节,但一方面,节目竞争残酷,赛事紧张,扣人心弦。节目从 32 支代表队中,只选出一位年度汉字听写冠军,选手写错一个字就要离场,赛制残酷,竞争激烈,增加了情节的可看性。这种规则简单明确、内容单纯的竞赛,可以方便大家观看,有利于制造悬念和形成强烈的紧张感,具有很强的收视快感。② 如在半决赛第一场中,来自杭州外国语学校的刘浥尘以一敌七,最后独战群雄,带领浙江队闯进决赛,比赛扣人心弦;在个人最佳晋级赛中,三个选手争两个名额,同进同退,比赛趋于白热化,网友"轻微自我毁灭患者"发微博说:"跟看球赛一样紧张兴奋激动人心啊。"另一方面,观众对答案的期盼,增加了比赛的悬念。在比赛过程中,观众会跟着写,也会关注选手怎么写,能不能写对,看到选手把写对的改错也会捏一把汗,观众对答案的期盼,增加了情节的曲折性。在总决赛的时候,选手于加敏在最后一秒写出"倚徙",紧张激烈;张诺娅犹豫再三,把"骡头"改为"络头",书写成功,等等,这些比赛的过程牵动着观众的心。

当各种选秀节目充斥荧屏,观众淹没在娱乐至死的洪流中时,当今电视的泛娱乐化令人担忧。《中国汉字听写大会》融知识性和娱乐性于一体,节目娱乐而不庸俗,教育而不呆板。首先,节目强手如云,紧张刺激。以最简单的规则构筑节目,它所形成的紧张氛围带有强烈悬念感的戏剧性、精彩的成功和令人扼腕的失利,同样具有超强的愉悦大众的功能。③

3. 娱乐包装

虽然《中国汉字听写大会》节目组对这一档节目定位为汉字听写教育类电视节目,但本质上,这依旧是一档娱乐节目,充其量只能说是一档有深度的娱乐节目。

---

① 饶芃子主编:《暨南大学文艺学博士研究生学术论文集》,暨南大学出版社 1997 年版,第 169 页。
② 许莎莎、关正文:让大家都来关注我们的汉字,《环球人物》2013 年第 23 期。
③ 黄靖斐:汉字听写逆袭选秀,资料来源:搜狐网 http://roll.sohu.com/20131021/n388581576.shtml。

首先,电视媒介"元媒介"地位决定了节目性质。《中国汉字听写大会》虽然没有观众熟悉的娱乐节目的外包装,如炫丽的舞台效果,话题炒作或明星加盟,但电视媒介本身的娱乐性决定了它本质上依旧是一档娱乐节目。

其次,节目竞赛性质,增添节目娱乐性。现代社会是一个优胜劣汰、适者生存的社会,公平竞争、合理竞争的观念已经深入人心。《中国汉字听写大会》采用这种竞争体制,既增加了比赛中的不确定性,使得比赛更为紧张刺激,吊住观众胃口;也可以让观众看到选手晋级时大家的欢呼雀跃,选手被淘汰时大家的捶胸顿足。所有这些通过电视荧屏表现出来的画面都深深地吸引了观众,都使得观众更愿意去"看",而不是思考。[①]

《中国汉字听写大会》在节目中应用了听写的方式,唤醒了很多成年人小时候的回忆。节目参与方式很简单,只需要一支笔和一张纸。主持人和专家评审、选手通过启动竞赛开始节目。专家评审可以为选手解答疑难,进行互动式的知识输出。这种节目形式,可以方便电视机前的观众共同参与,并得到疑难的解答,在游戏中学到知识,实现了寓教于乐。

在电视节目制作上,无论是镜头,还是剪辑、包装都体现了电视节目的娱乐性,吸收观众一起参与到游戏中来,体会到汉字的美。汉字节目更重视的是汉字书写的体验,而不是考试分数与结果。在《中国汉字听写大会》上,实现了听写与大会的表现,这种新的节目形式,以娱乐为手段,以教育为目的,将娱乐与教育完美地融合,实现了新时代文化教育节目的创新。[②]

4. 题目设计

随着节目播出,观众发现题目难度明显升级,如"核苷酸""炝蹦子""荦荦大端"等,让不少观众大呼"伤不起"。有评论指出,作为一档具有竞赛性质的节目,后期适当增加难度无可厚非,但也不应引导人们,尤其是中小学生把时间用到记忆一些冷僻、过时甚至已经淘汰的汉字上面去,进而误以为认识冷僻字词越多就越有文化。

面对质疑,导演认为这不是节目组有意刁难学生或者炫耀难度,而是选手们的实力太强。他说:"《听写大会》在准备过程中,题目的难度设计经过反复的测试。我们最初的试验题目,受过大专以上教育、工龄满五年的成人测试组正确率只有40%,我们觉得这对拉动成人互动是个有效的设定,但同样

---

① 尹媛:《中国汉字听写大会》的传播学思考,《现代视听》2014年第1期。

② 沈悦:全民娱乐时代的逆袭:《中国汉字听写大会》,《西部广播电视》2014年第3期。

的试题,学生的正确率就超过 80%,我们只好进行难度升级。经历过两次升级之后的试题用于各地初赛,结果入选正式参加复赛的选手,正确率还是超过 80%,我们只好再度升级。"

考题涉及历史、地理、人物、自然、医学、化学、成语、日常生活等多方面知识。比如历史方面:甲胄、桀纣、斧钺、蚩尤;地理方面:郫县、郓城、滹沱河、兖州;自然方面:雾凇、猢狲、岱宗、乌桕;医学方面:腭裂、湿疹、矽肺病、癔症;化学方面:镪水、三聚氰胺、核苷酸、胱氨酸;成语方面:枭首示众、万目睚眦、兄弟阋墙、荦荦大端;日常生活用语更是不胜枚举。这些考题见证了传统文化的相对稳定性和鲜明的民族性,同时也证明了中华文化源远流长、博大精深的特征。节目的考题来源于《辞典》《字典》《词库》等图书,援引著作包括《水经注》《红楼梦》《水浒传》等名著,内容涵盖天文、地理、生物、化学、方言术语、生僻地名等名词,包罗万象,具有很强的知识性;最后,在节目中,评委会对每一个词进行解释,观众不只是在听写,更像是在享受文化大餐。

尽管节目策划班底准备充分,但在节目制作过程中仍有许多无法想象的情况出现,比如题库。汉字的难度跟常用频度有关。目前词频研究的所有指向,都是确认哪些词更常用,研究成果可以直接用来建立电脑输入时的联想功能。但是哪些词不常用到什么程度、难到什么程度,就没有学术支持了。而这,偏偏是节目中最重要的。导演关正文解释说:"我们只能靠自己。我们按照经验推想,将汉字词汇从所有人都能写对的到大多数人都写不对的分成了 10 个等级。这个分级并不具有全社会的普遍意义,只是针对本届参赛选手可能形成的竞赛需求。比如第六级,就是推想 60% 的选手都该写不对,第八级就是 80% 的选手都该写不对。只有这样,我们才能控制现场比赛的节奏,不至于让竞赛无休止地进行。"

5. 网络互动

随着网络等新技术的发展,受众的意识得到觉醒,不再是被动地接受信息,而是渴望主动参与到节目中去。《中国汉字听写大会》的全民参与性首先体现为"全民听写"。节目把听写的场地由课堂搬到屏幕上,许多观众怀着学习的态度跟着听写,有的很早就准备好,守候在电视机前,积极参与到节目的听写中,进行自检节目的官方微博还发起了同步听写活动,号召大家参与,这种全民听写活动让电视机前的观众产生现场参与感,仿佛身临其境,不仅增加了观众对汉字的热情,而且激起了观众对节目的兴趣。其次体现为网络参与。节目播出后,网友在网上晒出听写大会的词汇列表,供大家参考学习。

一些优秀的选手也引起网友热议,如带领江苏队晋级半决赛的王笑奕,被赞智慧气质双全,成为网友追捧的"学霸女神";一路过关斩将,带领浙江队闯入决赛的刘浥尘,成为网友热议的选手,网友们甚至还在新浪和腾讯微博上开通了"刘浥尘粉丝后援会",交流分享这种参与性,使观众能够主动地表达自己的意见和心愿,不再是被动的接受者,表达欲得到满足。①

二、《芝麻街》:妈妈们最放心的电视节目

作为历史上获奖最多的电视节目,《芝麻街》是迄今为止世界上唯一独揽119次艾美奖的电视品牌,并在 2009 年获得了艾美奖终身成就奖。目前,除每周仍有1100万美国儿童仍在观看它之外,它还在全世界 140 个国家播出,其中 25 个国家已经在《芝麻街》的基础上开发了本土的节目模式。纽约将每年的 11 月 10 日定为"芝麻街日"。2009 年 11 月 10 日,《芝麻街》开播 40 周年当天,谷歌的 Logo 换上了芝麻街玩偶们的笑脸。《芝麻街》毫无争议地成为全球第一的儿童节目。②

《芝麻街》是寓教于乐式儿童电视节目的开山鼻祖,其贡献不仅在于它影响的观众数量的庞大,更在于它对儿童电视节目的创新和革命。《芝麻街》证明了那句广为流行的格言"电视腐蚀大脑",并不总是正确的。

1. CTW 模式:节目制作与调研全程携手

《芝麻街》之所以能够保持四十多年不衰的辉煌纪录,首先得益于节目团队认真严肃的创作态度:节目制作和节目研究全程携手合作。以琼·甘斯·科尼为首的制作团队重视节目研究并以此推动节目创新。

正如马萨诸塞大学阿默斯特分校的心理学荣誉退休教授、《芝麻街》节目顾问丹尼尔·安德森所说,《芝麻街》是第一个以当时教育与儿童发展领域的一流专家意见为基础、真正为儿童提供全方位课程学习的节目。事实上,《芝麻街》的确是研究成果最丰厚的儿童教育节目,其研究成果在 1999 年统计时就已经超过 1000 项。40 多年前节目制作之初,《芝麻街》工作团队就意识到早教专家跟进的必要性,并首创了 CTW(Children's Television Workshop,儿童电视工作室)模式。该模式要求节目内容专家、教育学者和节目制作者在

① 李冰洁:限娱时代的另类突围——《中国汉字听写大会》的成功元素浅析,《声屏世界》2014 年第 3 期。

② 吴晓晶:地球最长的一条街:全球第一儿童节目《芝麻街》,《文史参考》2012 年第 21 期。

《芝麻街》项目运行的每一个阶段都进行合作。就研究者而言,每集节目制作前和制作过程中须进行过程性评估研究(Informative Research),提供指导新节目制作的有用信息。节目制作后则进行总结性评估研究(Summative Research),检验节目内容是否达到既定教育目标,以及儿童观众的收看效果。

研究结果显示,《芝麻街》甚至对学龄前儿童观众日后在学校里的学业表现都有积极的影响。有项研究追踪一批《芝麻街》儿童观众入学后的表现,任课教师评价,这批孩子在阅读能力、词汇量、数学技能、对上学的态度和适应性、与同伴相处方面优于其他学生。另一项对高中生进行的调查发现,学龄前收看过儿童教育节目(主要是《芝麻街》)的高中生,不仅英语、数学、科学等科目的学习成绩好于其他学生,而且更爱读书、爱学习。① 节目还证明:电视可以成为孩子学习知识的有力媒介,观看该节目的孩子在学校的表现更好。

2. 给儿童观众传递正确和安全的讯息

谨慎传递复杂讯息,是《芝麻街》恪守不渝的基本原则。在有关社会技能培养的单元里,节目注重传授孩子各种情感的表达,自信和自尊的养成,友谊的发展,分享、合作的重要,以及与不同种族儿童和残疾人的相处,等等。当节目试图让孩子了解较复杂的话题,例如爱、结婚、怀孕、离婚、死亡时,整个团队会反复研究调查孩子对相关话题的理解和接受程度。例如,1983年饰演店主Mr. Hooper的演员去世了。节目组决定不找替代演员,而是在节目中向孩子们传授"死亡"这个概念。片中只是很简单地传递了三条讯息:Mr. Hooper死了;Mr. Hooper不会回来了;大家都会想念Mr. Hooper。制作单位希望留下更多的空间,让家长根据各自的文化和宗教信仰向孩子解释死亡的涵义。试映后的抽样调查发现,大多数孩子明白了"死亡"的意思,而一半的家长在观看后跟孩子讨论了这个话题。当然也有失败的尝试。1992年,传递"离婚"概念的单元被制作出来:剧中Snuffy和Alice的父母离异了。但正式播出前的调查却显示了始料不及的负面效果:很多被调查的学龄前儿童弄不懂片中传递的以下观点:尽管父母离婚了,但依然爱着他们;虽然爸爸搬走了,但孩子们仍旧能看到他。基于这项研究,制作单位毅然决定将这段节目永远束之高阁。②

① 沈捷:成长良师与贴心玩伴的角色融合——探析《芝麻街》等美国著名儿童教育节目的成功之道,《视听界》2007年第1期。
② 沈捷:成长良师与贴心玩伴的角色融合——探析《芝麻街》等美国著名儿童教育节目的成功之道,《视听界》2007年第1期。

3."儿童本位"的视听造型

"儿童本位"指的不仅是"儿童电视反映的对象主要是儿童世界,更重要的是以儿童的视角去表现儿童世界,即以儿童的耳朵去听,以儿童的眼睛去看,以儿童的心灵去体验,以儿童的语言去表达,以儿童的思维去把握,并最终能被儿童观众理解和接受。"[1]真正的儿童本位是对儿童心理的把握和对儿童情趣的应和。[2]

《芝麻街》的独特性和标志性离不开其先声夺人的听觉造型。它并不像其他儿童节目那样,只是主持人与孩子们简单的话语沟通,或者是在节目中穿插几个儿歌片断,却没有将节目内容与歌唱形式达到内在的和谐统一。《芝麻街》在这一方面可以说是独具匠心,在情绪积淀期运用人物对话积聚感情,儿童化语言浅显易懂,诙谐幽默;在情绪的高潮部分用歌唱形式予以表达。这样既没有因此而割断情绪的发展,也没有颠覆观众的收看习惯。用美妙的歌声推动情节的发展,用悦耳的音乐带动观众的情绪,两者彼此衬托,珠联璧合。

《芝麻街》的视觉造型更是独树一帜,最显著的特点就在于通过夸张、变形、新奇的卡通视觉造型吸引儿童的心理关注——真人与布偶一唱一和,互相交流,相互拥抱,表现得亲密无间,甚至连布偶的脸上也能准确地传递着内心的喜怒哀乐。夸张的造型给孩子们留下了深刻的印象,也让孩子们爱上了这个夸张的造型,使其成为《芝麻街》最具标志性的"人物"。

卡通离不开夸张,夸张会带来学习的兴奋,这便是得天独厚的优势。正是通过造型的夸张、细节的夸张、动作的夸张、语言的夸张、色彩的夸张,凸显了教学内容的重点,也强化了孩子的兴奋点。孩子心中的世界是一个变动、神秘、奇异的世界,广阔的未知领域造就了儿童的好奇心和丰富的想象力。节目借助卡通造型,使文字、数字、色彩、空间、时间等抽象内容获得了前所未有的形象性,特别是大量运用夸张、古怪的动物卡通布偶造型以及各种漫画的形式来引起孩子感官的注意,提高孩子们的观看兴趣,用较快的节奏唤起孩子的心理兴奋,便于他们通过观看电视这种日常行为来了解学习方面的内容。

《芝麻街》的奇特视听造型,与《芝麻街》制作方的创作理念密不可分。节

---

[1]　陈佑荣、朱礼科:直面中国儿童电视的尴尬死穴,新华网—传媒在线,2006 年 3 月 30 日。
[2]　哈澍、武晶平:《芝麻街》对中国儿童教育节目的启示,《现代传播》2009 年第 6 期。

目放弃了传统的虚拟演播室制作模式,开创性地使用了外界场景下的真实事物,使得各种卡通造型及参演人员的活动空间不受任何技术手段的限制,故事自然可以随时按照节目需求延展编撰,节目情节因此呈现出丰富而曲折、自然而流畅的艺术效果,从而达到制片方的要求。

《大鸟历险记》节目没有沿用传统的演播室里讲故事的方式,而是从开始到结尾全部采用现场实景拍摄,在孩子的眼中更像是一部情节完整的故事片。在这一点上契合了儿童心理,故事进程与观众的心理接受达到了内在的统一与同步。他们想要的不是家长式的说教,而是自己在行为过程中所能做出的是非判断,后者远比前者有效得多。①

【延伸阅读】

电视社教节目如何在媒体融合中重现辉煌

一、因势而谋,不做"介入的旁观者"

在媒体融合的时代,传统媒体要主动融入,才能有所作为。事实上,许多电视台已经在这方面做出了有益探索。

融媒体时代对传统媒体提出了新要求,而作为电视社教节目的从业者,必须响应时代的号召,紧紧围绕党和政府的中心工作,发挥主流媒体应有的作用。传统电视社教节目必须立足现实,在媒体融合的进程中,摒弃固有思维和惰性,积极探索融媒之路。

二、融中求进,扬长避短主动作为

新媒体的迅猛发展,也带来了一些弊端。一些自媒体为了流,不惜迎合部分受众的低级趣味。电视社教节目要在媒体融合中发挥自身的优势,主动作为。笔者认为,电视社教节目在媒体融合中应充分发挥三点优势:

第一,主流媒体的权威性和公信力,是长期以来的努力积累的巨大财富。

第二,具备专业的视频制作队伍和能力,节目制作的专业和精良程度远

---

① 郝静静、米博:寓教于乐和而不同——《芝麻街》的节目特点要素分析,《中国广播电视学刊》2009年第1期。

超普通自媒体。

第三,作为主流媒体,在占有权威资源等方面拥有独特优势,尤其在涉及重大题材、时政类题材以及教育领域的节目时,资源优势明显。

只要我们把自身优势发挥到极致,在长纪录片、教学节目、生活服务类节目等优势领域做足文章,主动与新媒体融合,就一定能让电视社教节目在新媒体平台上绽放光彩。

三、内容接地气,形式多互动,短视频优先

1. 内容接地气

无论是新媒体还是传统媒体,内容为王永远是不会改变的"王道"。这几年受到广大受众认可的《风味人间》《舌尖上的中国》等,无不是接地气之作。事实上,一些城市级别的电视台,在社教类节目的生产制作上,一直在走平民路线,关注百姓的衣食住行。

2. 形式多互动

电视节目互动设置诞生较晚,但发展迅速。从最初的热线电话与互动话题设置,到利用新媒介与用户进行延时互动,互动形式逐渐升级。互动的产生,本质上源于新媒体发展对传统媒体提出的内在需求。[①]

电视社教节目不妨从以下几个方面尝试加强互动:

第一,通过微信、微博以及移动客户端等平台,加强节目与观众的互动,尊重观众的意见并让其参与到节目中,提升观众对节目的忠诚度。

第二,给普通观众提供展示作品的平台。自媒体时代,自拍小视频非常流行。传统媒体完全可以抓住机遇,为我所用。比如,可以提供信息发布平台(电视及网络客户端),满足自拍爱好者的展示欲,增强其对平台的黏性。

第三,线上线下相结合,开拓服务新空间。主流媒体可以利用自身的社教资源优势,为受众解决实际困难,将线上服务延伸到线下。

从电视时代过渡到网络时代,出现了客厅文化转向网络文化的现象。从后仰式向前倾式的转变,根本在于思维方式的转变。受众渴望互动,但却不满足于简单的延时交互传播带来的参与感,用户参与心理需求已上升为深度

---

① 孙振虎、鹿艺佳:电视节目互动模式的创新发展路径——以央视泛科普节目《加油向未来》第三季为例,《新闻与写作》2019 年第 4 期。

体验式互动,真正参与电视节目进行过程。①

3. 短视频优先

传统电视社教节目,大多篇幅较长。如前所述,新媒体时代,信息传播速度加快,短视频异军突起,颇受欢迎。据资料显示,截至 2018 年底,网络视频用户规模达 7.25 亿,成为网络的"C"位应用。随着 5G 的普及,网络视听行业将再次迎来突破性发展。而其中互联网的移动化趋势更加显著,用户使用移动互联网的时间明显增加,短视频贡献最多。作为新的网络视听产品形式,短视频发展势头迅猛。用户浏览短视频的时间超过长视频,颠覆了视听传播的整体格局,吸引网民的效果显著。短视频的发展催生了新的传播平台、新的节目形态与用户消费习惯,快节奏、碎片化、开门见山、短小精悍成为行业潮流。

搭乘上新媒体快车的电视人,理应充分发挥自身在视频制作方面的专业优势,积极开发短视频产品。一方面可以与一些新媒体平台进行深度合作,提升节目产品的影响力,另一方面也可以通过电视媒体自身开发的客户端或网络平台,发布观众爱看的社教内容短视频。

在新媒体和自媒体的冲击下,电视社教节目收视率下降、影响力下降是不可阻挡的趋势。但这并不意味着此类节目的终结,而是需要节目进行创新。新媒体时代,传统媒体的敌人不是新媒体,而是固化了的自己。这就需要电视社教节目从业者敢于正视现实,突破自我,转变观念,在媒体融合中因势而谋、应势而动、顺势而为,重新"出彩"。

——摘自傅萌:因势而融 融中求进 进中求好——关于电视社教节目在媒体融合中重现辉煌的思考,《新闻战线》2019 年 6 月(下)。

---

① 代光萍:《网络自制综艺节目互动性创新研究》,山东师范大学 2017 年研究生论文。

第七章
电视益智节目的策划

　　电视节目形态的兴衰更替既是社会发展的必然,也是大众审美趣味变化的必然,不同的时代环境必然会导致人们审美诉求的变化。当然,它还是电视传媒技术和业态嬗变的直接结果。其实,"电视上一系列的竞争形式只不过是更广义上的文化竞争而已。电视竞争不仅为林林总总的娱乐节目提供一个框架,同时又担当了重在成功的意识形态范畴的载体"①。电视益智节目正是这样一个寓教于乐的节目类型。

　　据 CTR 提供的全国 34 省市 385 个频道新节目监测报告,2011 年至 2012年全国新上益智节目有:江苏卫视的《天才会美丽》《非常了得》《一站到底》,湖北卫视的《男女有别》《你值得拥有》,重庆 6 套的《我爱我家》,广西电视台公共频道的《挑战五年级》,浙江卫视的《奇妙见面会》《心跳阿根廷》,广东公共频道的《十倍钱进》,贵州卫视的《最强喜事》,东南卫视的《全民大猜想》。电视益智节目的兴盛启示我们,先进的节目形态设计,不仅可以完成同一频道各栏目间功能的区隔,还可以更加符合观众对特定信息的接受和欣赏习惯。

第一节　电视益智节目概述

　　随着大众传媒业的发展和大众文化的多元化趋势,电视荧屏中的节目形态也更趋丰富多彩。相较于各类电视综艺节目的娱乐化和商业化色彩,电视益智节目除却娱乐元素之外,其浓郁的知识性、趣味性、竞争性、参与性、公益性特点使其在众多的节目形态中独放异彩。

---

　　① 　[英]安德鲁·古德温、加里·惠内尔编著:《电视的真相》,中央编译出版社 2001 年版,第 81 页。

一、电视益智节目的定义

所谓益智节目,就是知识型的综艺节目。它是对海外的 Games Show 的本土化改造,在国外又被称为问答节目(Quiz Show)。时至今日,它被认为是可与真人秀节目比肩而立的电视王牌节目形式。

电视益智节目具有很强的知识色彩和娱乐性,同时强调节目与参与者、现场观众、电视机前的观众广泛互动。另外,这类节目又都有一个共同的诱人之处,那就是伴随着知识与智力的拼争,而得到价值不菲的奖品。知识、游戏和博彩"一锅出",这是对益智类节目定位的一个恰当形容。它打破了娱乐类节目、知识类节目和经济类节目的传统界限,充分体现了知识性和娱乐性的兼容统一。益智节目以益智为内核,博彩、娱乐等娱乐元素为外包装,使其具有了很强的包容性——收视群体包括了老、中、青三代,并很好地实现了节目与观众的互动。[①]

通常,益智类节目拥有一些较为固定的主动收视群,他们都是被节目的益智性所吸引。这些收视群体主要包括:

第一,青少年群体。对于在校学生来说,周末都会有一小段"大赦"的时间——在家长的允许下有选择地收看电视,作为一种紧张生活的调剂。

第二,白领一族。这是一个身处社会竞争最前沿的群体,快节奏、高强度的工作,让他们备受压力之苦。益智类节目对他们而言,除了消遣的功效外,还往往会有慰藉心灵的作用。

第三,踌躇满志、充满理想的人。他们需要一个展示自己才华的机会,认为参与这样的节目是实现自己的梦想,用智慧向世人证明自己的一种方式。

二、电视益智节目的兴起

早在 20 世纪 50 年代中期,益智节目就在西方媒体兴起,如英国独立电视台的《一本万利》和《任你选择》,美国的《6.4 万美元问答》等。而 1988 年英国的戴维·布里格斯策划的《百万富翁》(*Who Wants To Be A Millionaire*)和 2000 年罗宾逊首创的《最弱一环》(*The Weakest Link*)则将这类节目推向高潮。英国 BBC 的《最弱一环》收视人数曾达到 1400 万,美国版《百万富翁》的收视人数更是高达 7700 万,播出至今的收益已达 10 亿美元。与此同时,这类

---

① 马杰:益智类节目的魅力,《当代电视》2006 年第 8 期。

节目在全球范围内广泛传播,《百万富翁》在美国、西班牙、德国等全球 30 个国家和地区播出;《最弱一环》则已行销美、加、德、法等 70 个国家或地区。①

受此影响,在中国,《三星智力快车》《开心辞典》《幸运 52》《开门大吉》《中国汉字听写大会》《才富大考场》《非常了得》《一站到底》《超级大赢家》《魅力21》、《世纪攻略》《幸运千万家》《步步为赢》《猜中彩》等益智节目已经形成稳定的收视群体,赢得观众的认可和喜爱。2013 年上半年,益智节目高调卷土重来,单是省级卫视新开播的此类节目就有 9 档(见表 7-1),益智节目俨然成为各家电视台稳扎稳打、创新求变的中流砥柱。

表 7-1　2013 年央视与省级卫视新推出的益智类节目

节目名称	播出频道	播出时间	节目时长	主持人	国外原版节目
开门大吉	央视综艺	周一 19:30	80 分钟	尼格买提	*Superstar Dingdong*
为你而战	央视综合	周日 22:36	60 分钟	张斌	*You deserve it*
芝麻开门	江苏卫视	周二 22:00	80 分钟	彭宇	*Raid the cage*
王牌谍中谍	浙江卫视	周一 22:00	70 分钟	华少、沈涛	*Poker face*
谁是我家人	湖北卫视	周六 22:00	60 分钟	赵屹鸥	*Who is my family*
男左女右	深圳卫视	周六 21:20	100 分钟	李湘、张宇	*Battle of the Sex*
猜的就是你	广西卫视	周三、周四 22:10	80 分钟	张绍刚	*Identity*
征服全场	重庆卫视	周二 22:00	55 分钟	陈力	—
周末驾到	重庆卫视	周六 22:00	60 分钟	张鹏	—

资料来源:徐展、谷征:小成本制作的逆袭——2013 年益智类节目特点及创新发展思考,《中国电视》2013 年第 10 期。

我国电视益智节目的发展,经历了一个从初期的"山寨""克隆"欧美发达国的节目形式,逐渐过渡到"版权购买"的创意引进模式,直至今天的本土化原创的历史过程。作为一种新型的节目形态,益智节目的崛起和发展绝非偶然。

---

① 冉儒学:益智类节目的主要特征,《电视研究》2002 年第 6 期。

1. 从传播理论层面看

马斯洛的需要层次理论的意义,在于它明确指出了每个人都有自己的潜能和内在价值,有自我实现的要求。根据马斯洛需要层次理论,人有生理、安全、情感与归属、尊重与自我实现的需要,其中在尊重需求与自我实现之间还有求知需要与审美需要。大众传播为受众的自我实现创造了条件,电视节目形态的多样化发展,正是人们不断追求实现自我需求状况的真实写照。益智节目的知识性恰好满足了人的求知需要。

"使用与满足"理论的基本观点是:受众利用媒体信息是为了获得满足。这个学说标志着传播学效果研究的转向——从分析传播内容对效果的影响转向确立使用媒介的接受者对效果的影响。布卢姆勒认为,个体接近媒体主要有三个社会根源:一是人们会由于性别、年龄以及社会角色的不同而产生对媒体的特定需求和期望;二是更多地接触媒体带给人们社交的机会,或是由于缺少各种社交机会而想从传播那里得到补偿;三是个人对自己的社会状况的主观反应或调整。与其他节目嘉宾或观众精英化、明星化不同的是,电视益智节目的嘉宾和参与观众呈现出平民化、草根化的趋势,此类节目俨然成为普罗大众挑战自我、展现自我的舞台,极大地满足了平民百姓自我实现的心理需求。

2. 从社会文化层面看

电视益智节目的兴起,一方面,满足了电视受众日趋分化的需求。随着人们物质、文化生活水平的不断提高,人们的精神追求和文化生活日益丰富,呈现出多元化的特征。就电视而言,受众的欣赏习惯、收视目的、收视内容不断地进行细分。电视益智节目可以使受众对象化,使过去比较笼统的传播价值变得具体,达到传播价值最大化。

另一方面,当代社会生活节奏加快,生活压力加大,人们在紧张忙碌的工作之后,需要幽默、轻松、娱乐的节目放松身心,缓解压力。电视益智节目的出现,以其信息传播的特性与人的娱乐天性达到最大程度的契合,并使得娱乐在最大程度上实现了社会化。"通过电视,娱乐游戏更加社会化,成为现代人类生存的减压阀。"[①]观众在虚幻空间和现实空间的比较中获得某种相对优越感、替代性满足和虚幻英雄感或成就感,最终达成内心颠覆的欲望的实现。可见,电视娱乐功能的增强和凸显既是一种自身演变的必然,也是对人类本

---

① 朱羽君、殷乐:减压阀:电视娱乐节目,《现代传播》2001 年第 1 期。

质天性的认知。

3. 从节目形态层面看

纵观电视节目形态发展史,我们不难发现,任何一个新的电视节目样态都不是凭空而生的全新形式,它是在某一传统的电视节目样态基础之上,对原有的视听表达元素进行创造性的重组配置之后形塑而成的。就益智节目的创意而言,它是利用知识的魅力,将获取知识的过程由传统的严肃、死板和苛刻转化为一种灵活、轻松的氛围,这反映了人们传播观念上的一种进步。

电视益智节目,充分利用声讯电话、网络互动等高科技手段吸引观众参与和互动。据《开心辞典》的主持人李佳明透露,每期有近百万人通过这两种手段竞争 8 名上镜选手的位置。只要观众对某种比赛感兴趣,就可以通过他喜欢的方式参与进来,适用性非常广泛。如今的益智节目舞台,不仅是决一胜负的战场,更是展现个人魅力的秀场。例如,《一站到底》的各期选手无不个性十足,2013 年初的"诸神之战"更是造就了檀越这个"站神之神",而 8 月初的"高校风云争霸赛"也让博学多才的清华学子刘也行成为众多女生心目中的"男神"。从某种意义上说,是高科技手段的使用让节目与观众之间实现了真正的互动。

三、电视益智节目的特点

1. 知识性

美国哥伦比亚大学的 H. 赫卓格认为,人们喜爱知识类竞赛节目基于三种心理需求:竞争心理需求、新知的需求和自我评价的需求。①

知识性是益智节目最基本的特征。所谓益智,就是有益于开发人的智力的行为活动,即通过这种行为活动,可以收到启迪心智、扩展知识面的功效。因此,这类节目往往也被称作智力竞猜或知识竞赛,名称本身就已显示节目的定位。无论是英国的《一本万利》《任你选择》《百万富翁》《最弱一环》,还是中国的《开心辞典》《步步为赢》《梦立方》《非常了得》,知识性的问答始终是节目主要内容。

《梦立方》是东方卫视从英国引进的一档高科技游戏节目,原版节目 *The Cube* 在 2011 年英国电视剧最高奖(BAFTA TV Awards)中获最佳综艺节目

---

① 转引自马冲:新生代益智类节目《非常了得》传播特点探析,《新闻知识》2012 年第 9 期。

奖。节目充分运用网络时代的高科技呈现手段和电影化的视觉艺术表现手法,全新的游戏闯关设置让挑战者在相对密闭空间内挑战自己的梦想,将带给观众耳目一新的视觉和心灵体验。《梦立方》创造性地开发出一个智能化的透明"立方体",内含多个以智力比拼为主体的游戏项目,将从平衡、记忆、技巧、敏捷等各个方面,对参与者的身心状态进行综合的考验。

2. 娱乐性

娱乐性是益智节目的一个明显标志,也是节目的强力卖点。它以知识作为切入点,搭建起一个崭新的娱乐平台,益智节目的优势,就在于使参与者在娱乐的过程中获取知识,在获取知识的过程中获得快乐。节目中新奇的题目内容、魅力十足的主持人、有趣的对手过招,均呈现出很强的娱乐性。

河北电视台的《挑战九宫格》节目由犀利的主持人、多元化的问题及强大的嘉宾阵容构成,参与的嘉宾不仅能获得答题的乐趣,更能囊括丰富大奖,在答题的过程中享受快乐。在整场节目中,包括红与蓝两队选手,分别选择九宫格中的"宫主"进行答题,如果宫主回答正确,则选手的灯亮起;否则将亮起对方的灯。宫主答对题目之后,选手可获得相应的奖品。该节目由于具有冷门性问题、搞怪性问题,并且大家生活中经常遇到却忽略的问题,让宫主难以确定答案,需要通过讨论或求助等渠道答题,让整个答题过程非常惊险和刺激,观众乐在其中,每天守在电视机前期待节目的播出。

3. 竞技性

竞技性是益智节目具有张力和观赏性的重要原因。传播学家约翰·菲斯克在《电视文化》中指出:益智节目通过游戏的形式巧妙地重现了社会竞争,每个人被视为享有同等的竞争机会,但个体能力的差异造成了最终物质与社会成就的不同。

不同节目的竞技规则有所不同。《百万富翁》《最弱一环》的游戏方式以及风格就迥然不同,前者的参赛者坐在椅子上比赛,采用的是选择题,必要时可向现场观众或家中亲友求助,节目充满答谢声和笑声;后者中参赛者则必须站着,而且没有选择答案。相比而言,后者更具竞争性,但娱乐性和亲和力则要逊色很多。

《开心辞典》和《幸运52》的现场氛围则比较融洽,其竞技是在轻松和谐的氛围中展现的,但它们的侧重点又各有不同。前者侧重于参赛者对自己知识的掌握和积累情况,更多的是对自己的挑战;后者则更多的是与参赛对手的较量。值得关注的是,在此类节目依靠巨奖吸引参与者和观众时,如何利用节目自身的内在张力而非奖金吸引观众是益智节目面临的挑战。①

4. 参与性

在约翰·菲斯克看来,"益智节目的观众中特别积极,也别有参与性"。学者麦克奎尔、布拉姆勒和布朗发现,"来自较高社会经济群体的观众(他们一般也受过较好的教育)用益智节目来测试他们自己的'学术'知识。但来自底层社会经济群体的观众(他们受正规教育的时间较短)则用它来'证明'自己和参赛者一样聪明,'证明'先前对他们的正式学术表现评估没有真正反映他们的能力"。有趣的是,"教育程度较高的观众常常在电视机前与家人一起参与这种竞赛节目。家庭成员相互竞争或者与电视上的参赛者竞争,抢先回答问题"②。

《梦立方》节目选择不同职业、性别、肤色、阶层的挑战者来到录影棚中,接受《梦立方》的挑战。每一位挑战者都将拥有 9 条游戏生命、1 次简单化游戏和 1 次试玩游戏的机会。《梦立方》将给出七关不同的游戏挑战。挑战者每过一关即可获得该等级的奖励。前四关为现金奖励,后三关为三个实物梦想奖励。

5. 公益性

电视节目的美誉度和生命力,依傍的是其上乘的内容质感和精致的视觉形式的有机融合,观众对于节目的喜好与专注是节目美誉度和生命力的深刻体现。公益元素的嵌入,是避免爱德华·皮斯批评以《百万富翁》为代表的美国电视游戏节目"轻浮和愚蠢地消磨时间,而且把世界推入一个犹如游戏的境地,其中充斥着对无用的行为的奖励和回报"③的弊病、提高益智节目美誉度和生命力的有效手段。

《夺标 800》自 2001 年改版后,在对节目形式和风格的设计上,提倡文明、理性;在对节目联想题的把握上,注重科学、关注生活;在对参赛选手的选择上,力图通过三人合作、团队打拼的方式在游戏情境的设计中使集体的智慧和个性化的情感、心理特征充分释放;在奖金的分配上,努力弱化个人英雄主义色彩,以"奖学金""互助金"等方式体现节目的人本关怀意识,以期通过节目弘扬真善美,传递健康的文化讯息,提升观众的文化品位,满足观众的文化诉求。

---

① 张燕、冻千秋:益智类节目四题,《新闻三昧》2004 年第 3 期。
② [美]约翰·费斯克著:《电视文化》,商务印书馆 2005 年版,第 394、396、403 页。
③ 任远:关于电视游戏节目的网上对话,《电视研究》2000 年第 4 期。

第二节　电视益智节目的策划要素

电视节目形态是电视节目制作方式的核心,内容观念是电视之外的东西,形态提供着适用于不同内容的电视处理方法。不同的节目形态规定着不同的节目内容,并选择不同的观众,节目形态对应着观众的性别、年龄、受教育程度,并决定着观众的规模。大凡成功的电视节目,都离不开对节目构成要素的熟稔把握。

一、题目设计

题目内容是益智节目的灵魂。电视益智节目通常以带有娱乐性的有奖知识问答的形式贯穿节目始终。节目选手、主持人及游戏内容都围绕着一系列精心设计的知识问答来展开,问题包罗万象,无奇不有,具有很强的挑战性。约翰·费斯克把益智节目的竞赛内容分为两大范畴:一类是事实类知识,它包括"学术类"知识和"日常类"知识;另一类是关于人的知识,它包括有关人的一般知识和关于特定个人的知识。[①] 后一类型的知识并非从学校教育可以习得,而是必须从社会经验以及与他人的交往中获取。

一个常规播出的电视益智节目因其题目不能重复使用,至少在数年内不能重复使用,所以题目的消耗量是极其惊人的。以湖南经视《超级英雄》为例简单计算一下:2006 年 2 月 25 日的这期节目,上场选手五位,用题 29 道,那么每周一期,一年 52 周,一共 6 年,以平均每期 25 道计算,总数已达八千有余。这是一个艰难复杂的工程,其深,上下五千年;其广,纵横八万里。天文地理、政治经济、诸子百家,无不涉及,收视层下至黄口小儿,上至耄耋老者无所不有,其难度可想而知。这就要求题库设计者尤其是题库编辑本身首先是一个杂家,不一定学富五车,但要求博闻强记;不一定是"家",但要求懂"行"。[②]

电视益智节目在设计题目类型时,应当依据知识的科学性、唯一性、新颖性、趣味性、生活化来进行选择,具体如下。

一是题目要科学且难易适中。知识含量、智慧魅力是益智节目确立高品

---

① ［美］约翰·费斯克著:《电视文化》,商务印书馆 2005 年版,第 389 页。
② 郑亦男:电视益智类节目三问——上篇:考什么,《艺海》2008 年第 6 期。

位的法宝。益智节目所设计的题目必须具备科学性,过于专业和精深,会造成"曲高和寡"的负面效果。

二是答案要有唯一性。益智节目是选手通过智慧赢得大奖的过程,每一道题对于选手而言都是至关重要的,因此题目务必保证一个问题只有一个正确答案,不能有其他的选择可能。早期的《开心辞典》题目曾出现过硬伤,如"人工授精的成功率有多少?"这道题表述不够明确,忽略了对人工授精对象的限定。节目播出后出题组就接到了一个研究鱼类人工授精的观众电话,说题目的答案不对。虽然工作人员在解释后取得了热心观众的谅解,但这也给出题人员敲响了警钟,要求他们慎之又慎,不能马虎半步。

三是题目要灵活有趣。这是益智节目区别于原有的智力竞赛节目的一个明显特征。题目内容上的灵活与放松可以引导我们对观众心态的调整。《寻根问底》根据现在的旅游热点出题,选择广东一些著名的俚语俗语、人文典故来出题,还根据广东毗邻港澳的实际情况,在节目中加入很多港澳的知识。节目中绝大多数本地的知识与老百姓的生活息息相关,因此比较容易在观众中产生共鸣。

四是题目要有新颖性。益智节目的问题涉及面很广,从历史到生物学,从自然现象到人文规则,从高雅文化到通俗文化,如果节目总是在说一些老掉牙的话题,或是其他媒体探讨过千百遍的题目,首先给观众的感觉就是:毫无挑战可言。①

江苏卫视《一站到底》的题型一般偏向常识题,范围却相当广泛,天文地理、娱乐八卦无所不包,题目意在考量选手的知识广度而非深度,如《文化苦旅》是哪个作家的第一部散文集?斯诺克台球中红球的数量?电视剧《还珠格格》中紫薇的母亲叫什么?等等,此类考题更能体现选手博闻强记型而非专业精深型的特点。而《汉字英雄》和《中国汉字听写大会》更是"通俗到底",将小学课堂的汉字听写搬上荧屏,开展全民听写"运动会"。两档节目的考题略有差异,《汉字英雄》考察一个字,主持人和嘉宾可以提示选手这个字的各种用法或词组,相对难度较低;而《中国汉字听写大会》则听写词组,涉及天文、地理、物理、化学、历史等各学科,难度更大,然而听写的字或词组大都是生活中耳熟能详的词汇,如"癞蛤蟆""熨帖""三聚氰胺"等,看似简单,但大部

---

① 马杰:益智类节目的魅力,《当代电视》2006 年第 8 期。

分人往往提笔忘字,据统计只有 30% 的成人写对"癞蛤蟆"一词。①

二、选手选拔

故事化的特征已逐渐渗透到当今的电视节目制作之中。《开心辞典》节目主编郭艳认为:"故事化"的重要性不可小觑,因为节目除了题目之外,做的是"人"。② 这就是说,生动的"选手"才是节目的灵魂,而人的生动是通过故事的方式表达给观众的,生动来自于选手生活中的个性,或者是参加节目背后令人动容的故事。因此,节目在选拔选手时,既应注重考察选手的知识积累,又须注重展现选手的人格魅力。从播出效果看,选手们虽然都是普通人,但是其鲜明的个性无疑会给观众留下深刻印象。③

《幸运 52》演绎的是一场平民化游戏。节目一开始就打破了"益智节目是白领节目"的思维定势,每期参加节目的选手都是从不同文化层次、不同生活经历、不同职业背景、不同地域和不同年龄层观众中挑选出来的,他们是这个社会中最普通的人。从这个层面上说,它真正做到了雅俗共赏、妇孺同爱。观众调查统计显示,《幸运 52》的观众文化层次、年龄层次和职业层次的分布都是比较均衡的。《幸运 52》虽然前后历经 7 次改版,但是其贴近平民的视角始终如一。④

不同于《开心辞典》的参赛者在某些方面有些许特长,《一站到底》的选手更加平民化和大众化,正如江苏卫视所表述的:在《一站到底》的舞台上,没有工作身份年龄之间的悬殊,你可以是十来岁的小朋友,可以是普通的工薪族,也可以是金领天才、博士教授,站在这个绝对平等的舞台上,你只会是守擂者或者是攻擂者,这里不需要你有高学历,不需要你有特别的身份,只要你有广泛的知识面。你有好运气,小人物也可以成为大英雄,能一站到底的人可能就是你。《一站到底》的参赛者形形色色,但大部分都是普通大众,甚至还有很多社会底层的民众,尽管他们没有高学历高收入,但同样可以在舞台上展示自己精彩的一面。节目让不同职业的参与者在限定时间内进行 PK,博士可与贩夫走卒同台竞技,往往发生"小人物"打败强者的奇迹。节目选手既有

① 刘英:益智类电视节目:来得正是时候,《中国文化报》2013 年 8 月 29 日。
② 郭艳:挖掘对抗与和谐的胜道——《开心辞典》对益智类节目本土创新的实践,《视听界》2007 年第 2 期。
③ 王诗文:谈国内电视益智类节目的空间拓展,《江淮论坛》2010 年第 4 期。
④ 黄艳:浅析益智类节目的形态变化——从《幸运 52》到《一站到底》,《青春岁月》2012 年第 21 期。

出租车司机,也有在国际知名企业就职的高管金领,有智商高达 180 的自负女海归,还有 12 岁的初中小女生。职业和专业背景被淡化,知识面的广泛和博弈的运气最终决定胜负;选手之间的唇枪舌剑,以及在比赛中真性情的流露,增强了节目的故事性,提升了节目的娱乐效果。[①]

三、悬念营造

电视益智节目用何种手段留住观众? 节目的看点在哪里? 诚然,财富梦想的诱惑、对知识和勇气的考验、低门槛的参与、全民化的互动,这些都是益智节目吸引观众的重要因素。一如约翰·费斯克在《电视文化》一书中所言:就观众心理学而言,益智节目这种"现在"正在发生的"无文稿"叙事中,悬念似乎是真实的,而不是像小说或电影那样是创造出来的,并且受到权威的控制,因而这种节目的观众参与性更强。

美国经典益智节目《成交不成交》就是以巨额奖金为依托。26 位参赛选手中的一名(由一个简短的游戏过程产生,如猜拳)站在众人的中间,其他选手每人会获得一个手提箱,每个提箱内有一张支票,数额从 0 到 1 百万美元不等,然后中间的选手选择提箱一个一个地打开。每一个箱子在打开之前,节目中设计的"银行家"都会提出"诱惑",说出一个交易数目,制造悬念,让开箱子的人选择是接受奖金放弃箱子,还是放弃奖金打开自己的箱子。大部分人由于过分贪婪,不断地打开箱子,往往放弃了机会,只拿到很少的钱。得与失之间,刺激与悬念在不断释放。

军事益智节目《我爱国防》的叙述主线是知识竞赛,但围绕最后的王者之战,谁能获得冠军始终是最大的悬念。没有悬念观众就不会再看下集,而有了这种期待,观众不但会一直看下去,还会自觉不自觉地参与到节目中来,与选手一起答题,这便赢得了最大程度的参与率和屏幕内外的有效互动。

节目组给选手们设定一种规定情境。规定情境有外部和内部两个方面,外部情境就是剧本的事实、事件,也是剧本的情节等;而对应于答题类节目,其主要环节则是由赛制决定的,这种赛制的制定就犹如影视剧的编剧所创设的外部情境。而内部情境是指内在的人的精神生活情境,包括人的生活目标、意向、欲望、情绪、情感特质等,这正如选手本身的知识储备、参赛动机以及运气指数等。当然,答题类节目的"编剧"跟影视剧编剧在概念上是不同

---

① 朱雯:娱乐先行 模式混搭——近期国内外益智类节目的创新特点,《视听界》2012 年第 5 期。

的,因为他们不能像影视剧那样去改编和假设,而只能设计环节和部分台词,并不能决定选手最后的胜负输赢。

节目组以总决赛赛制来分析竞赛节目所带给观众的戏剧化感受。第一轮 X 之战。赛制为"进入总决赛的 6 位选手,通过抢答产生一名 X 选手,X 选手将有权挑选对手,进行一对一地轮流答题,直至一人答错为止,获胜一方进入下一轮,答错者成为下一个 X 选手,继续挑战对手答题,以此类推,直到选拔出 5 位晋级选手,最后一人淘汰"。比赛规则是残酷无情的,但比规则更让人捉摸不透的是比赛的现实,谁又能猜出在答题过程中,演播室里会出现怎样的状况呢?①

四、主持人搭配

作为电视节目品牌的标识,节目主持人的风格特色对于树立节目个性具有重要作用。英国学者利文斯通和卢恩特在谈及主持人的作用时说:"他(她)是讨论的支持,是访谈中受人尊敬的主角、裁判、调解人、比赛的主持、治疗的专家、宴会谈话的主持、经理,还有代理人。"②

《开心辞典》的主持人由王小丫和尼格买提担任,作为国内主持益智节目时间最长的主持人之一,王小丫将"主考官"这一角色驾驭得十分成功,亲和友善有安全感是王小丫给观众最深刻的印象;副考官尼格买提阳光帅气的形象,同样给节目增色不少,对调节场上气氛、调动观众参与发挥了不小的作用。

当初选择《开心辞典》的主持人时,制片人郑蔚就打定主意:不能选综艺节目那样的主持人,主考官必须是知识女性,要文静,有亲和力,不要太"酷",不要张扬,不要捉弄人的那种。因为《开心辞典》是一个益智节目,在国外一些成功的益智节目中,主持人并不口若悬河,滔滔不绝,而是采取了冷处理的方式,牢牢地把握节目的节奏,在紧张的比赛中,显现出友善、可信、富有安全感的形象。郑蔚觉得王小丫很具有亲和力,她还做过新闻播音员,对权威、公正有理解,由她担任主考官是很合适的。③

节目收视率的高低在一定程度上与节目主持人有很大关系。益智节目主持人不仅要有很强的应变能力,能够随时处理节目现场的突发事情,还要

---

① 侯丽军:娱乐语境下的正能量传播——大型军事电视益智节目《我爱国防》创作浅谈,《军事记者》2014 年第 6 期。
② [英]尼古拉斯·阿伯克龙比著:《电视与社会》,南京大学出版社 2001 年版,第 52 页。
③ 飘临:《开心辞典》:王小丫的快乐与忧愁,《八小时以外》2004 年第 7 期。

有较好的幽默感，因为幽默能给人以亲近感，能化解现场的尴尬，缓解选手的紧张，拉近主持人与选手的距离，活跃节目现场的气氛。

《非常了得》节目主持人孟非和郭德纲的组合颇有喜感和创意。一个是靠《非诚勿扰》中的出色表现而红透中国的优秀主持人，一个是京城著名的相声演员，单从俩人的身份和形象来看，节目就很有吸引力。节目中，孟非带领选手闯关，郭德纲带领出题者答题，他们不时爆出的脱口秀，平添节目的生动精彩、趣味盎然。孟非的机智幽默，郭德纲出其不意的抖包袱，增加了节目不少的看点。尤其是郭德纲在节目中常常插科打诨，拿选手和嘉宾开涮，开一些无伤大雅的玩笑，给观众带来不少轻松的欢愉。

五、场景烘托

电视益智节目一般要利用灯光、舞美、音效等元素来设置场景，以此将观众快速地带入亦真亦幻的情境之中，让他们在声光电制造的充满神秘感的紧张气氛中感受答题游戏的快乐与刺激。

美国益智节目《俄罗斯轮盘》是一个比智慧也比运气的游戏。节目通过电脑控制开启参赛者脚下的踏板，使参赛者掉入洞中。虽然节目全程不使用真枪实弹，但参赛者好像中弹般"消失"了。为了营造节目紧张刺激的气氛，场景材料以金属及玻璃为主，风格诡秘而冷硬；现场幽蓝的冷色调灯光随节目的进展由亮转暗，当淘汰环节中的俄罗斯轮盘启动时，场内灯光闪烁变化，音效越来越急促，观众此时只等待着赌局的最后揭底……这些灯光、舞美、音效的设计效果，使观众感同身受，让悬念与冲突看得见、听得清，紧张感得到背景式的烘托。[①]

东方卫视的《梦立方》节目，充分运用网络时代的高科技呈现手段和电影化的视觉艺术表现手法，全新的游戏闯关设置让挑战者在相对密闭空间内挑战自己的梦想，带给观众耳目一新的视觉和心灵体验。《梦立方》创造性地开发出一个智能化的透明"立方体"，内含多个以智力比拼为主体的游戏项目，从平衡、记忆、技巧、敏捷等各个方面，对参与者的身心状态进行综合的考验。随着一关一关的突破，参与者将获得递增的现金奖励，最后的闯关成功者，获得节目组为其实现人生梦想的机会。

音效是营构氛围的重要元素。恰当的音效能体现出赛场中的各种情

---

① 马蒂：试论益智类节目的悬念营造，《电视研究》2009 年第 1 期。

绪,渲染节目氛围。在益智节目中,有热烈的选手上场音效,有冷静的抛题音效,有紧张的读秒音效,有情绪化的答对答错音效,也有获胜者力克群雄的胜利音效。这些音效构成了益智节目的主要情节,能有效地烘托悬念气氛。一般在主持人开始抛题之前,会先响起抛题音效,抛题音效应选取旋律起伏小、能给人空旷茫然之感的为好。这样的音效一响起,就会将选手和听众迅速带入一个神秘的答题空间,抛题音效其实标志着一个悬念的开始。在抛题音效后响起的是读秒音效,"嘀嗒嘀嗒"单调的秒表声音,仿佛可以将场上的空气凝固,选手思考过程中的举棋不定和抑制不住的紧张跃然眼前。在读秒音效之后出现的一般是答错或答对音效,它标志着场上一个小悬念的结束,同时也引出另一个悬念,即选手为什么对了？或是为什么错了？三种不同功能的音效构成益智节目环环相扣的悬念,使得观众流连忘返,欲罢不能。[1]

六、全媒体互动

对于电视益智节目来讲,得观众者得天下。要想吸引更多的观众,除了在内容方面给观众留下深刻印象之外,还需要在形式方面独树一帜。

国外益智节目能够长盛不衰的一个重要原因,在于高额奖金的吸引力和博彩所带来的刺激性。由于国情的不同,我国的益智节目在奖金和奖品设置上均受到一定限制,但这并不妨碍此类节目扩大张力和影响。

《开门大吉》节目从开播之时起,一方面开通官方微博进行节目宣传,与观众交流;一方面采用二维码扫描答题的方式让观众参与互动。在每期节目进行中,主持人都会提示观众可以通过扫描屏幕上的二维码参与节目的同步答题互动,这种"屏内屏外大联欢"成为一种新的家庭娱乐形式,不仅让迷恋网络的年轻人重回电视机前,还让绝缘电脑的老年人试着接触新媒体。第一期节目有4万多名观众参与二维码答题,第二期参与人数就翻倍了,到目前为止已经有两千万人次参与进来。这一新举让电视观众有了新体验,也提高了节目的收视率。《开门大吉》节目成为国内第一个启用二维码进行实时同步互动的电视栏目。[2]

《中国谜语大会》在新媒体传播创新方面表现出两个特点:第一,双屏互

① 李多娇:谈如何营造悬念引人入胜,《记者摇篮》2005年第6期。
② 李红:从央视《开门大吉》看益智类节目的创新,《现代视听》2014年第2期。

动,开创电视媒体发展的新模式。在谜语设计环节,收到了两万多条群众自创的谜语。在节目直播过程中,电视观众通过下载央视客户端,用手机扫描二维码或发送短信到 12114 平台,可以跟选手同步猜谜,结果可以在电视屏幕上及时呈现。观众还可以跟随主持人发布的口令,通过客户端摇一摇手机赢取节目奖品。这种深度互动的形式极大地调动了观众的参与热情。摇一摇活动中最多有 8 万用户在同一秒摇动了手机。第二,打造主流媒体全新的电视社交互动平台,把电视观众转化为电视用户。央视跃动客户端下载量达到 66 万。首期节目播出后,客户端在苹果全球应用商店免费下载排行总榜中居第 14 位,在娱乐免费下载榜中排名第一。①

第三节 策划案例分析

一、《开心辞典》:竞智实现"家庭梦想"

央视"十大精品"栏目《开心辞典》,是中央电视台二套 2000 年全面改版后倾力打造的一档电视益智节目,首播于 2000 年 7 月 7 日。它准确锁定以"家庭"为基础的收视群体,围绕中国传统亲情观念,成功引进国外益智节目的全新理念,借助"家庭梦想"和"平民智力英雄"等核心概念,满足了观众日益旺盛的娱乐消费需要,取得了非同凡响的收视效果。开播仅半年,收视率就跃居央视二套首位,最高时达 3.79%,此后节目收视率一直稳居央视前两位。该节目曾获"全国电视文艺星光奖"等多项荣誉。

1. 理念提炼

先进的节目形态设计是电视生产经验的精华凝结。节目形态的引进与借鉴,是电视节目可持续发展的重要途径。

节目策划就是对节目的整体风格、定位、特定内容及传播形式的构思,解决节目定位、节目内容和节目形式等问题。

《开心词典》策划人郑蔚认为,当时我们就确信这个本土化过后的节目形态能够在观众中间取得好的效果。因为首先,同质类节目在国外的生命力很强,这说明了节目形态本身是很有发展空间的。其次,我们在引进借鉴国外

---

① 李宝萍:创新节目模式 传承传统文化——大型文化益智类节目《中国谜语大会》研讨会综述,《中国广播电视学刊》2014 年第 4 期。

节目的基础上对其进行了本土化的改造。本土化改造首要的一点就是要把电视手段的卖点和社会文化心理的卖点区分对待,保留电视手段的卖点,改善社会文化心理。我们在《开心辞典》推出前,进行过广泛深入的市场调查,把握了观众收视的脉动。总体来说,中国人希望看到的是健康、积极、向上的电视节目,而不愿看到人性中卑劣的一面。中国人讲人情,把亲情、友情看得很重。中国观众不喜欢单纯的物质刺激,"君子喻于义,小人喻于利""君子爱财,取之有道",拿钱也要讲个名目。于是,节目组结合国人重视家庭观念和亲情关系的观赏习惯与心理,创制了独特的中国电视益智节目形态。首创"家庭梦想"的概念,对国外同类节目的博彩成分进行了成功解构,在为普通人提供参与节目、知识博弈的同时,也给更多的普通家庭提供了互相表达爱心与真情的机会。事实证明,"家庭梦想"作为节目形态的主要因素,吸引了更多的家庭参与和支持节目,促进了家庭成员之间的交流,营造出了积极向上的和谐氛围,也有效地避免国外同类节目利用高额奖金刺激吸引观众的负面效应,高额奖金被浓浓的亲情所替代,节目在各个环节着意营造的那种全家团结、共同实现梦想的感人氛围,远远超出了单纯物质奖励所带给人们的快感。

例如,一位来自山西的男选手,他的第一个"家庭梦想"居然是一台普通的电动玩具。这样一台电动玩具价值并不高,一般家庭很容易就能买到。当主持人问他,为什么要把这个作为他费劲闯了 3 道题的一个梦想呢?他说他想把这个电动玩具送给他的儿子,他儿子身患绝症,不知道还能陪他多久。他希望用一个父亲的智慧和力量为儿子赢来一个与众不同的礼物,他希望儿子为自己的父亲自豪。一个小小的游戏竟能触动观众的心灵,让栏目组在感动的同时,也悄悄增强了节目的人文关怀。

2. 节目研发

节目研发对电视栏目的巩固和发展都十分重要。节目策划和研制人员,必须在市场开发的过程中,了解自己的市场环境、周边的电视环境是什么?同行都在干什么?国外的电视可以借鉴的是什么?别人创新的电视元素是什么?有些电视元素与国内的百姓的收视习惯对应点在哪里?《开心辞典》节目的成功,离不开对媒介发达国家(或地区)具体电视益智节目的学习与借鉴。其中以对美国的《谁想成为百万富翁》《21》《猜词游戏》等为代表的益智性游戏节目形态的研究最具典型意义。《开心辞典》的主创班子综合分析了它们的节目设计和场外运作方法,总结了许多此类节目的共性特征。

节目策划需要大量的信息和综合分析,从策划前的调查研究到确立目标,制定方案,再到实施、评估、调整方案。策划提供的是一个完整的、可行的运作方案,只有科学化的策划才可能适应电视发展的需要。《开心辞典》节目组通过观众座谈会、收视数据分析、与同类节目作比较的市场调查后得出结论:中国观众特别是受过高等教育的观众,欣赏口味已发生了很大变化,他们不但希望从电视节目中获取资讯、娱乐,更希望进行自我展示,益智节目是最适合的节目形态。这种节目的最大特征在于从开始到结束,参与选手、主持人及游戏内容等节目要素,都围绕一套精心设计、相对固定的游戏规则形成互动,制造一种让观众身临其境的现场氛围,调动其参与欲望,从而引发收视行为。它既便于观众参与,又在内容上有可控性,真正是融知识性和娱乐性为一体。

《开心辞典》取得不俗的收视成绩后,节目组居安思危,认为电视市场环境在变,观众收视心态也在变。由于电视节目形态随着受众观赏偏好的逐渐变化,会呈现出节目形态的细分与专业化,从节目生产的角度来说,它必然导致业务流程和人员配置的相应变化。对于一个已经运行相对稳定且趋于成熟的栏目而言,这种改变有一定的难度,但从长远的发展来看又是必须的。在坚持品牌核心竞争力的前提下,电视节目需要不断寻找新的支撑动力。为了保证创新,《开心辞典》设立了特别的课题研究和电视节目跟踪小组。这个小组日常关注国内外最新的电视动态,并对可借鉴的内容进行仔细研究,写出相应的策划方案。此类策划方案经过论证以后就可以马上得到实施。这种创新机制为节目不断注入新鲜血液,形成出其不意的节目亮点,从而保证节目极强的竞争和生存能力。[1]

策划是一个系统工程,有长远目标的策划,也有短期局部宣传经营的策划,有传播内容的策划,也有传播方式的策划,有整个节目的策划,也有具体栏目的策划。这一点在《开心辞典》的策划中也有体现,节目策划包括以季度为周期定期推出的新的节目改造方案,也有适时地推出的特别节目的方案,目的都是让节目以常变常新的姿态不断开发新的收视增长点,刺激观众的收视兴趣,从而巩固和拓展节目的收视人群。[2]

---

[1] 李宝萍:打造我们自己的电视品牌节目——记中央电视台《开心辞典》节目制片人郑蔚,《新闻战线》2002 年第 10 期。

[2] 汪文斌:从《开心辞典》看益智节目,《中国广播电视学刊》2000 年第 12 期。

3. 分工细化

与一般的节目相比,益智节目涉及的工种多而繁杂,《开心辞典》节目更是多达十几种。除了常规的拍摄、切换、现场导演、灯光、化装、主持人和后期编辑之外,它还需要策划、网络技术支持、选手选拔、题目拟制、现场音乐、奖品服务、节目推广等工种。在运转中任何一个细节出现漏洞,势必影响整个节目的顺利录制和播出,即使事后弥补也非常耗时耗力。

实践中发现,只有将各工种尽可能地细化,然后落实到具体个人身上,形成流程化的工作模式,才能使节目顺利运转,取得最佳效果。根据工作的性质,除制片人负责节目的整体安排、政策把关、广告创收、业务指导等工作外,《开心辞典》将各工种整合设立为八个大组,每组再细化各项分工。

主编组负责节目的录制切换、现场调机和后期编辑指导等工作;

策划组负责栏目整体发展方向、环节的增减和变化、相关设计等;

导演组负责落实策划组制订的各项工作和后期编辑;

题库组负责每期节目题目的设计拟定;

选手组负责选手的遴选;

网络组负责节目与网站的日常联系、录制现场的技术支持等;

宣传推广组负责节目整体宣传、包装等;

制片组负责提供节目所需的奖品、剧务等。

每个组设组长一名,负责各组整体任务的分配,并向制片人负责;各组组员向组长负责。

从《开心辞典》开办以来的运作实施效果来看,这套严谨的节目生产程序发挥了至关重要的作用。虽然在最初运行的阶段略显繁复,但随着各职能组不断的运作磨合,程序的有效性便逐步显现出来。由于各组的专业分工很细致,同时程序整体上又有着科学的协作机制,因而使整个栏目的职业化水平越来越高,节目的生产效率也同步得到了提高。

4. 团队培训

培训是现代企业人力资源管理中重要的管理手段之一,同时也是员工职业发展的推动器,是投资长、收益高、企业和员工都能获益的双赢策略。通过培训可以增强员工对企业的归属感和主人翁责任感,提高员工综合素质,提高效率,同时也为适应市场变化储备力量,保持企业生命力。培训形式包括内部培训、对外聘请培训讲师、脱产学习或对员工因自费而取得的资格证给予一定的补贴等;培训内容包括专业技能、经营管理、综合素质、道德修养等。①

《开心辞典》栏目现在已经签了一个常年的合同,每两三个月都要进行一次培训。重视人才培训,实现人力资源增值,是人力资源开发里非常重要的一点。制片人要善于培养自己的团队,因为节目组的目标是靠节目团队来完成的。制片人一个人无法保证节目的质量符合节目的标准,操作者和实施者是节目团队成员,所以培训十分重要,这也符合人力资源管理学里面的良性规律:这就是为团队的员工提供更广阔的业务发展前景,提供更大的成长空间。在节目不断地往新的台阶攀登时,节目团队的生命力、青春活力可以不断延续,如果一个团队永远停留在一个平台上,那么这个团队只能走向衰落。

据《开心辞典》题库组负责人介绍,题库也有一套人员培训制度,出题人通过开会等形式交流出题心得。题库的出题人员相对稳定,不断更新。他们全都是来自各领域的权威人士,题目出来后既有专业性,又能让人开阔眼界。出题组还走进北大、清华等综合性大学的校园,请一些学生来出题,增强题目的年轻性和时代感。题型多达 20 余种,难易相对,讲求趣味性、生活性、实用性与严谨性,此外还要考虑对青少年的影响。暴力的、血腥的、无聊的题目不出,带有宗教色彩的题目不出,务必以喜闻乐见的形式满足老百姓的需要。

5. 栏目推广

《开心辞典》栏目很早就在电视业内拥有自己独立的推广编辑。它们曾经拥有自己独立的公关公司,做栏目品牌的建设和推广。这也是因为电视竞争到今天,再也没有一个人敢说自己是"皇帝的女儿不愁嫁"。所以节目一定要很好地推广,努力开拓市场,扩大市场份额。

在历次重大宣传活动中,例如建党 90 周年的宣传报道,包括党的十六大、十七大等的宣传报道,《开心辞典》都被上级领导点名要求配合宣传,节目的经济效益也非常显著。一年 52 期的一个节目,年创收额能够达到 4000 万～5000 万元。

《开心辞典》节目的广告处理非常巧妙。一是对获奖人的奖品没有进行过份的渲染,做得非常理智(这一点与《幸运 52》明显不同);自觉摒弃了博彩倾向,通过"家庭梦想"的营造,通过公益目标的达成,树立了健康积极的节目

---

① 麻宁:从人力资源管理看电视媒体的可持续发展,《电视研究》2011 年第 7 期。

形象,更好地弘扬了主旋律;二是利用节目中的悬念适当插入广告,这个处理非常高明。因为不仅广告商很满意,而且对观众也足够尊重。中宣部新闻小组月评人张国梁先生认为,这一经验值得向其他电视同行推荐介绍。

6. 品牌维护

研究自己的品牌并不是直接的节目制作,但却与电视节目制作密切相关,甚至具有指导性意义。《开心辞典》推出不到半年,全国各地都开办了很多类似的节目。例如,东方卫视的《才富大考场》、江西卫视的《超级星期五》,全国各省都有,但是存活的不多,这就归结到品牌的竞争力上。《开心辞典》在树立品牌形象之后,努力在保持品牌定位的基础上,采用不同的方式,精心、科学地维护品牌的发展,关注每一种新的节目元素,在不同阶段推出不同的亮点。归纳起来就是五年五步。

第一步:2000年——独创益智节目形态。《开心辞典》的创办成功或者说品牌的初始建立应该说得益于符合当时市场需要的独特的节目形态。《开心辞典》凭借独创的"家庭梦想"概念,以亲情聚拢了一个巨大的观众群。如今,在许多国家的《百万富翁》纷纷"破产关张"之后,《开心辞典》依然使中国观众"开心"。

第二步:2001年——强化题目设计。在《开心辞典》的节目形态被观众认同之后,题目的吸引力就成为节目创新的主要"软件"。这个阶段的工作重点就是强化题目设计,以知识性、智慧性丰富品牌内涵。《开心辞典》是一档老少皆宜、收视率很高的益智节目,但不时出现一些错误,误导了广大观众特别是青少年,这就实在令人遗憾,常常让人难以"开心"。

2002年6月14日的《开心词典》是为庆祝中国希腊建交30周年而编排的。主持人向中希两国选手各提了9个问题,而在问希腊选手的9个问题中就有3个问题的"正确答案"欠妥。例如,若称某户有"弄瓦之喜",则这家:

A. 生了孩子;

B. 有人升官;

C. 建造新房;

D. 有人发财;

E. 有人娶亲。

"正确答案"是:"A. 生了孩子"。

但是,这个答案不够准确。因为生孩子有男女之别。如果按《开心辞典》

的指点去给生男孩的家庭贺喜,会让人不开心的。

中国古代把生男孩称为"弄璋",把生女孩称为"弄瓦"。这是因为"半圭曰璋","弄璋"的意思是祝所生男子长成后可以成为执圭的高官。《诗经·小雅·斯干》曰:"乃生男子,载床之寝,载衣之裳,载弄之璋。"就是让这个男孩睡在床上,穿上衣裳,玩弄玉器,十分宝贝。所以鲁迅说:"对弄璋之喜,大为庆贺。"(《书信集·致增田涉》)"瓦"是古代用泥烧制的纺锤。"弄瓦"意思是说,生了女孩要睡在地上,包在小被子里,玩具就是纺锤。因为她长大了不会做官,只能纺织。由此可见,主持人不分男孩女孩,含糊地称"弄瓦"之喜,似乎欠妥。

第三步:2002 年——主持人符号化。经过一年的精心打造,主持人和节目牢牢地融合在一起,互为表里,相得益彰。主持人成为节目明显的符号,使《开心辞典》品牌丰满起来。王小丫成为观众可爱的邻家小妹,友善亲切、开朗阳光、积极向上。

第四步:2003 年——选手设计。节目通过对选手个性的挖掘和表现力的多样化设计,张扬节目中的选手个性。主持人与选手智力撞击,两相呼应,从而丰富了益智节目的表现手段,让品牌生动起来。

第五步:2004 年——增加互动元素。走完了前四步,《开心辞典》的品牌才真正地构建起来。创新发展成了维护品牌、保持品牌张力的第五步,这一年《开心辞典》在节目中更多地注入了开放和互动元素。

开播后的头五年,《开心辞典》通过不断在节目中充实新的内容,使节目品牌不断发展,节目的核心竞争力不断增强。

二、《百万富翁》:知识娱乐缔造收视神话

1998 年 9 月 4 日,英国塞拉多制作公司十年磨一剑的《谁想成为百万富翁》(*Who Wants to Be A Millionaire*,简称《百万富翁》)节目在英国独立电视台(ITV)播出后,一举创下 1900 万收视人群的奇迹。这个充分体现"知识就是金钱"原则的节目,不仅在英国长期雄踞收视率榜首,其概念和形式还被成功转让给全球 71 个国家和地区,成为世界电视史上传播速度最快、影响范围最广的高收视节目之一。美国迪斯尼公司宣称,诞生仅两年的《百万富翁》每周至少可以吸引到 7700 万名观众,成为其历史上赢利最高的电视节目,总收入突破 10 亿美元,这个数字还不包括节目衍伸产业的收益。亚洲电视购入该节目的经营权,制作出第一个中文版本的《百万富翁》,总投入超过 2000 万港

元,两个月内节目亦迅速走红。①

《百万富翁》的构思非常简单,它把知识、金钱和娱乐巧妙地搅拌在一起,烹出一道令人心动的大餐。

1. 巨奖:吸引选手与观众的利器

"电视必须跟人们的实际生活相联系,包括现实生活和想象中的生活;如果在电视中看不到我们自己的生活、愿望及梦想,那么电视对我们来说就毫无意义可言。电视必须反映社会现实,跟上时代的步伐;以描写各种冲突为主题的成功的戏剧,也开始转向目前的社会的争端及问题。"②

益智节目必须为游戏设置一个争夺的目标,诱使参赛者产生强烈的欲望去奋力拼争。巨额奖金便是刺激参赛选手屡试不爽的主要手段,也是吸引观众眼球的利器。利用巨额的奖金来吸引观众的参与,设计智力问答进行环节推进,利用风趣的主持人来增加可看性等在英国电视节目模式中屡见不鲜。虽然各个节目各有其特点,但节目模式背后所遵循的创意原则和方法却基本相似。由于选手通过在游戏中获胜而一夜暴富的经历,本身就具有很强的新闻娱乐价值,能够使观众感觉到刺激,因此,益智节目设置的奖金额度变得越来越大。

英国版《百万富翁》最高奖金为100万英镑,奖金顺序如表7-2所示(保险线以"粗体"显示)。

表 7-2　英国版《百万富翁》奖金
旧标准(十五题版,第 1～21 季)

题　号	奖金数额
01 题	£100
02 题	£200
03 题	£300
04 题	£500
05 题	**£1,000**

① 袁世杰:《百万富翁》何以创造收视神话,《记者摇篮》2002 年第 1 期。
② [英]安德鲁·古德温、加里·惠内尔编著:《电视的真相》,中央编译出版社 2001 年版,第 69—70 页。

续表

题　号	奖金数额
06 题	£2,000
07 题	£4,000
08 题	£8,000
09 题	£16,000
10 题	**£32,000**
11 题	£64,000
12 题	£125,000
13 题	£250,000
14 题	£500,000
15 题	**£1,000,000**

资料来源:维基百科 http://zh. wikipedia. orgwiki

表 7-3　英国版《百万富翁》奖金
新标准(十二题版,第 22～30 季)

题　号	奖金数额
01 题	£500
02 题	**£1,000**
03 题	£2,000
04 题	£5,000
05 题	£10,000
06 题	£20,000
07 题	**£50,000**
08 题	£75,000
09 题	£150,000
10 题	£250,000
11 题	£500,000
12 题	**£1,000,000**

资料来源:维基百科 http://zh. wikipedia. orgwiki

高达 100 万英镑的节目奖金,无疑是悬在参赛者头上的一只诱人的"金苹果",为了得到它,他们情愿去冒险、搏击。即使得不到这个金苹果,对于参赛者来说,也是一种体验。而对于观众来说,他们渴望了解的则是这只"金苹果"的最后归属。这种金钱包裹下的竞赛,显然增加了电视节目的刺激性。为了强化真实感和戏剧性,当选手所赢奖金数额达到 3.2 万英镑以上时,节目主持人就会当场开出相应的支票并签上大名,参赛者拿着这些支票随时可以兑现。

其实,《百万富翁》的初创者也曾制作过一个类似的节目,却没有什么影响力。为了避免重蹈覆辙,《百万富翁》节目组在它的奖金数字后面多加了几个"零",增至 100 万英镑,节目终获成功。

2. 题目:彰显选手能力的差异

益智节目的题目不仅仅是普及知识,更重要的是为了形成戏剧冲突。约翰·菲斯特认为,益智节目通过游戏仪式的形式巧妙地重现了社会竞争,每个人被视为享有同等的竞争机会,但个体能力上的差异,却造成最终物质和社会成就上的不同。

《百万富翁》的参赛者需要正确回答连续 15 条四选一的多项选择题,若能全部答对,将可以获得 100 万的巨额奖金,通常是 100 万当地货币。以英国版《百万富翁》为例,最高奖金为 100 万英镑。

每期节目都有来自英国各地的 10 位参赛者参加。他们先要进行"快而准"的环节。参赛者要按题目的要求,在 15 秒内为四个选项排序。能够最快排出正确次序的参赛者可以出线,争夺巨额奖金。英国开始推出《百万富翁》时,快而准环节是要回答一条四选一的多项选择题,最快答中正确答案的参赛者可出线。

通过快而准环节后,出线者由主持人引领到演播室中央(Hot Seat)坐好,开始回答 15 个四选一的多项选择题。答对第一个问题后再回答下一个问题。题目由浅入深,每个问题答对可获得的奖金会递增。

15 个问题中,在第 5 和第 10 个问题设有"保险线",答对保险线问题可保证会获得保险线的奖金。一旦答错问题,玩家会获得最后通过保险线内的奖金。假设参赛者答错第 9 题,他就能获得第一保险线(即第 5 题)的奖金;如果参赛者答错第 12 题,他能获得第 2 保险线(即第 10 题)的奖金。未到达第 1 保险线之前就答错,则不能获得奖金。

参赛者遇到难题时可以利用 3 个锦囊来帮助答题。3 个锦囊包括"50:

50"(在 4 个选择中剔除 2 个,剩下 1 对 1 错的答案)、"打电话问老友"(让参赛者打电话给场外的亲友及朋友,限时 30 秒)和"问现场观众"(由演播室内现场观众投票选择他们心目中的答案,结果供参赛者参考)。以上 3 个锦囊,每个只可使用 1 次,但可以在同一道问题连续使用多个。

参赛者可以随时退出游戏,并可以夺得最后回答正确问题的奖金(例如:如果参赛者在第 12 题退出游戏,他能获得第 11 题的奖金)。

在最早的版本中,整个游戏没有时间限制。如果该期节目录播时间已够,而参赛者仍然在进行比赛,则该名参赛者会在下一期继续游戏,直至该参赛者答错问题或放弃回答问题为止。如果参赛者答错问题或中途退出,而且还有节目录播时间,未出线的参赛者会再次进行快而准环节。

表 7-4　中文版《百万富翁》题目选编

一万元以下题目	1. 中国神话中,哪一种法宝可以令孙悟空头痛不已? A. 金刚圈　　B. 狼牙棒　　C. 金刚棒　　D. 芭蕉扇
	2. 泡菜是以下哪一个国家的美食? A. 美国　　B. 韩国　　C. 越南　　D. 印尼
	3.《资治通鉴》是由谁人所撰? A. 司马迁　　B. 司马光　　C. 王安石　　D. 欧阳修
	4. 红磡海底隧道是哪一年通车? A. 1972　　B. 1973　　C. 1974　　D. 1975
	5. 金庸小说中洪七公的"降龙十八掌"最后一式是什么? A. 飞龙在天　　B. 亢龙有悔　　C. 卢山龙飞翔　　D. 见龙在田
二万至八万元题目	6. 近代哪一位心理学家首先发表潜意识理论? A. 弗洛姆　　B. 荣格　　C. 史坚那　　D. 弗洛伊德
	7. 以下哪一个不是北欧城市? A. 土库　　B. 奥斯陆　　C. 鹿特丹　　D. 米兰
	8. 谁人不是明清四大奇书作者? A. 金圣叹　　B. 吴承恩　　C. 兰陵笑笑生　　D. 曹雪芹

续表

二万至八万元题目	9. 以下哪计不是"三十六计"中的一计？ 　　A. 无中生有　　B. 混水摸鱼　　C. 声东击西　　D. 过桥抽板
	10. 曾荫权最初加入政府部门担任何职？ 　　A. 政务官　　B. 二级行政官　　C. 沙田政务专员　　D. 政务司长
	11. 芭蕾舞剧《胡桃夹子》所庆祝的是什么节日？ 　　A. 感恩节　　B. 新年　　C. 圣诞节　　D. 复活节
十五万至一百万元题目	12. 贝多芬出生于德国哪一个城镇？ 　　A. 法兰克福　　B. 慕尼黑　　C. 柏林　　D. 波恩
	13. 著名京剧演员孟小冬以演哪一行当著名？ 　　A. 小生　　B. 老生　　C. 青衣　　D. 花旦
	14. 宋明理学家王阳明主要提出什么思想？ 　　A. 民为本，君为轻　　B. 存天理，去人欲　　C. 天人合一　　D. 知行合一
	15. 哈雷彗星每多少年经过地球一次？ 　　A. 67　　B. 76　　C. 45　　D. 54
	16. 下列哪个数不是平方数？ 　　A. 121　　B. 196　　C. 144　　D. 200
	17. 谁人是红楼梦金陵十二钗之一？ 　　A. 香菱　　B. 晴雯　　C. 袭人　　D. 柳五儿

资料来源：陈儒明：《百万富翁》为何风靡香港？《沪港经济》2001年第5期。

排除那种一夜暴富的心态和巨额奖金的刺激因素，知识性和趣味性为《百万富翁》赢得不少口碑。它使参赛者的知识和冒险精神得到了物化的承认。它不是赌博，是勇敢者的探险，它不是娱乐，是具有"情节性"的、并能表现人物的故事片。观众在看节目的时候，不光看到了挑战，还看到了参赛者的性格、命运、人情和人性。① 节目中那些多变且触及生活各个方面的问题，也使观众更加关注生活细节，传递出人性的温馨。因此《百万富翁》在全球的成功绝非偶然。

――――――――――

　① 冷松：花样翻新 千奇百怪――"残酷"的英国娱乐电视节目，《当代电视》2004年第4期。

3. 音效:营造刺激的氛围

《百万富翁》为了营造紧张刺激的气氛,场景材料以金属及玻璃为主,风格现代而冷硬;坐椅的角度专门设计,使参赛者的坐姿时刻表现出焦虑与不安。现场的灯光随节目的进展由亮转暗,当奖金越来越高,场内就只剩下一束打在参赛者身上的冷蓝色追光灯,音效只剩下沉重急促的心跳声。当参赛者答对问题,随着获得奖金的多少,响起不同程度的庆祝音乐。如果获得百万大奖,全场音乐辉煌、灯光华丽、焰火齐放,气氛具有极强的戏剧性。

制造戏剧冲突是《百万富翁》节目常用的手法,它不仅体现在环节设计上,更贯穿于问题设置和故事展开的全过程。通常,观众在观看益智节目的同时,会不自主地与参赛者进行比较来测验自己各方面的知识程度和反应能力。不同性格的观众在内心与参赛者进行着个性方面的竞争和冲撞甚至被激励报名参加节目。戏剧冲突越激烈,观众参与度越高,竞争场由场内向场外扩展的范围越大。①

为了追求戏剧效果,《百万富翁》特别注意揭示人性因素和情感层面。安排参赛者亲人到现场观摩助阵可谓点睛之笔。节目专门设置一台摄像机全程表现他们的紧张、担忧、喜悦、失望、喜极而泣。他们和参赛者的情绪流露成为整个节目中极为重要的感情戏。

【延伸阅读】

改变视听兴趣和感觉构成的审美体验

一、建构社会维系的仪式传播

美国传播学者詹姆斯·凯瑞认为,传播是一种仪式。他把传播看作创造(created)、修改(modified)和转变(transformed)一个共享文化的过程,它不是指空间上讯息的拓展,而是指时间上对社会的维系;它不是一种传递信息或影响的行为,而是共同信仰的创造、表征与庆典,即使有的信仰是虚幻的。传

---

① 王亚飞、别明源:益智类节目中戏剧冲突元素的设计和运用,《中国广播电视学刊》2002年第8期。

播的仪式观其核心则是将人们以团体或共同体的形式聚集在一起的神圣典礼。① 大型电视活动在一定意义上是"邀请"大众来参与的一种仪式,是一种"文化表演"。这种不同于日常常态节目的"节日性收视",丹尼尔·戴扬在《媒介事件》一书里把它称作"电视仪式"或"节日电视"。

作为一种象征性活动,仪式承载着体验者特殊的情感和思想,"将社会成员从日常普通的生活场景和庸常的生命状态中隔离出来,使其在一定的时间或特定的空间下进入一种超常的脱俗状态、一种神圣的隔离情境,从而同现实生活、当下情境保持一种隔绝与距离"②,在仪式的特殊表演中,生命本身充满了集体性的召唤,人们在与他人时空共在的特殊体验中,找到"在家的"安全感和归属感。在《中国诗词大会》里,我们既看到了选手的精彩表现、嘉宾的精彩点评和评审团的精彩评价,这些仪式性的神圣体验活动,无不唤醒观众共同的生命记忆和相通的情感体验,从而为全球炎黄子孙营造了一个"想象的共同体";也看到了鲜明的文化主旋律特征,借助多屏视觉符号构建出一种万方乐奏的恢弘景象。

二、营造观众能见的沉浸体验

有效传播的实践告诉我们,当人们沉浸于特殊的时空场景或同声共气的氛围时,"通过虚拟场景系统、知觉管理系统和用户之间的多重信号传导,VR技术使用户能够通过仿佛游戏主人公的主观视角进入虚拟现实的场景之中。这种体验丰富了新闻叙事的视角,增强了用户对于新闻场景的代入,以及受众与新闻事件的共情和共振,用户不再是简单地接受新闻,而是在全景场域和自主选择的情境下实现对新闻场景的沉浸式体验"③。如果说《朗读者》节目"通过互动影像设计还原人与场景之间的感知关系",让观众从"能见的"这一虚拟维度中获得事物的实在感,即获得沉浸在一种内知觉里的"想象沉浸",那么《国家宝藏》运用全息影像技术制作三维片头,在区区半分钟时间里生动地展示"国家宝藏"四个鎏金大字流动喷涌的铸就过程,将文物展陈全息投影于九大博物馆馆长围坐的四方大桌上,以及真实与虚拟共同形塑的一个

① [美]詹姆斯.W.凯勒:《作为文化的传播:"媒介与社会"论文集》,丁未译,华夏出版社2005年8月版,第28页。

② 林少雄:《视像与人——视像人类学论纲》,学林出版社2005年3月版,第350页。

③ 喻国明、杨颖兮:参与、沉浸、反馈:盈余时代有效传播三要素——关于游戏范式作为未来传播主流范式的理论探讨,《中国出版》2018年第4期。

天圆地方的立体舞台空间,带给观众的则是一种浑然不觉的"具身沉浸"。

三、增强收视黏性的视听叙事

电视艺术是由视听语言构成的综合艺术,与其他媒介相比,电视艺术的优势更侧重于对视觉和画面的动态表达。视觉叙事是电视节目产生黏性、创造品牌的重要手段和基本实践。智媒传播时代,"从单向度、连续的视听传播经验走向多维、立体、参与的视听传播体验,从线性的视听传播生产消费走向交互、沉浸、去中心化的视听传播运用"①,文化原创类节目的可视化传达构建了一种"有意味的形式",它为观众提供了一个情景交融、虚实相生的意象世界。

为增强收视黏性,文化原创类节目在场景化的视觉叙事和视觉传达过程中,十分注重为主持人、嘉宾、选手、观众之间创设更好、更快和更便捷的信息交互方式,在场景化体验中融入多元化的场景要素,尽可能满足观众对信息的需求和信息对观众的驱动。《中国汉字听写大会》借鉴真人秀节目的情节化叙事元素,"通过小片介绍选手爱好、备战经历等故事,并穿插第二现场带队老师们实时观看选手表现而产生或紧张或遗憾或兴奋的情绪变化,还加入了对选手感受的采访、场下老师和学生们的互动等内容,使比赛更像是一场团体真人秀,大大增强了节目的故事性和趣味性"②。

——摘自林华:文化原创类节目:充盈符号内容和审美体验的新样型,《中国广播电视学刊》2019 年第 12 期。

---

① 吴炜华:从媒介融合到智媒想象:视听传播研究范式变迁与理论演进,"走向广播电视 3.0 时代"高峰论坛暨中国广播电视学与新媒体专业委员会 2018 年会,2018—10—26,杭州。
② 李子:从《汉字英雄》和《中国汉字听写大会》看电视文化节目的探索与创新,《中国广播电视学刊》2013 年第 10 期。

第八章
电视纪录片的策划

　　纪录片被喻为人类的生存之镜。智利纪录片导演顾兹曼曾说:"一个国家没有纪录片,就像一个家庭没有相册。"①纪录片不仅是一本相册,承传着一国的文化镜像和历史传统,也是一张名片,表征着一国的文化身份和地位影响。

　　资料显示,美国"电影艺术与科学学院奖"(俗称"奥斯卡金像奖")自1941年授予加拿大纪录片《丘吉尔之岛》以最佳纪录片奖之后,截至2013年,累计有145部来自不同国家的优秀纪录片作品获奖。② 这些精品佳作,在彰显其雄强的文化"软实力"的同时,也促进了不同文化之间的交流与对话。在一个文化"软实力"竞争更加凸显的全球化时代,人们有理由相信,纪录片将会获得更大更快的发展。

第一节　电视纪录片概述

一、电视纪录片及其相关概念

1. 电视纪录片

纪录片(Documentary)一词,由英国纪录片运动创始人约翰·格里尔逊于1926年2月8日首先使用于影评《摩阿纳》(刊载于纽约《太阳报》)之中,并

---

　　① 转引自:一个国家没有纪录片,就像一个家庭没有相册,《翁丁》看片会,https://www. sohu. com/a/219809188_804580,2018-01-30。
　　② 刘震:《多元化的奥斯卡获奖纪录片研究》,武汉大学博士学位论文,2013年。

沿用至今。

纪录片从诞生之日起,便有流派和定义之争。关于纪录片定义的经典阐释有很多,在此援引几例如下。

《电影术语汇编》(美国)中是这样界定纪录片的:"纪录片是一种非虚构的影片,它具有一个有说服力的主题或观点,但它取材于现实生活,并且运用编辑和音响来增进其观念的发展。"①

法国人让·路普巴塞克主编的《电影词典》的定义是:"具有文献资料性质的、以文献资料为基础制作的影片称为记录电影……总的来说,记录电影是指故事片以外的所有影片,纪录片的概念是与故事片相对而言,因为故事片是对现实的虚构、搬演或重建。"

《辞海》(1999年版)如此定义词条"纪录影片":"简称'纪录片'。以真人真事为表现对象,以现场拍摄为主要手段。可分为时事报道、文献、传记、自然和地理等纪录片。"

综括各种不同的界说,我们认为,电视纪录片,是用非虚构的纪实手法、真实地再现和表现现实或历史人物、事件和自然景物以及创作者的认识与评价的电视节目类型。从本质上说,电视纪录片是一种叙事,是叙述者通过某种叙述行为或者技巧,运用视听语言向受众叙述故事或者事件的一种动态的双向交流过程。

"电视纪录片是一个社会的晴雨表。作为一种工具或媒介的电视纪录片与社会的紧密度,是随着不同时代的社会特性和社会关系的变化而变化的。一般来说,社会环境越是特殊的时期其紧密度越高,非本体的环境因素所带给它的影响越大。"②

纪录片必须具备以下三个条件,才能成立:

(1)纪录片是非虚构的电视作品;

(2)纪录片是作者观察、思考、选择后的产物,具有艺术感染力;

(3)纪录片在拍摄和布局安排上,各部分之间要有一定的逻辑关系,使观众能够按一定的思路来思考、认识和想象。

2. 电影纪录片

"电视纪录片"来源于"电影纪录片"。"电影纪录片"是与"电影故事片"

---

① 转引自何苏六:纪录片的责任与影响力,《现代传播》2005年第1期。
② 何苏六著:《中国电视纪录片史论》,中国传媒大学出版社2005年版,第4页。

相对应的一种电影形态。恰如罗·C.艾伦在《美国真实电影的早期阶段》中所说:"纪录片是这样一种电影形式:在这个形式中,电影制作者放弃了对电影制作过程的某些方面的、某种程度的控制,并以此含蓄地向人们昭示影片在某种程度上的'真实性'和'可信性'。""电影纪录片"这一概念引入电视界之后,就出了"电视纪录片",构成了电视荧屏上的真实地纪录现实生活为己任的电视节目形态。①

3. 电视专题片

高鑫在《"电视纪录片"与"电视专题片"界说》一文中,对电视专题片与电视纪录片的共同性与差异性做了清晰的厘定。他认为:"电视专题片",是电视所特有的概念,甚至是中国所特有的概念。所谓"专题",主要是与电视屏幕上大量存在的"综合"性节目形态相对应的。它是集中对某一社会现象和人生课题给予深入的、专门的报道和反映的电视节目形态。尽管采用的也是纪实性手法,但允许创作者在作品中直接阐述对生活的理解、认识和主张。

在他看来,所谓电视专题片,就是运用纪实手法,对社会生活的某一领域或某一方面,给予集中的、深入的报道,内容较为专一,形式多种多样,允许采用多种艺术手段表现社会生活的纪实性电视节目形态。

两者的共同特征是:它们都取材于真实的现实生活;都以"真实性"作为创作的生命;都需运用纪实主义的创作方法。

两者的明显差异是:反映生活的方式不同;结构作品和形式不同;表现生活的手段不同。

二、电视纪录片的兴起与发展

维也纳国际电影节主席阿莱桑德·赫瓦斯先生所说:"人们失去了经历的事情,失去了对现实的印象,却反过来从艺术中寻求这些东西,尤其从纪录片及摄影中,他们没有办法感觉在生活中的感受,所以跑去看摄影展和纪录片,来重新补充他们的真实感,同时也重新感受别人眼中的现实。"②这段话清楚地阐明了电视纪录片的功能和价值。

1. 国外纪录片的缘起与嬗变

电视纪录片肇始于纪录电影。1895年,法国路易·卢米埃尔兄弟拍摄的

---

① 高鑫:"电视纪录片"与"电视专题片"界说,《中国广播电视学刊》1992年第6期。
② 张雅欣:再现"媒介真实"——"真实再现"的可能性和合理性,《现代传播》,2004年第4期。

《工厂大门》《火车到站》《水浇园丁》等影片,一般被视为世界纪录电影的先驱。自此之后,纪录片经历了这样几个发展阶段。

美国人罗伯特·弗拉哈迪是世界公认的"纪录片之父",是早期写实主义传统的代表人物。1922年,当早期纪录电影尽显颓势时,是他的开山之作《北方的纳努克》重新焕发了纪录片的生机,开创了用影像记录社会的人类学纪录片类型,并把纪录片带入主流文化的行列。

最早使用"纪录片"这一术语的,是英国著名导演约翰·格里尔逊。1926年2月8日,他在为纽约《太阳报》撰写的评论罗伯特·弗拉哈迪第二部影片《摩阿纳》的文章中写道:这部影片"是对一位波利尼西亚青年的日常生活事件所作的视觉描述,具有文献资料价值"。由此确立了"纪实"作为纪录片的美学思想。他组织进行的"英国纪录电影运动"影响深远,开创了"英国纪录片学派"。其代表作有《漂网渔船》《夜邮》等。

1960年夏季,法国人类学家让·鲁什和社会学家埃德加·莫兰拍摄的调查式纪录片《夏日纪事》为纪录片发展史树立起一座丰碑,创立了法国电影史上的一个新流派——"真实电影"。《夏日纪事》是一部记录巴黎城市居民社会生活的纪录片,也是一部"先锋实验作品"。[①] 让·鲁什在影片开头写道:"影片不是由演员表演的,而是那些以自己生活中的一个个瞬间丰富的'真实电影'的新实验的男女的亲身经历。"他认为传统纪录片人为痕迹过重,对那种在拍摄得好的画面上添加解说词的技法不以为然。让·鲁什的真实电影又被称为"触媒电影",它对采访的开拓性运用,丰富了纪录片的表现手法和创作题材。[②]

"直接电影"诞生于20世纪60年代初的美国,以罗伯特·德鲁和理查德·利科克为首的一批纪录片人提出:摄影机永远是旁观者,不干涉、不影响事件的过程,永远只作静观默察式的记录,不需要采访,拒绝重演,不用灯光,没有解说,排斥一切可能破坏生活原生态的主观介入。其开山之作《初选》(1960年),以崭新的技术手段和艺术风格记录了1960年在威斯康星州举行的民主党候选人(约翰·F.肯尼迪对休伯特·汉弗莱)的总统初选。罗伯特·德鲁认为,电视应该记录生活的"本来模式",而不是反映那些经过拍摄

① ［美］威廉·罗特曼著:《鲁什与〈夏日纪事〉》,载单万里主编《纪录电影文献》,中国广播电视出版社2001年版,第273页。

② 刘利群、傅宁编著:《美国电视节目形态》,中国传媒大学出版社2008年版,第230页。

者修饰过的生活……应该按照电视媒体反映生活的规律来展示生活，即用一种富有戏剧性的电视语言来叙述故事，而不是让解说词牵着观众的鼻子来观看发生的事件。①

"反省式纪录片"兴起于 20 世纪 80 年代的美国。它把评述者的议论夹杂在采访谈话之中，通过适当的画外解说与屏幕文字相结合，恰当地表达创作者的意图。由于这一时期美国的电视界已经成功地培育出诸如沃尔特·克朗凯特、丹·拉瑟、彼得·詹宁斯等大牌主持人，他们以个人身份在片中串场，评论古今，颇具"舆论领袖"的感召力，所以此种纪录片又被称为"个人追述式"。②

"新纪录电影"模式 20 世纪 90 年代流行于欧美国家。美国学者林达·威廉姆斯扛起"新纪录片电影"的大旗，大胆地扮演了传统纪录片恪守"非虚构性"这一信条的叛逆者的角色。他在《没有记忆的镜子——真实、历史与新纪录电影》一文中首次提出"新纪录电影"的概念，并对传统纪录片定义进行质疑，对被"真实电影"和"直接电影"所否定的搬演和虚构手法重新给予充分的肯定，认为纪录片"可以而且应该采取一切虚构手段与策略以揭示真实"，从而帮助创作者完成从一个中立报道者向一个主动制造意义和进行电影化表述的参与者的角色转变。

综观国外纪录片的发生与发展，概括地说，主要有三种发展模式：一是以美国为典型代表的商业化运营模式；二是以英国、日本为代表的公共体制；三是以法国、韩国为代表的政府扶持模式。但是，在不同的体制中，纪录片制作的资金构成存在着极大差异，直接影响到其制播模式和内容呈现。③

2. 中国纪录片的历史演进

何苏六在《中国电视纪录片史论》一书中，将中国电视纪录片自 1958 年诞生以来的发展历程，根据风格、类型、功能等彼此关联映照的多种环境因素，大致分为以下四个时期：(1)政治化纪录片时期(1958—1977 年)。这一时期的电视纪录片具有浓厚的政治色彩，主题集中为宣传国家政治和阶级斗争。如《收租院》等。(2)人文化纪录片时期(1978—1992 年)。这一时期的电视纪录片的特征是唤起民族激情，体察记录平民生活状态，具有鲜明的人文色彩。

---

① 转引自朱景和：《纪录片创作》，中国人民大学出版社 2002 年版，第 274 页。
② 刘利群、傅宁编著：《美国电视节目形态》，中国传媒大学出版社 2008 年版，第 231 页。
③ 应启明：新世纪美英纪录片发展趋势与启示，《中国电视》2013 年第 12 期。

如《望长城》等。(3)平民化纪录片时期(1993—1998 年)。此间的电视纪录片以关注记录社会主流现实生活为主,人的主题、百姓意识、平民化视角这些国际化的纪录片表征较为显著。如《东方时空》栏目的"生活空间"板块等。(4)社会化纪录片时期(1999 迄今)。这一时期的电视纪录片主题更趋多元,新闻因素益发受到重视,"市场化"和"社会化"成为电视纪录片的不二选择。如《英和白》等。他认为,中国电视纪录片的发展虽然是社会思潮和技术整体力量促进的结果,然而在局部的走向方面却有着很大的偶然性和随意性,这也是中国电视纪录片尚未成熟的一个标志。

中国纪录片从 20 世纪 80 年代开始,先后走过了传统电视专题片、新纪录片运动、独立纪录片运动、电视纪录片栏目、DV 纪录片等过程,逐步走入大众生活中。期间,许多纪录片在选题方面显示出了一种独特、敏锐和社会责任意识,如《村民的选择》中对于中国农村民主改革进程的关注;《爆炸》中对社会问题和法律制度的考察;《一个艾滋病患者的命运》中对艾滋病患者生存境况的社会化展示;《我们的留学生活》对海外学子生活的真切纪录,对他们的命运的深切关注等等,不仅有分量、有厚度、有张力,也有看点和卖点。

据不完全统计,2009 年,我国开路播出的纪录片栏目总计 83 档。主要集中在中央电视台和各纪录片频道,其中中央电视台 19 档、中国教育台 8 档、上海纪实频道 20 档、湖南金鹰纪实频道 14 档、重庆纪实频道 8 档,它们占据全国纪录片栏目总量的 82%。其他如云南卫视、北京卫视、天津卫视、吉林卫视、广东卫视、内蒙古卫视、江西卫视、旅游卫视和凤凰卫视也有纪录片栏目播出,但数量较少(其他地面频道播出的纪录片栏目由于数量少并以购买为主,尚未进入本次统计)。其中,以自制为主的纪录片栏目约 43 档,占总量的 60%,其他栏目以购买编辑为主。

表 8-1 各纪录片频道栏目设置一览表

频 道	主要纪录片栏目设置	其他栏目
CCTV—10	《探索·发现》《人物》《大家》《重访》《绿色空间》《科技人生》	《百家讲坛》《希望英语杂志》《走近科学》《科技博览》等
CETV—3	《首都纪录》《首播纪录》《中国纪录片》《视野》《传奇》《人文发现》《寰宇地理》《纪录片精品俱乐部》《经典纪录》	《娱乐现场》《影视风云榜》《首播剧场》

续表

频　道	主要纪录片栏目设置	其他栏目
上海纪实频道	《纪录片编辑室》《档案》《大师》《眼界》《文化中国》《往事》《经典重访》《风言锋语》《DV365》《寰宇地理》《探索》《传奇》《传奇中国》《科技密码》《铁血军事》《狂野动物》《视野》《发现中国》《收藏》	
重庆纪实频道	《纪录重庆》《我爱纪录片》《此时此刻》《记忆》《真实》《品味》《动物明星》《寰宇地理》《注视重庆》	《健康直通车》《天天楼市》《科教天地》《健康第一线》《电大课程》《美味素食》等
湖南金鹰纪实频道	《故事湖南》《丁点真相》《纪录片工厂》《奇趣大自然》《探索》《传奇》《传奇中国》《寰宇地理》《传奇中国》《视野》《博物馆翻箱底》《收藏印象》《文化周末》《旅行者》《时光漫步看天下》	

　　资料来源："中国纪录片发展战略研究"课题组：2009 年中国纪录片发展研究报告，《现代传播》2010 年第 10 期。

　　为了推进纪录片的生产和播出，2010 年 10 月，国家广电总局发布了《关于加快纪录片产业发展的若干意见》，提出中央和省级国有影视机构每年要有计划、有重点地推出一批有影响力的纪录片精品，扩大纪录片的电视播出，对播出纪录片的专业频道、栏目给予政策支持和鼓励，重点培育一批电视纪录片制作经营主体。2011 年元旦，中央电视台纪录片频道开播。① 同年，中国传媒大学发布我国首部纪录片蓝皮书——《中国纪录片发展报告》。

　　2012 年，《故宫 100》《舌尖上的中国》《春晚》《超级工程》《走进海洋》《中国之路》《货币》等优秀纪录片的热播，标志着纪录片在中国的重新崛起。

　　回顾中国电视纪录片发展的历史进程，昔日的"小人物、小事件、小投入"正在转变为"大投入、大制作、大题材"，曾经的"民间话语"逐渐上升为"官方话语"。中国电视纪录片的这一发展趋向，预示着它的不断成熟，不断壮大。

---

　　① 段弘：小投入 大境界——以北京电视台《档案》为例探讨纪录片低成本制作模式，《中国电视》2011 年第 4 期。

三、电视纪录片的特征

1. 非虚构

从创作原则来说,非虚构是电视纪录片的本质特征。所谓非虚构,也就是"无假定意义的事实真实"。

2014 年奥斯卡官方网站公布的第 86 届纪录片评比作品的评选规则中,对纪录片的定义保持不变:"取得获奖资格的纪录片从理论上必须为非虚构的影片,涉及文化、艺术、历史、社会、科学、经济以及其他领域。在强调事实和非虚构的情况下,纪录片是对真实事件的拍摄,可以运用部分情景再现、影片资料、剧照、动画、单格拍制以及其他拍摄技术。"从规则中可以看到,这一定义最基本的要求就是"非虚构"。[①]

真实是纪录片的生命,但是电视纪录片中的"真实"却有着独特的内涵。"一方面,对于现实客体,电视纪录片要求'无假定意义的事实真实',不允许虚构,不允许造假,不允许导演摆布。它必须到现实中去发现和寻找具有艺术内涵的生活内容,表现真实的事件,真实的人物,真实的场景,真实的生活过程。另一方面,对于创作来说,电视纪录片所表现的现实又是一种已经被中介了的现实,它与真实生活之间,存在着创作者、摄影机、再现的作用与方式等等因素,电视纪录片中呈现的现实,已经是按照创作者的主观价值加以组织过的了。通过创意、剪裁、提炼、结构,创造了一系列新的关系,真实不再是现实本身,而成为一种审美现象。"[②]

正如一位历史学家所言,人们曾天真地以为,历史学可以客观地还原或再现"真实地发生过的往事"。但是进一步的历史哲学分析却使他们失望地发现,历史学家讲述的其实只是"我们以为发生过的事情"。为了避免"同情的洞见"或"想象的理解",人们只有透过最详尽真切地去感悟亲历者们"认为往事应当如何发生"这一环节,才有可能使"我们以为发生过的事情"最大程度地接近"真实地发生过的往事"。[③]

显然,电视纪录片有一个打捞历史的重要意义,对历史人们应有敬畏之心。历史是不能穷尽的,历史是一种话语叙述,历史需要从不同的角度描述。

---

① 刘震:多元化的奥斯卡获奖纪录片研究,武汉大学博士学位论文,2013 年 12 月。
② 钟大年:电视纪录片特征辨析,《电视研究》1994 年第 5 期。
③ 蓝田:一个无专著的教授的学术观——访姚大力,《中华读书报》2012 年 4 月 25 日。

从某种意义上说,历史是一道黑暗的长河,只有被照亮的才被抓住,未被照亮的则沉沦下去。克罗齐所谓任何历史都是当代史的意义,在于提醒人们不应歪曲历史,阉割历史,篡改历史。

质言之,纪录片应最大限度地反映客观世界的本来面目。真实再现只是一种艺术手法。纪录片若不守住真实再现的底线,这一概念本身的合法性就会出现危机,人们凭什么要看纪录片而不去看故事片。

2. 纪实性

从创作方法而言,纪实性是电视纪录片的典型特征。一方面,电视纪实的目的,是电视纪录片的"纪实"特性所规定的。电视纪实不是为了使生活更富想象力、更典雅、更艺术化,而是为了使生活更真实、更鲜活地显现在观众面前——事情原本就是这样的。另一方面,电视所拥有的技术手段,又使追求现实的真实成为可能。电视可以出事物的真形、真声,使观众眼见为实,耳听为实,容不得更多的主观意识的参与。形声并茂的世界,才是更真实的现实世界,更具有强烈的现场感。相比之下,其他表现艺术表现出来的真,都更多地受到了限制。

我们在评析一部纪录片真实与否时,是说它纪录的是或者不是客观现实本身,有或者没有保留真实生活的客观性。为此,克拉考尔反复提醒创作者要克制"造型的冲动",只有到现实中去发现和寻找具有生活本质内涵的内容,采摄纪录"未加操纵的现实",才能真实再现生活过程的初始状态。[①]

纪实手法已越来越多地运用到各种电视节目的制作当中。过去由于观念的局限和技术条件的限制,纪录片的纪实手法常以线性结构、声画分离的形式出现,纪实手法的运用不够全面和彻底。20世纪90年代以来,我国出现了大量用纪实跟踪手法拍摄的电视纪录片,使纪实跟踪方法的运用达到了一个前所未有的高度。

表现之一,是利用先进的电视传播技术,最大限度地保持原始生活素材的完整性、完整的场环境和心理氛围。纪录片之父弗拉哈迪拍摄《北方的纳努克》期间,曾花了16个月的时间远赴北极,与哈里森港的爱斯基摩人纳努克一家一起生活,完美地用摄像机再现了用梭标猎杀北极熊、生食海豹等原始的生活场景。虽然对本片有过"摆拍"是否是纪录片的争论,但毫无疑问本片仍是纪录片史上的里程碑制作,它不仅开创了用影像纪录社会的人类学纪录

---

① 郑祖武:论电视纪录片的纪实性与艺术性,《汉中师范学院学报》1997年第5期。

片类型,更是世界纪录片史的光辉起点。

表现之二,是利用现代电视特技和摄像技术,提供尽可能多的信息和镜头,拓展观众的视野。电视是以视觉为主的视听结合的艺术,所以做电视要经常考虑视觉呈现、视觉传达、视觉叙事等。法国纪录片大师雅克·贝汉在《昆虫世界》里,运用无与伦比的微距镜头,将森林中、草丛下的世界无数倍放大至观众的眼前,昆虫、草叶、水滴无不纤毫毕现,叹为观止,蔚成瑰丽的奇观,充分展现了微观世界中动物的神奇与灵性,揭示了生命的奥秘和意义。

表现之三,是纪实情节化,也就是把拍摄对象有意识地安排在某个事件中,用现在进行时作为表现载体,使作品具有情节性,形成一个较完整的故事叙述。如《望长城》以寻找长城为主线,完成了对生活在长城两边的居民和中华民族的人文精神的叙述。

3. 人文性

就创作要求而言,人文性是电视纪录片的基本特征,但在表现手段上须尽量隐蔽,犹如盐溶于水,有味无痕。

纪录片的本质特征在于再现真实,但这并不意味着全然否定人的主观性。在纪录片创作中,创作观念是非常重要的,创作者在拍摄纪录片之前,先要对所表现的事物进行思考。任何一部纪录片都或多或少地体现作者对艺术和生命的态度。

国际自然类电视节目主席帕萨·萨拉斯曾经说过,“自然环境类声像作品绝不只是动物、树和昆虫等非常近的镜头和放大镜头,还有被称为自然精神的东西。也就是说拍摄自然环境类纪录片,首先需要摄制者对自然的热爱和了解,要懂得珍爱生命,尊重生命。它需要一种人文精神,而绝不只是为了追求感官刺激”。他同时还说,“现今社会强调的人文精神,并不是单纯的指对人的价值、人的个性、人的尊严、人的地位、人的发展与人的自由的关怀、看护和尊重,还有我们所在的这个大自然,包括自然中的一切生命。人文精神就是一种关怀,真诚地对自然世界的一种关怀”①。

著名电视纪录片学者钟大年认为,电视纪录片向整个世界的社会生活寻找题材,但是,面对这纷繁复杂的大千世界,怎样通过对现实生活的观察与描绘,使具有原生态特征的个体形象蕴含一种超乎现实的普遍意义和永恒价值,成为电视纪录片题材处理的要点。题材的人文性,是指题材的性质应当

---

① 彭吉象主编:《影视鉴赏》,高等教育出版社1998年版,第70页。

蕴含了人类普遍的生存价值和道德意义,应该能引起人类普遍的情感体验的审美感受。爱与死,善与恶,忧与乐,对生命的追求与抗争,对人生的感慨与探索等等,这些尽管受到价值观念、生活经历和意识形态的影响,但是作为人类的一种精神体验却具有永恒的生命力。这种永恒的生命力,其源泉来自民族的社会生活之中,在于它真实地反映了社会生活的情状。这并非靠创作者的主观意愿和冥思苦索而能实现,而是需要具有在现实中发现永恒的能力。[①]

纪录片满足了人们"眼见为实"的心理需求,然而纪录片不是新闻现场直播,创作者们并非被动地记录、再现日常生活中的一切,而是在对生活过程的忠实记录和生动的细节描述中,表现着创作者对生活的理解、评判和情感,构成其特有的艺术品格,这就是常说的真实再现。《电影或想象的人》的作者埃德加·莫兰认为:"客观的形象就是主观的镜子。"无论是纪录片大师罗伯特·弗拉哈迪的《北方的纳努克》,还是"真实电影运动"的创始人尤里斯·伊文思的《博里纳奇矿区》,都显现了纪录片所描述的人物、事件要比我们在日常生活中所看到的更为真实、更为典型。客观世界经过主观反射,使我们身处的现实世界得到一种最高、最广泛的表现。这也是电视纪录片的魅力所在。[②]

四、电视纪录片的类型

1. 按创作题材分

电视纪录片按照创作题材可分为社会现实类(新闻、现实人物等)、人文历史类(主要是文献类)和自然环境类(自然风光、动物世界等)三大类。

(1)社会现实类。如《大京九》《中华之剑》《姐妹》《英和白》《眼界》《新闻调查》《百姓故事》等。电视纪录片《中华之剑》是目前世界上记录时间最长的一部有关毒品的纪录片,它真实地记录了我国缉毒警察缉毒、禁毒的艰苦工作状况。

(2)人文历史类。如《丝绸之路》《望长城》《孙子兵法》《故宫》《让历史告诉未来》《幼童》《档案》《见证》《大家》等。十二集纪录片《故宫》全面展示了辉煌瑰丽、神秘沧桑的宫廷建筑和馆藏文物,讲述了宫闱内不为人知、真实鲜活的人物命运和历史事件,实现了纪录片记录历史的社会价值。

---

① 钟大年:电视纪录片特征辨析,《电视研究》1994 年第 5 期。
② 周宁:纪录片:真实的才是最动人的——以《舌尖上的中国》为例,《四川戏剧》2013 年第 3 期。

（3）自然环境类。如《沙与海》《美丽中国》《自然密码》《动物世界》《微观世界》《迁徙的鸟》等。我国与英国 BBC 联合拍摄的纪录片《美丽中国》用镜头告诉人们：自然生物是人类的朋友，只不过与我们生活的方式、地点不同而已。节目带给人们的不仅是美轮美奂的视觉奇观，还有前所未有的心灵震撼。

2. 按表现对象分

电视纪录片按照表现对象又可分为人物纪录片、历史纪录片和风光纪录片三大类。

（1）人物纪录片。如《雕塑家刘焕章》《百年恩来》《中国故事》《舟舟的世界》等。系列人物纪录片《中国故事》选取 10 位在各自阶层极具个性的代表人物，展示他们 30 年的追梦历程，从而成为"中国梦"的 10 个样本。

（2）历史纪录片。如《故宫》《复活的军团》《让历史告诉未来》等。大型纪录片《复活的军团》以考古证据和历史研究为依托，借鉴故事片的表现形式，层层揭示秦军之所以能够一统天下的历史真相。

（3）风光纪录片。如《话说长江》《伟大的飞行》《芦笛岩》等。大型电视纪录片《话说长江》是中央电视台 20 世纪 80 年代最受欢迎的电视纪录片。虹云和陈铎两位老艺术家绘声绘色的解说、翰墨华章的解说词、长江两岸的旖旎风光，以及长江从古至今的传奇故事，无不让人陶醉流连。

3. 按摄制工具分

电视纪录片按照摄制工具又可分为电视纪录片和电影纪录片两大类。

（1）电视纪录片。如《最后的山神》《颐和园》《藏北人家》《惠安女》《钓鱼岛真相》等。电视纪录片《最后的山神》运用隐拍方式，真实讲述了大兴安岭孟金福夫妇这一对普通鄂伦春人的生活境况，以客观镜头记录了一种文化的消失。

（2）电影纪录片。如《德拉姆》《钢琴梦》《较量》《华氏 911》《北方的纳努克》《奥林匹亚》等。田壮壮拍摄的《德拉姆》是中国电影纪录片"新经典主义"的一个标志，它通过一些不同性别、年龄、民族、经历的人和事，全面、立体地展现了云南地区、怒江流域的社会发展、人文思想、价值观念、家庭结构、宗教信仰、个人情感等等。

4. 按表现形式分

电视纪录片按照表现形式又可分为艺术性纪录片和新闻性（社会性）纪录片两大类：

（1）艺术性纪录片。如《黄宝妹》《三八河边》《十三陵水库畅想曲》《大庆战歌》等。纪录片《黄宝妹》完全依照黄宝妹的生活原样如实展现,但它又不同于纪录片,这些生活片断不完全是现场的纪录,而是根据艺术片拍摄的要求,以一位作家寻访过程作为贯穿线索,经过重新编排组合而成,具有一定的故事性。

(2)新闻性纪录片。如《讲述》《龙脊》《远在北京的家》《愚公移山》《博里纳奇矿区》等。《讲述》是CCTV的一档口述体纪录片日播节目,展现的是普通人精彩的人生故事,这些故事是老百姓生活的真实写照,反映了他们在生活中遇到的现实问题,因而具有新闻价值和贴近性。

5. **按功能特征分**

"中国纪录片发展战略研究"课题组在《2009年中国纪录片发展研究报告》中从纪录片功能、制作模式和美学特征等元素入手,把中国纪录片分为三种类型(见表8-2),这三种不同类型的纪录片在制作理念、制作模式、传播模式与传播效果上各不相同,宣教型纪录片主要为了满足意识形态功能,审美型纪录片主要为了满足文化或美学功能,而消费型纪录片则是为了满足大众文化市场的需求。

表 8-2　中国纪录片类型

类　型	功　能	资金来源	目　的	把关人	成功标志
宣教型	宣传/推介功能	机构出资	宣传需要	审片人	审片人/出资人满意
审美型	审美功能	机构资助、自助	艺术创造	制作人	专家、业内人士满意、获奖
消费型	市场需求	商业/机构投资	受众消费	制片人	收视率/用户/销售业绩

资料来源:"中国纪录片发展战略研究"课题组:2009年中国纪录片发展研究报告,《现代传播》2010年第10期。

第二节　电视纪录片的策划要素

格里尔逊认为,纪录片必须包括以下要素:(1)必须以现实正在发生的事件为拍摄对象,即必须依据现实素材处理;(2)必须有个人选择、个人观点,即必须经过主观处理;(3)必须是美的,也就是具有创意的。格里尔逊的"创意"不是指"生造",而是指"创造"。

一部纪录片的拍摄质量和观赏效果,取决于其创作思想、叙事结构、镜头语言、画面声音、解说音乐、节奏变化等诸多因素的协调配合。据此,电视纪录片的策划需把握以下要旨。

一、真实记录

比尔·尼科尔斯认为,纪录片的历史就是一个纪录片创作主体逐渐由直接了当的说教者转化成中立、客观的报道者,又由此转化成参与者、目击者的过程。这一过程,突出地贯穿着非虚构、用事实说话的主线。①

日本纪录片制作者小川绅介强调,纪录片是一种精神,它是靠真实的眼光和勇气建立起来的力量,来带动社会中更多的人思考和改变现状。② 相对于虚构故事片电影的消遣与娱乐性来说,纪录片以它真人真事的特殊内容,给受众以更大的震撼。

可见,"真实"是纪录片区别于其他影视艺术种类的"质"的规定,非虚构是纪录片的底线。纪录片最大的影像价值在于它纪录了历史,最大的魅力在于其真实,其首要任务就是实现它的社会学价值和史学价值。

电视纪录片主要将镜头对准那些富有代表性的人物、事件,用镜头凝固特定的历史时刻,把鲜活的人物与历史事件呈现在观众的面前,从而让观众感受个体生命的生存空间与历史故事,那些故事与个体是那样的鲜活与深刻。

在素有人文纪录片"开山之作"之誉的《北方的纳努克》中,导演罗伯特·弗拉哈迪为了展现北极爱斯基摩人最为原始的生存状态,通过运用纪实性长镜头,近距离地拍摄"纳努克"(纪录片主角)捕鱼、生吃海豹肉、和孩子嬉戏以及爱斯基摩母亲吻孩子等各种场景,客观、生动地描述爱斯基摩人的生活,深刻展现出他们英勇无畏和纯真朴实的品质。弗拉哈迪始终把商业的侵入、现代文明与古老传统的矛盾挡在镜头之外,在表现被破坏的现实和依然保存着美感的现实之间,他选择了后者。在片中,弗拉哈迪用搬演的手法复原了爱斯基摩人祖辈的捕猎方式,增强了真实感和感染力,使观众近距离地接触爱斯基摩人的传统生活方式。

20 世纪 60 年代的法国正煎熬于阿尔及利亚战争之中,导演让·鲁什和社会学家埃德加·莫兰为了反映当时法国公民高涨的反战思绪,联合制作了纪录片《夏日纪事》。在该影片中,制作团队让埃德加·莫兰手持话筒、走上

---

① [美]比尔·尼科尔斯著:《纪录片的人声》,选自单万里主编《纪录电影文献》,中国广播电视出版社 2001 年版,第 537 页。

② 吴文光:小川绅介:一个日本纪录片制作人和一种记录精神的纪念,《电影艺术》1999 年第 1 期。

街头,并通过向街上行走的工人、学生和小资产阶级等民众提问:"你幸福吗?"这种"参与性"的记录方式,真实、客观地剖析出当时法国社会民众的心声和生存状态等问题①,形成了以访问形式出现的建立在拍摄者与被拍摄者之间互动关系上的运作模式——"真实电影"。

二、故事化叙述

电视纪录片要有效实现信息的传播,离不开一定的叙事方法和技巧,叙事结构则是电视纪录片形成和存在的前提条件。

大卫·麦克奎恩指出:"纪录片像其他节目类型一样,倾向于把它的内容包装成故事。导演通常仔细地搜寻叙事组织结构——即在开拍前确定他们计划中的片子的开头、中间和结尾等基本结构。"②这就是说,寻找生动有趣的故事化叙述是纪录片创作者不懈的追求。优秀的纪录片在叙事手法上总是十分用心和巧妙,它们注重情节因素,以"讲故事"的方式代替一味地对社会生活的自然主义的刻板纪录,通过人的活动来见证重要事件。

纪录片《俺爹俺娘》在 30 分钟的时长里,作者焦波主要是以"俺爹俺娘"的静态摄影作品为线索,结合小部分动态纪实影像,亲身讲述他爹娘二十多年中某些动人的生活故事。在他爹 57 岁时在城里打工受伤的这段讲述中,镜头只是在焦波与煤矿周边环境的空镜头之间切换。即便在提及他爹手上印着血的纱布时,画面对应的也只是一把工具插在木头上的特写。映衬他爹用白馒头换别人黑馒头的镜头也只是一个昏暗天空下,低矮简陋的房子伴着萧条之树的全景。没有任何扮演、搬演,只有一个儿子讲述他爹曾经历的故事。它虽朴实无华,却让受众从萧条的空镜头与儿子简单却深情的口气里看到当时的焦波所看到并感动的影像。真实,于"无(空镜头)中生有"。③

纪录片经常在故事化、情节化的生活过程的展开中,完成对主人公形象的塑造,使观众深刻地记住纪录片中的情节。正是有了这样一些生动、独特、引人入胜的情节故事,从而极大地增强了纪录片的"可视性",对于大多数观众来说,有意思、有趣味、有新奇独特的情节故事,总是吸引他们关注的最基

① 赵颖慧:中西方文化差异对纪录片艺术特色的影响,《电影评介》2013 年第 2 期。
② [英]大卫·麦克奎恩著:《理解电视:电视节目类型的概念与变迁》,华夏出版社 2003 年版,第125 页。
③ 傅秀政:纪录片真实性与非真实性的辩证统一,《东南传播》2013 年第 2 期。

本最重要的因素。①

荣膺第 79 届奥斯卡最佳纪录短片奖桂冠的《颍州的孩子》,客观地记述了艾滋病儿童高君的真实的生存状态,父母因艾滋病去世,唯一与他相依为命的奶奶又相继"离开",叔叔因怕别人的歧视而不愿收养他,最后在艾滋病贫困儿童救助协会的帮助下走入艾滋家庭,在那里开始他短暂而快乐的儿童生活。故事的架构设置了两条叙事线索:一条是纪实的,记录故事中的两个主人公高俊与任楠楠的生命历程,以及伴随这个过程的周围人的心理、性情的表现;另一条线索是访谈,简短的访谈穿插在纪实的影像片段中,既形成了一种结构,又突显了创作者的意图,凸现了影片的张力。《颍州的孩子》通过可以与它原本的现实世界一一对应的人、事、物,表达了作者对现实世界的一种选择和诠释,既记录了艾滋病患者面对死亡的无奈和内心深处的孤独,同时也刻画了人情的冷漠与无奈。

三、画面表现

作为影像艺术,电视纪录片最主要的元素就是画面。电视纪录片主要是通过电视画面向观众再现世界、表现人物、阐释意义的。纪录片的核心是"画面记录",其属性主要是"画面叙述"。正因如此,所以近几年国内外纪录片大赛中,评委基本都会把握这样一些要点:(1)画面语言的解读能力;(2)画面语言的纪实化元素;(3)画面语言的表述能力;(4)画面语言的冲击力;(5)画面语言的故事化程度;(6)画面语言的细节震撼力;(7)画面语言剪辑的流畅性;(8)画面语言所表达的内涵和底蕴;(9)画面语言的悬念设置;(10)画面语言与声音的比例。②

纪录片画面符号不光要考虑反映、说明和揭示事实,还要考虑如何才能最独特最鲜明最充分地来表现事实;不光要表现事实,还要结合事实来恰当地抒发情感,使画面符号能够发挥出更强的表现作用,并使之具有审美功能。对于纪录片画面符号来说,如果仅仅是叙事而不会在此基础上抒情,只不过是完成了画面符号生产任务的一半。很多优秀纪录片的画面符号都是具有抒情功能的。③ 在纪录片《过年》中,老太太一个人坐在客厅的背影经常出现

---

① 陈松生、汪波:从纪录片透视视觉文化:追求真善美,《上饶师范学院学报》2005 年第 5 期。
② 冷冶夫:国际评奖中的纪录片界定标准简介,《中国电视》2007 年第 4 期。
③ 胡立德:电视新闻片与纪录片画面符号特征及个性化建构,《重庆社会科学》2008 年第 12 期。

在画面中,既让人感受到老太太晚年孤独,又隐含等待春节的特殊环境。特写及大特写镜头的运用,用来表现某些细小的、指向性不甚明确的局部细节,往往具有一种暗示和强调的作用,它可以揭示问题的关键或是人物内心的情感。

电视画面最擅长表现"正在发生的事情"。了解了电视画面的这一特性,在电视片的谋篇布局时,就要巧用心思尽量拓展"现在时"的表现领域,不放过任何现在可能拍到的有用细节和过程,适当压缩"过去时"和"将来时"的表现范围,设法多用今天的事件,少用过去的事件;多用今天取得的新成就,少用空洞的长篇展望。纪录片《最后的山神》片头之后是一轮喷薄欲出的太阳、霞光映照着被白雪覆盖的山林、林中挺拔的白桦树等一组写景镜头,这种无声的描述性的画面语言恰如其分地向观众交待了接下来的故事发生的时间、地点与周围环境,这组视觉信息对画面的内涵和气氛进行了深化和扩充——这是主人公孟金福生活的自然环境,也是鄂伦春族时代生存的环境。

四、蒙太奇与长镜头运用

蒙太奇和长镜头,是电视纪录片中两种重要的画面语言。前者为概括抽象的叙述和描写提供了可能;后者能够记录一个完整的动作或事件,不依赖于上下镜头的连接就能其义自见。

纪录片通过特写镜头和长镜头之间、仰视镜头与俯视镜头之间,与人物正在思考的东西有关或无关的画面之间不断地切换,不仅能取得许多非常逼真而且难忘的效果,同时也能获取各种可供解读的图像。

蒙太奇并非只是影视镜头简单的推、拉、摇、移,而是"一种思想"和"最大限度的激动人心,充满感情的叙述"。纪录片《美丽中国》赢得人们青睐的奥秘,就在于它成功地运用了蒙太奇语言,真实客观地道出了美丽中国的天人合一,讲述了人与自然、人与动物、人与天地万物相辅相承和谐共处的故事。在第一集《锦绣华南》中,首先映入人们眼帘的是漓江的渔火,小船上的渔民驱赶鸬鹚捕鱼的剪影。晚霞伴随着幻影如画的山水,将华南喀斯特地貌的美景表现得美轮美奂。紧接着讲述了早春伊始,万物复苏,元阳梯田的主人们等待燕子的到来开始播种的故事。①

---

① 刘博章:纪录片美学特征的思考——试论电视纪录片《美丽中国》的美学特征,《电影评介》2011年第7期。

长镜头的意义主要表现在不割断动作、事件与时间上的连续性。纪录片《哭泣的骆驼》在许多叙事段落中运用了长镜头，通过准确娴熟的镜头内部的调度和摄影机的运动，保持了时空的相对完整统一。不加修饰的记录，不做任何主观的剪辑和拼凑，营造真实感和现场感。例如《哭泣的骆驼》两次记录了小骆驼的出生，第一次是正在给孩子洗澡的妈妈跑出屋外，戈壁的夜晚，一只小骆驼降生了，这儿只用了一两个镜头记录小骆驼努力站起来的过程；第二次在影片中用了很长的篇幅来记录下母骆驼生产的全程，而且长镜头、特写镜头居多，画面着实有些触目惊心，尤其是当牧民把小骆驼从母亲的身体里搜出，疼痛使一条硕大的母骆驼腿在画面一侧抖动，观众还听到了由于颤抖腿拍打在地面上的响声。这个画面对观众无疑具有很强的视觉冲击力。[1]

五、同期声选取

是否使用同期声，是衡量纪录片真实性的一个重要指标。同期声能真实地表达人物的思想情感、性格特征和现场氛围，发挥画面无法替代的作用，给人以强烈的现场感和说服力。伊文思的纪录片《四万万同胞》，记录了中国人民伟大的抗日战争。其中，中国人民面对侵略者所流露出的那种同仇敌忾的激昂在街头宣传的口号声、歌声中得到了深化，加之市声的嘈杂、飞机的轰鸣、枪炮的交响……交互在一起的诸多现场的声音，都给人以完整的事实感、真切的现场感和身临其境的参与感。

纪录片的同期声不仅仅是在拍摄画面的同时记录下的声音，它还是创作者表达思想、抒发情感的重要手段。同期音响的选取同样能够有效地传递拍摄者的思想，并且运用这种元素，能使思想的表达更加的意味深长。纪录片《流浪北京》将一群"北漂"们的访谈语言串接在一起，来讲述20世纪80年代末这群没有固定职业的"艺术家"们为追求艺术梦想而孤身飘荡北京的故事。通过对他们同期语言的选择组接，将受访对象的生存状态、生活经历、心理历程进行了细致的展示。

人物语言的同期声在真实性和表现人物的个性化方面有着十分重要的作用。纪录片《寻找白桦林》的开头就是人物语言的同期声。一对知青夫妇要回到离开了22年的农村插队的地方去看看，临行前他们拿出了一个封着的

---

[1] 范小玲：探究生命的底色 寻找朴实的感动——读解纪录片《哭泣的骆驼》，《北京电影学院学报》2009年第5期。

纸包,对儿子说:"这是你姥姥当年写给妈妈的信,因为有些个人的秘密,所以一直锁着。我们结婚 20 年了一直没有打开过,现在这是留给你的东西了,明天我们走后你再看,因为挺伤感的。"接下来的画面是墙上挂着的一幅白桦林的画。同期声:"我和你妈都特别喜欢那幅画,我们曾经在那里生活了 8 年。"这里的同期声巧妙地交代出人物的身份和将要告诉观众的故事,那些"明天"才可以拆开的信更是引人入胜。在这里,人物语言同期声所起到的作用远远胜于解说。①

六、细节捕捉

对人物纪录片而言,能否使观众信服,细节是至关重要的。细节不仅可以让观看者真实了解到人物性格、精神风貌,而且可以认识人物的情感变化、内心世界。人物纪录片一般时间短,内容多,如何在有限的表现范围内表现人物的表情、动作、语言以及生活习惯等方面,这就需要创作者们在细节的表达上去敏锐捕捉具体、新鲜、具有个性化的细节,在跟踪拍摄过程中要记录细小的、符合生活逻辑和人们的思维逻辑的细节,利用细节达到真实性印证与传达的效果,才能感动观众。

纪录片《海上传奇》在采访味精大王张逸云的儿子张原孙时,镜头对准了老人家随着迪克海姆斯的 *I wish I knew* 的背景音乐跳的一段交谊舞。席间,老人笔挺的西装,恰到好处的领结,绅士般的舞姿,象征着知识分子身份的眼镜,这一系列镜头语言作为符号,象征性地传达出一个老上海人经历时代的巨变后的那一份淡然。

镜头是纪录片中最基本的符号。纪录片中不同的细节、物品、表情,都能凸显人物的个性特征。从现实生活中捕捉的细节不仅真实可信,而且有助于深化主题。

电视纪录片《红柳夫妻》讲述了驻守荒原 28 年的红柳夫妻的故事。男主人于忠祥为给妻子送上一份生日礼物,拿着他俩年轻时候的照片去城里的照相馆合成,虽然只花了 70 元钱,但是妻子非常惊喜,拿着照片在手中仔细端详,深情地看着、摸着,眼泪哗哗地流了下来,复杂的心理状态在特写镜头的放大下,通过脸部表情细节表现得淋漓尽致。

《八廓南街 16 号》完全采用了冷静和客观的视角,记录八廓居委会的事无

---

① 赵伯平:纪录片的同期声与解说,《电视研究》2006 年第 1 期。

巨细的日常工作,从治安管理到计划生育,从摊点整治到扫盲工作,从群众大会到居民纠纷,等等。繁琐的事务不停地展现在居委会空间,镜头中同样人来人往。这些事物没有与藏地的蓝天白云、雪山草原交叉剪辑,既没有旁白也没有音乐,生活按照原来的节奏展开。制作者也好像居委会的"墙上的苍蝇"一样,静静地、不受干扰地观察着空间。这种拍摄方式受纪录片"直接电影"流派影响,强调从影像的本体出发观察和记录,纪录片制作者以旁观者的态度如实地记录下现场,不干预被摄对象,不影响事件本身的进程。透过作者的"冷静观看",八廓居委会真实的日常和西藏生活特有的质感跃然眼前。直接电影的意义不仅是提高了纪录片的真实性,更重要的是创造了新的"在场感"。透过日常的细节和尽可能多的影像素材,制作者给观众提供了丰富的"场信息",帮助观众形成自身的理解和阐释,而不是通过文本或话语方式决定影像的解读。[①]

第三节 策划案例分析

一、《英和白》:记录与现实

湖北电视台纪录片导演张以庆执导的《英和白——99纪事》,一举夺得2001中国四川国际电视节纪录片"金熊猫"奖的"最佳纪录片奖"、"最佳导演奖"、"最佳创意奖"和"最佳音效奖"4项大奖,成为本届电视节上获奖最多的纪录片,也是中国在历届国际电视节上获得奖项最多的一部纪录片。来自美国、法国、瑞士、中国等国的10位评委们认为:《英和白》具有丰富的人文内涵,是一部难得的充满人情味的影片;它用独特的视角,讲述了驯养师"白"和熊猫"英"14年的"家庭"生活和情感故事,感人至深;导演用心观察,用纪录片语言将平常故事叙述得有声有色;音效真实自然,与画面融为一体,无可取代。除此之外,《英和白》还曾获得第19届中国电视金鹰奖纪录片最佳编导奖。

1. 符号的隐喻

张以庆在接受《南风窗》记者采访时坦言:纪录片对我而言,不仅是一种职业,更是一种宗教信仰,一种生命的托付。

其实,《英和白》的题材是导演在一次朋友间的谈话时偶然获得的。"推

---

① 熊迅:藏地纪录片的影像传播与文化阐释,《西藏大学学报》(哲学社会科学版)2013年第3期。

动我去拍摄的不是题材本身具有很强的故事性,而是主人公对公共生活的拒绝和与我本人心理结构的某种相似。'英'和'白'的生活都不是他们自主选择的。即使如此,在开始时也不排除'英'对陌生环境的反抗和'白'在'英'刚刚到来时的喜悦。但十四年后'英'变得随遇而安,'白'变得离群索居,只愿与'英'厮守,事情就有些令人深思了。他们的生活似乎暗示了当下世界存在的某种严重的、我们每个人都可能遇到的问题。即使用纪录片的形式把它们表现出来是一件非常难的事,能在一个较长的时间里观察他们的生活也是一次有趣的经历。"①

《英和白》的开篇题记中写道:"1200万年前熊猫就存在了,是属于那种独居的动物。300万年前产生了人类,那时人们是群居的。今天熊猫依然独居,而人们……"在题记中,作者将自己对现实的思考和生命的追问呈现了出来,但在纪录片的内容中作者没有再直接提到"独居"或"孤独",但是通过对拍摄对象生活环境的表现,以及电视节目中人物的语言,观众自然能够产生与作者相同的感受。②

李朝阳认为,在《英和白》中,整个片子充满着浓郁的隐喻和象征的意味,白和英实际上是作为一种符号来解释当代的人与人以及人与自然的关系。

白没有家人、丈夫、儿女,甚至也没有朋友,一年到头只是同英住在一起,连晚上睡觉也和它同睡在大厅里,仅有的消遣就是听音乐、看碟和漫不经心地看电视,深居简出,与外界基本上没有接触。白的自我封闭,其实象征了在物质文明空前发达的今天人类内部关系的异化,科技手段的不断完善使人类在享受到越来越多的快捷与方便的乐趣时,也体会到越来越少的交际本身的乐趣和真挚的情感交流。

《英和白》中所放的电视片段大多报道的是丑闻、谎言、暴力、战争等人类丑陋的一面,从更为宽泛的领域向人们展示了人类世界的隔膜与彼此的敌意,人类还远远没有达到彼此的宽容与谅解,远远没有实现真正意义上的沟通与融合。所以,白的与世隔绝在更深层的意义上暗示了整个人类在内心深处的自我封闭和对外界的排拒。在纪录片中,当电视字幕显示"这一年、这几年当中所有人对于整个世界、对所有媒体资讯其实是很膨胀的,但是人的心反倒越来越空虚越来越萎缩,每个人心里其实是蛮空乏蛮寂寞的"这番话时,

---

① 张以庆:记录与现实——兼谈纪录片《英和白》,《电视研究》2001年第9期。
② 梁笑然:多义的电视——《英和白》《幼儿园》的意向,《新闻爱好者》2010年第9期(上)。

白换了频道。电视这时不但不能使她忘掉孤独,反而在提醒她的孤独。

娟在片中的出现也是一种隐喻和象征,或许暗示着人类的未来。孩子的世界理应是多姿多彩、欢乐活泼的,而娟的生活却是单调乏味、死气沉沉的,这也是由于缺失了话语对象的环境而造成的一种畸形的生活状态,而这种畸形对孩子而言却显得格外残酷。

总之,张以庆拍摄《英和白》的目的,不是为了简单地记录英和白的生活,"英""白""娟"都只是导演的道具和手段,他的最终目的是为了向观众反映当代人内心的孤独与悲凉,引起人们对社会发展给人类影响的反思。①

透过张以庆导演的纪录片,我们不难发现,他对事件的纪录手法、纪录特质、纪录思维都具有极强的新闻式的纪录态度,对客观事件体现出了极大的尊重;另一方面,他的纪录片又用大量的对比、反复、隐喻、象征等表现手法,体现出纪录中的写意姿态,这样也使得纪录片在客观写实中趋向一种唯美的艺术风格。因为在张以庆看来,"纪录片不等同于纪实片,生活也不只是过程和线性的实录,除了故事、细节之外,还有思想、情绪这样一些形而上的东西,我要做的就是形而上的表达"②。

2. 有意味的形式

张以庆在谈《英和白》的创作时说:"整部片子自始至终是由两大部分组成的:一部分是画面,另一部分是字幕、音乐歌曲。这两部分都经过了精心的选择、加工和组合,非常'主观',坦率地说,制作后的片子几乎已经从'素材'中彻底脱离出来,而这正是我的本意。我就是要故意运用暗示、象征、对比、强化等等手段,表达我所要表达的东西。因为我坚信,这一切的的确确在他们的生活中发生过和发生着,而且至少'白'真真实实地感受到了我所感受到的东西,如果不这样编辑就不是'英'和'白'本来的生活。即使如此,画面和音响也没有能够把他们的生活给予我们的警示全部表达出来,我强烈地感到手段的缺乏给创作带来的窘迫。"经过认真的观察,他发现并总结出纪录片创作的某种规律性的东西:"那些看上去很'客观'的纪录片实际上是作者很'主观'地赋予了纪录片一种很'客观'的形式,而那些看上去很'主观'的纪录片实际上是作者很'客观'地赋予了纪录片一种很'主观'的形式。"③

---

① 李朝阳:纪录片《英和白》的文化解读,《电影文学》2011 年第 6 期。
② 张以庆:我所遵守的"幼儿园"法则.《南方周末》2004 年 12 月 23 日。
③ 张以庆:记录与现实——兼谈纪录片《英和白》,《电视研究》2001 年第 9 期。

（1）构图

在《英和白》中，没有了传统表达上的纪录过程，所谓的生活流程、状态之类的东西全部被切割成了碎片，只是一个人、一只熊猫、一台电视机构成了一个封闭狭窄而又孤独完整的世界。电视机在这里不只是道具，它实际上是英和白与外部世界——社会和自然界联系的一个窗口，一个通道；一个关于What的具体而形象的说明，这个世上发生的一切：科索沃战争、二恶英污染、印巴冲突、叶利钦辞职等……通过电视画面构成了白和英平静而漫长生活的大背景。

片子的开场，作者用一种"奇异化"的视角将观众吸引。在前景为虚化的铁栏杆的室内，电视是倒置的，女主人公——白的入画让我们确认画面是上下颠倒的。偶尔虚实变化的焦点增加了画面的吸引力，英（熊猫）的出场交代了视线发出者的存在。在这里，作者利用熊猫的视点不仅使画面生成新的意义，还使观众产生强烈的观赏体验。[①] 观众透过栅栏看大熊猫，大熊猫也以同样的视角在观看我们，我们是看客，我们也是被观看的对象。张以庆正是希望通过这样的作品去关照人和动物的尊严，去揭示人和环境的关系、人和人之间的沟通，去探究人的精神实质。

全片没有解说词，所有字幕提示才1000多字。在长达50分钟的画面中，有的只是琐碎的细节，充斥着英和白看电视，英受训练、洗澡、吃竹子乃至大小便的单调情节，人和熊猫只有几句简单的语言交流，没有冲突，没有事件，安静得足以让人窒息。

（2）音乐

音乐是人类所创造的与心灵最接近的表达工具。《英和白》一开场，就传出一段意境悠远、像是从心灵深处哼出来的一段女声独唱，非常具有感染力，这段歌声也为整个片子定下了基调。"我虽听不懂她唱的是什么，但这个女声独唱流露出的情绪很符合我对这部片子的情绪定位。这种调子从始至终，到接近结尾、出现'白'父亲的照片、直至新千年的钟声在电视中敲响，这种情绪达到了高潮：难以逝去的哀伤、黑暗中巨大的孤独、往昔一去不再复返的惆怅……像扑面而来的潮水一下子淹没了我们……这时候的情绪可能已经与歌词相去甚远，但我要的就是它最初的定位作用。在这里，音乐所表现出的

---

① 国玉霞:陌生的审视——从《舟舟的世界》、《英和白》、《幼儿园》看张以庆纪录片的表现艺术，《电影评介》2009年第11期。

情绪或者音乐之外的意义,既不属于拍摄对象也不属于我,而属于我们之外的那个所谓'意义'的领城。它只是被我们意识到并且运用了而已,说它是'上帝的声音'也未尝不可。我认为在制作片子过程中,有些东西是无法用语言表达的,一段曲子可能比'千言万语'还来得准确。"①

《英和白》善于运用音乐旋律里所特有的韵味和张力来渲染情绪,传递一些无法用语言准确表达的情感,借助音乐特有的张力来更好地表达主题。例如,白打开音响收听意大利歌剧的时刻是惬意的,歌剧把白和她的一半意大利血统联系了起来,让人们真切地感受到了白身上的异国风情;清新的早晨,白在曼妙的音乐中晨练是美妙的,人们可以感受到女主角的身心放松与享受;跨越千禧年之际,观赏三大男高音演唱会是令人激动的,通过采用叠画的手法展现她和父母的合影,以及白和英昔日在美国演出的照片,让观众看到了时间的重量和历史的苍凉,这所有情绪的涌现都源于音乐与人内心的沟通和契合;澳门回归之前倾听《七子之歌》,歌声与主人公的内心是呼应的。在这些段落中,作者将声画巧妙地结合,利用有声源音乐实现由客观叙事到主观表达的过渡。音乐成为白唯一能够释放内心情感的声音,也是观众可以感受白的内心世界的通道,音乐使人物与观众情感实现交流并得到升华。②

(3)同期声

在《英和白》中,"白"居室中的电视始终是开着的,电视里不断变换地播出各种节目:新闻、京剧、歌剧,甚至有早间的运动节目等等。这些喧嚣繁杂的电视声音与英和白居室的空旷寂静形成强烈的对比,以显示出英和白与世隔绝的、孤寂的心理状态。作者试图借用电视节目的内容来表达他所关注的主题。

"今年是1999年,是世纪之交,蛮特别的一年。这几年当中所有人对于整个世界、对于所有媒体资讯的吸收其实是很膨胀的,但是人的心反倒越来越空虚、越来越萎缩,每个人心里其实都蛮空乏的,蛮寂寞的……"

这是英躺在床上收看一段电视节目的同期音响,拍摄者借此来传递他的思考:在这个传媒发达、信息如此通畅的时代,人们反而愈发地感受到内心的寂寞,宁可与动物为伴,以取得内心的安宁。

---

① 张以庆:记录与现实——兼谈纪录片《英和白》,《电视研究》2001年第9期。
② 国玉霞:陌生的审视——从《舟舟的世界》、《英和白》、《幼儿园》看张以庆纪录片的表现艺术,《电影评介》2009年第11期。

片中的小女孩娟,总是一个人呆呆地坐在院子里等待爸爸妈妈回家,偶尔有人会从面前经过,但没有人去抱抱她、和她交谈,孩子失神的大眼睛充满着孤独寂寞。院外传来的《找朋友》儿歌传递出娟心灵中的渴望。①

《英和白》通篇都是由那些琐碎的生活细节片段组成的。白在片中几乎没有一句台词,唯一的话语就是:"英,好孩子听话啊!""英,乖,过来!"可就是在这简短的同期声中,血肉丰满地说明了白和英并不是简单的人与兽的关系,而是恰到好处地展示出母亲和孩子的慈爱之情。英调皮地用爪子拉扯白的头发时,白也是像哄婴儿一般要英放手。就连白对英不听话的训斥也是大人数落自家孩子的口吻。尽管字幕提示"资料表明,熊猫可以发出一种声音来表达情感",但在 50 分钟的时间里,我们只听到英一次微弱撒娇,那是在英与白拥抱时所发出的。②

二、《迁徙的鸟》:声与画的交响

法国著名导演雅克·贝汉在谈起拍摄《迁徙的鸟》的缘起时说:"人类并非独处于世界之上,我们与别的物种生活在一起,这些物种也都有着生存的权利。从《圣经》到毕加索,鸟类始终是自由的象征。我希望《迁徙的鸟》能够成为对它们的美丽与自由的一次致敬。"他认为"这部影片是耐心之作,它不仅是拍给爱鸟人看的,也是给所有人看的。大自然非常脆弱,如果不保护环境的话,人类将成为自然界的孤独者"③。

凭借这部影片,雅克·贝汉获得了法国电影恺撒奖最佳新锐导演、最佳剪辑、最佳音乐等多项大奖。2003 年,《迁徙的鸟》荣获奥斯卡最佳纪录片奖提名。这部电影刚一问世,短短的三个星期就有 250 多万法国人走进影院观看,并随后在欧洲、美国和日本风靡一时。

1. 记录真实

《迁徙的鸟》集中体现了世界顶级纪录片"获取真实"的水准——拍摄时间历时 4 年;与 1000 多只候鸟共同穿越五大洲 36 个国家和 175 个地区,行程10 万英里;总投资高达 4000 万美元;共有 600 多人参与拍摄;动用了 17 名世界上最优秀的飞行员、8 个摄影队;启用直升飞机、悬挂式滑翔机、热气球、特

---

① 刘敏:浅论纪录片中同期声的应用,《电影评介》2010 年第 9 期。
② 林畅:朴素的魅力——浅谈《英和白》的电视艺术创作思维,《记者摇篮》2004 年第 3 期。
③ 咏华:雅克·贝汉解说《迁徙的鸟》,《文化交流》2004 年第 3 期。

殊的军用飞机等设备;记录胶片长达 460 多英里。从寒冷的南极到炎热的沙漠,从深邃的低谷到万米的高空,进行追踪拍摄。

雅克·贝汉为了深入鸟的世界,表现出动物的情感,表现出人与动物之间的"感觉",而不仅仅是"记录",他与摄制组花了相当长的时间和鸟儿们"培养感情",其专业精神令人感佩。"这部电影使我们第一次能够真实地捕捉、见证和体会鸟儿对于飞翔的乐趣和情感。"拍摄的时候,300 多人的摄制队伍包括 50 多名飞行师、50 多名鸟类专家。第一年他们基本不拍摄,只是跟着鸟到处迁徙,让这些鸟对他们不再警觉。第二年开始使用动力伞、小型飞机和像鸟一样大小的内藏摄像机的航模等工具,把特殊的镜头固定在一个探头里,远远地伸过去拍。同时他们还驯养了一批野生鸟类,在航空母舰和工厂那几场戏就是这些"群众演员"协助拍摄的。过程非常艰难。他们拍了 30 多种鸟,每种鸟类需要不同的设备,有些鸟可以连续飞 8 天,2000 多英里不休息。为了拍到最佳效果,需要各方面条件都具备,这需要花很长时间等待。他们辗转几十个国家,每个国家要待上两三个月,可能只为了一个少于 1 分钟的镜头。但所有的工作人员都充满了耐心,没有人抱怨。拍摄的过程当中,也充满种种危险,随时可能碰上恶劣的气候,暴风雪、电闪雷鸣……有一次在3000 米的高空,鸟就在飞行员的前面飞翔,而飞行员除了安全带,什么保护措施都没有。①

《迁徙的鸟》因为全是用电影胶片拍的,投资巨大,即使在法国,找到投资人也非常非常困难,要收回成本更是不可能的事,"但是我的电影不是工业化的产品,而是因为兴趣和激情"。获取"真实"是吸引雅克·贝汉一直锲而不舍致力于纪录片拍摄的原因。他坦率地说,他在拍摄的时候是不太考虑马上收回成本的,如果把预算成本和票房作为主要考虑对象的话,他可能要等上10 年 20 年。他追求的是每一部作品都能与世长存。

2. 画面展现

《迁徙的鸟》给人们展现的是自然的奇迹,没有任何的人工雕琢的痕迹。在这样一部科学纪录片里,雅克·贝汉用独具欧洲气质的浪漫之声结合唯美画面,把原属自然科学范畴的鸟类迁徙主题拍摄成了洋溢着人文主义精神的不朽杰作。

跟随雅克·贝汉的镜头,观众走进鸟群,跟随它们踱步觅食,随后又在镜

---

① 咏华:雅克·贝汉解说《迁徙的鸟》,《文化交流》2004 年第 3 期。

头的带领下离开了地面,一起飞了起来。无比壮阔的航拍景象让人如痴如醉,心旌摇荡:蔚蓝的天空下,候鸟们成群结队,彼此呼唤鼓励着,翻越崇山峻岭,跨过浩瀚的大海,朝着远方展翅翱翔。它们目标坚定,靠太阳和星辰辨别方向,昼夜兼程,不远千里,只为了那个遥远的梦。大天鹅,飞越1800英里,从远东迁徙至西伯利亚冰原;加拿大雁,飞越2000英里,从墨西哥湾迁徙至北极圈;白鹳,飞越3100英里,从非洲中部迁徙至欧洲西部……配合行云流水般的自然画面,淋漓尽致地表现出候鸟飞翔时的状态,让观众一次又一次萌发要触摸那些鸟儿的愿望。从寒冷的南极到炎热的沙漠,从深邃的低谷到万米高空,让人们在为鸟儿们搏击长空而唏嘘感叹的同时,也对这些地球生灵们的艰辛奋斗而肃然起敬。而那对在迁徙途中休息的天鹅,头颈相对,摇翼相向,两喙相摩,两只长颈竟弯出一个情意浓浓的"心",这幅爱的图景寂静无声,却在空气中都倾注了爱的呢喃,令人心生回味无穷的温馨。

雅克·贝汉对光线的变化、彩色的张力、构图的安排、镜头的移动等都十分考究,影像清晰,纤毫毕现。光影的变化,拍摄角度的选择和设计,远景、中景、近景到特写的交叉运用,以及动与静的交替,都为观众创造了精美的视觉享受,音乐与画面的结合达到了高度的和谐与统一。《迁徙的鸟》总是变换不同的拍摄角度,配合摄影机的运动,营造活跃、动感的影像。俯拍展现候鸟"人"字形的迁徙队伍,俯瞰整个大地,唯有候鸟征服了波澜壮阔的天空;平拍候鸟飞翔在海平线上,坚毅的眼神透露出征服自然的勇气;仰拍候鸟挥动着强有力的翅膀,穿越风雨,为求生存勇敢前行。

剪辑的一个重要作用就是叙事的再创作。对于这样一部毫无叙事可言的科学纪录片来说,利用镜头运动和画面景别的蒙太奇剪辑就是叙事的重要组成部分。影片能够打动观众的不仅是航拍的全景,还有候鸟细腻的面部表情和陌生的眼神。这样一组张弛有力的画面拼接在一起,才能真正打动观众,触动人性的本质,进而在候鸟和人类之间建立起联系。[①] 影片充分展现了雅克·贝汉既善于发现和抓拍有丰富含义的镜头,更懂得在剪辑上下功夫,他有组接镜头的高超技巧。在片中,一只贪玩的灰雁掉队了,它被破旧的渔网缠住,在池塘里挣扎不能脱身。好心的男孩子慢慢接近它,并用小刀割断渔网,它带着残留的一段网线直冲蓝天。它活了下来,赶上了队伍。它们飞

---

① 王雪梅:浅析电影剪辑与电影叙事的造型功能——以纪录片《迁徙的鸟》为例,《青年文学家》2011年第9期。

过森林、湖泊、沼泽,飞过城市、农舍和田野……镜头特写对准了灰雁脚上残留的网线,经历了一场艰苦的迁徙之后,它又一次回到了当年被缠住脚的地方,那个曾经解救过它的男孩子长大了一岁,但还是像最初那样好奇地跑向雁群。①

3. 音乐烘托

蒙太奇剪辑并不单纯是画面的拼贴,也包括声音元素的加入,二者的有机配合才能形成最佳效果。《迁徙的鸟》全程记录下了候鸟的呼吸声、振动翅膀的声音、划过水面的声音,打闹的声音,呼朋引伴的声音,树枝摇曳的声音,雪崩的声音,以及惊涛骇浪的"轰隆",细水长溪的"淙淙",风摇雪舞的"呼呼",精灵鸟儿的"唧唧",沧桑老雁的"呀呀"……这些纯粹原始的声音都是大自然的呼吸,增加了影片的真实感、现场感,拓展了画面环境的纵深感,有效地营造和烘托了剧情发展的气氛。

在《迁徙的鸟》中,宛如天籁的美丽和声,配合着候鸟自由飞翔的画面和秋水共长天一色的景象,悠扬、清澈而又辽阔。让天空、飞鸟、静谧的树丛、广袤的沙漠都变得仿佛可以触摸。而在鸟儿遇到并克服每一次困难的时候,在新的生命诞生或鸟儿聚集在家乡的时候,音乐都给予了巧妙的配合。开篇是一首温情而略带伤感的情歌,其间混入鸟群展翅的自然之声,未加修饰却与钢琴声浑然一体。其后的器乐时而以北欧民歌清亮悠远的音调,加深候鸟归来的优雅意象;时而以紧张的管弦乐合奏,表现迷途于工业烟雾污染中候鸟的情景,进而用合唱赞颂鸟类飞越海洋、荒漠、森林、河流、冰川、山谷的壮丽景象。所有这些设计精美的和谐音符都表现出对神秘大自然的温情与崇敬。②

一位评论家曾这样褒奖说:《迁徙的鸟》以最温暖的人性化音乐,陪你见证了生命的坚韧与伟大,大自然的神奇与瑰丽,让你总有一种脸颊紧贴大地的诱惑,顿时发觉每个人都是一只候鸟,只是在现代化的雾霭中困顿于对生命本真状态的追求,但最终抵挡不了造物主的拥抱,就像片中所唱"明天我将会飞翔,为了回到你身边"。③

---

① 洪艳:自然类纪录片的艺术探索,《电视研究》2007 年第 3 期。
② 洪艳:自然类纪录片的艺术探索,《电视研究》2007 年第 3 期。
③ 钟影:《迁徙的鸟》向自由和美丽的鸟类致敬,《中国妇女报》2004 年 3 月 30 日。

【延伸阅读】

新媒体语境下微纪录片的年轻化表达

随着数字媒体和网络技术的发展,新媒体发展势头强劲,并拉动短视频成为传播新形态。中国传媒大学教授赵淑萍提出"微纪录片"概念,指制作时间迅速、传播速度快、一般时长在 4～10 分钟以内的纪录片。比起传统纪录片关注宏大叙事、整体叙事,微纪录片更关注观众共鸣的小叙事、细节叙事,叙事方式也更精致、有新意。

内容表达:古老国宝的当代新解读

首先,《国宝》将有厚重历史的国宝人格化,并运用时下流行的表达方式吸引年轻人关注。开篇第一句话"叮,你有一条来自国宝的留言,请注意查收",这类微信式的语音符合现代媒介传播短平快的特点,拟人化的角度使国宝仿佛在话筒的另一侧诉说着自己的前世今生,不再是冷冰冰的器物,而是具有血肉的鲜活个体。

此外,每一集出现的国宝都经过精心挑选,各具风格,再经过节目的展现,国宝的特质常与时下的流行事物相结合,让观众发现国宝的"可爱"之处。轻松幽默的解说词符合当代年轻人自由、轻松、幽默的观剧习惯,不仅让人印象深刻,还使年轻观众从被动灌输历史知识转换为主动传承历史文化传统。

叙事策略:多元视角下的悬念叙事

1. 多元叙事视角

著名学者托罗多夫提出了叙事学上的三分法,即全知视角、内视角、外视角。《国宝》主要采取了全知视角和内视角两种叙事视角,并在一些情节中穿插使用外视角叙事。运用第三人称从全知角度对太阳神鸟金箔进行介绍,让观众更客观地了解该文物。带有散文意味的唯美风解说词,将玉制品晶莹剔透的视觉感官与听觉打通,通过这样极富感染力的叙事方式拉近文物与观众的距离。

2. 悬念叙事设置

《国宝》在每一集正标题后安置小标题,一方面对单集主题思想进行提炼升华,另一方面巧妙利用悬念的叙事策略,引发观众兴趣并带动思考。在《国宝》中,标题的悬念设置俯拾皆是,如《凌家滩玉版玉龟——玉中迷藏》《鸮尊——一只猫头鹰的待遇》《龙山蛋壳黑陶杯——0.2 毫米的精致》等,光看标题就已让观者好奇。通过标题"先声夺人",是《国宝》牢牢吸引观众的又一策略。

意义生产：弹幕场域下的文本再读解

《国宝》采用台网同播的模式,年轻受众能够通过 B 站关注节目,并根据观后感受自由发送弹幕,形成一种节目叙事话语体系之外的对话空间,并在对话中再生产文本之外的丰富意涵。

在对每期显示的弹幕进行内容分析后发现,占比最高的三大类弹幕依次为对传统历史文化的延伸探讨、地域身份认同、二次元风格表达。可以看出,弹幕内容呈集中化特点,网民基本围绕节目内容进行互动。首先,传统历史文化的延伸主要体现在对于文物历史背景的拓展,如《后母戊鼎:国重之器》,在讲述青铜器主要用于制作祭祀器和武器时,会出现百余条弹幕解读文物历史,这种对历史背景的补充和探讨,使节目传达的知识得以扩展,呈现出年轻人对传统文化的趋近。其次,地域身份认同主要体现在当文物具有浓厚的地域色彩时,当地观众为抒发对地域乡土的热爱往往会打出诸如"为我河南博物院疯狂打 call""洛阳的等我"之类的弹幕,简单的报地名形式彰显地域骄傲。最后,二次元风格表达基于 B 站用户建立的社区调性,出现许多网络用语情绪表达,如"233""打 call""前方高能"等。节目想表达的深层内涵,由于网友的弹幕参与、阐释、互动和传播得以实现,网友用大量简短的弹幕丰富了节目内容,填充了历史细节背景,用个性化的表达增进了现代化情感认同。

除此之外,新媒介语境下的青年群体借助弹幕,掌握了二次生产和传播的主动权,其构成的亚文化圈对传统主流文化发起微弱抵抗,解构了初始文本单向度的权威性。

弹幕的游戏性与戏谑性解构了传统,满足了青少年强烈的表达诉求,这种调性与巴赫金的"狂欢理论"不谋而合,"神圣同粗俗、崇高同卑下、伟大同渺小、明智同愚蠢接近起来"。青年群体通过这种网络狂欢,享受着特定圈层壁垒内脱离传统文化规训的欢愉,使《国宝》传递的主流文化意识染上了后现代主义的色彩。

媒介环境在不断变化,顺应时代潮流并满足受众文化需求的微纪录片,成为融屏时代纪录片的一种可借鉴形式。

——摘自苏意宏、魏晓琳:新媒体语境下微纪录片的年轻化表达——以《如果国宝会说话》为例,《中国报业》2021 年 2 月(下)。

第九章
电视生活服务节目的策划

当代中国已从商品短缺时代过渡到了商品过剩时代,大规模的消费是当代社会的一个显著特征,现代消费文化已经成为当代中国的宏大叙事主题。电视传媒在以绚丽多姿的声像符号编织富有象征性的消费盛宴、创造消费的文化意义的同时,也进一步强化了电视传媒信息服务、商业服务、文化服务的功能指向。恰如罗杰·西尔费斯通所言:"作为一项技术的电视连接了当代文化,人们消费电视,也通过电视消费。"[①]消费主义和快乐主义的大行其道,为电视生活服务节目的崛起提供了有利的时代背景;而有效地培育和引导消费,则是大众传媒特别是电视传媒富有时代特色的新的社会功能。

第一节 电视生活服务节目概述

一、电视生活服务节目的定义

《广播电视词典》(中国广播电视出版社 1999 年版)把电视生活服务节目定义为"以实用性内容为主,直接为观众日常生活、学习、工作服务的电视节目"。

具体地说,电视生活服务节目就是通过传播信息、解答问题和反映观众呼声,帮助观众解决日常生活工作和学习中的各种实际问题,为社会提供直接具体的服务。电视生活服务节目注重使用价值,力求满足现实生活中的各

---

① [英]罗杰·西尔费斯通著:《电视与日常生活》,江苏人民出版社 2004 年版,第 160 页。

种服务需求。①

电视生活服务节目是我国电视的一个重要节目类型。自中央电视台 1979 年播出《为您服务》以来,生活服务节目随着中国电视节目的发展而丰富,随着中国社会的转型而变迁。《为您服务》《家庭百事通》《生活之友》《社会与生活》《观众中来》《今晚我们相识》《电视商场》《生活》《天天饮食》《玫瑰之约》等栏目曾在不同的历史时期影响着人们的生活,形成了观众对于时代的集体记忆。有专家指出,30 多年来,电视生活服务节目的内容和形态都发生了巨大的变化。"题材内容上从家庭日常生活延伸到商品消费、社会交往;从外在的衣食住行扩展到内在的精神心理、情感生活;从泛综合的内容拼盘转向主题化的细分。形态上从单一走向多元,各种节目元素,如故事化元素、情景剧元素、脱口秀元素、真人秀元素、综艺游戏元素、现场实验等都融入到生活服务类节目中,从而呈现出一种多元杂糅的形态。在功能上,从注重实用服务到强调情感娱乐,从兼顾节目的价值引导转向注意力经济下对商业利益最大化的诉求。"②

二、电视生活服务节目的类型

电视生活服务节目通常可以分为日常生活服务、情感生活服务和时尚生活服务三大类型。

1. 日常生活服务类

主要是有关人们日常衣食住行的生活常识性节目。如美国斯克里普斯公司的《家与花园》节目,贴近生活,实际可操作性强,内容涵盖面广,分类细而精致,从日常生活、家庭园艺、房屋内外装饰到手工艺品的制作等,无不渗透着生活的灵气。

中央电视台 2000 年 7 月推出的生活服务类节目《为您服务》,由《家事新主张》《生活培训站》《法律帮助热线》《旅游风向标》四个不同结构类型的小板块组成。《家事新主张》以记者现场展示的形式,深入百姓家居生活,带领观众发现生活新感受;《生活培训站》则以主持人演播室讲解演示的形式,展现改造生活细节的新手法,传播时尚生活观念;《法律帮助热线》邀请节目随行律师在当事现场进行法律咨询,一方面促成当事人双方的司法调解,另一方

---

① 韩青、郑蔚著:《电视服务节目新论》,中国广播电视出版社 2005 年版,第 1 页。
② 于烜:《转向:中国电视生活服务节目之变迁》,清华大学出版社 2013 年版,序言。

面借此给观众提供普遍意义上的法律咨询和帮助;《旅游风向标》以普通观众亲身参与的方式,自然贴切地为观众提供切实可行的旅游信息服务。

杭州电视台的《生活大参考》,是一档集实用性、参考性和互动性于一身的栏目。整档节目遵循着"好看又实用"的宗旨,以黄晨昕、汤大姐诙谐幽默、插科打诨的主持风格,加上生动有趣的传递生活技巧和生活常识的 VCR,共同构成一档生活服务类节目。整档节目风格轻松愉快,传递观众所需要的、对日常生活有帮助和指导作用的内容,尊重生活的智慧,满足普通市民的媒介生活需求,为他们提供了展示生活智慧的平台。

2. 情感生活服务类

情感服务类节目以人物情感为主要题材,关注个人的情感经历、成长故事及人际关系,以情动人,调动嘉宾和观众的情感参与,引起观众情感共鸣。它主要以心理咨询为主,旨在解决现代人们生活中所遇到的各类情感方面的问题。

伴随着社会的高度发展,人们的生活压力也与日俱增。这种生活压力的增长不仅表现在物质生活层面,更多地集中体现在心理层面。因此,社会转型时期大众的精神需求是情感服务类节目兴起的基础,受众的心理需求和情感满足是情感服务类节目发展的动力,传播者对电视媒介发展规律的探寻是情感服务类节目兴盛的源泉。[1]

2010 年 1 月初,东方卫视《幸福魔方》横空出世,并在短短三个月内就进入全国同时段收视率前三名。网友将《幸福魔方》誉为电视版的《知音》,认为它致力于"反映中国社会在城市化进程中的人与人的关系,挖掘人间真善美和内心深处的情感"。以人的情感为主线,以情绪性的谈话和生动感人的故事来展现情感的美好、人生的变幻,用真情去打动人、感染人,是情感服务类节目的立足点,也是《幸福魔方》成功的根本原因。《幸福魔方》作为情感服务类节目的创新先锋,以平民化的视角,用平民化的语言,讲述正在发生的平民故事,无论在形式和内容方面都开辟了发展的新思路和新思维。[2]

3. 时尚生活服务类

时尚是一种时代精神,也是一种生活态度,它是人们对美好生活的最本

---

① 王欢:情感类电视谈话节目研究——以东方卫视《幸福魔方》为例,安徽大学新闻学硕士论文 2013 年。

② 王佳华:用"魔方智慧"寻找幸福之门——东方卫视《幸福魔方》栏目分析,苏州大学新闻学硕士论文 2011 年。

能又自然的追求。时尚不能简单地理解为吃喝玩乐、追逐流行、高档消费,它的本质在于发现美好和创造美好,是人们对美好生活的一种积极态度的体现。时尚服务类节目是社会经济发展到一定程度因市场需求而衍生的一种电视节目形态,它是传递美好生活的使者。

《美丽俏佳人》是旅游卫视一档王牌美妆节目,定位于都市中追求时尚生活方式的女性。以"像明星一样美丽"为宗旨,为女性提供时尚锦囊、漂亮秘籍、美丽课程,打造最权威、最时尚的美妆盛宴。节目凭借名牌主持人、当红明星、时尚专家强强联手,新颖的视角、轻松的形式、直观的现场展示,以及高水准的播出平台等方式,凸显了自己的特色。

凤凰卫视的《完全时尚手册》节目,以"引领时尚,倡导消费"为己任,旗帜鲜明地在大众传媒中张扬消费主义文化。它以一种新时代的杂志形式,贴近都市的时尚脉搏,为观众搜罗世界各地时尚信息,把握全球生活潮流脉动,凸现时尚背后的格调与积淀,展现生活中各类高格调的消费和服务,服务于日益富足的人群。节目从周一到周五,每晚的内容各不相同:周一的"天桥云裳"报道全球最顶尖的时装设计品牌,介绍最新的彩妆技巧、趋时的衣饰配搭,提升观众对美的认知;周二"皇朝家私我的家"走访华丽豪宅、特色公寓、主题酒店,开拓观众眼界,引入更多家具设计的新灵感;周三"数码港"介绍尖端科技产品,展示产品价值;周四"品味点"带领观众见识世界最震撼人心的艺术精品;周五"车元素"报导世界各地车坛盛事,介绍全新名车,深入分析汽车行业发展走向。伴随着主持人的甜美笑容,《完全时尚手册》以润物细无声的方式完成了对广大观众消费文化的洗礼与传播。

三、电视生活服务节目的兴起

1. 传播理念的嬗变

历史地看,电视生活服务节目在我国的兴起,与改革开放的推进密不可分。在相当长的一段时间里,中国的电视节目过分强调政治功能和宣教功能,偏好单向灌输,忽视双向交流,官方色彩浓厚而平民意识淡薄。改革开放的历史大幕启开后,我国进入了一个社会文化重建的新时期,健全的个性开始复归,以人为本的人文主义在人们的思想中产生了很大的影响,尊重人的个性和关注人的生存状态,成了生活着的人们的共同需求。也正因此,在社会生活中形成了一种"世俗关怀"的文化潮流。

在这样的社会文化背景下,作为大众传播媒介的中国电视,也掀起了一场平民化、平民风格的"革命"。电视节目开始把观众看成平等的交流者,确立以观众为中心的传播理念;电视镜头越来越多地自上而下地对准了普通百姓,用平民化的视角、平民化的情感、平民化的语言去关注和表达普通大众的日常生活,从百姓的视角去看消费,展示平民百姓普通生存的消费欲望,想百姓所想,忧百姓所忧。其中聚焦消费背景下中国普通百姓的《生活》栏目及《为您服务》节目,就是这一"革命"的重大成果和最为突出的代表。① 电视在把生活原汁原味地还原给观众的同时,也在传者与受者之间建立起平等与尊重的关系。

2. 传媒市场的细分

电视生活服务节目的兴起,也是传媒市场细分的必然结果。电视传媒市场细分,是电视传媒按照一定的分类标准(人口、地理、受众心理、受众接受传媒行为等),把电视传媒可进入的市场分割为若干个具有相似欲望和需求的市场或子市场,以用来确定电视传媒市场目标的过程。它建立在充分认识市场的基础之上,是进行市场目标化的前提。

早在 1990 年,美国未来学家阿尔文·托夫勒在其著作《权力的转移》中就曾预测:当代新闻传播的一个发展趋势,是面向社会公众的信息传播渠道数量倍增,而新闻传播媒介的服务对象逐步从广泛的整体大众,分化为各具特殊兴趣和利益的群体。

一个普遍的共识是,细分市场的规模和增长度是评估细分市场的重要因素之一,受众需求的复杂化决定了电视收视的分众化,小众的视角在足够大的范围内便累计成为大众视角,于是便有了专业化频道的生存空间。例如,年龄不同的人兴趣不同,对节目的选择就不同,并且具有一定规律性。对生活服务类频道的定位来源于:老年人对养生保健的兴趣,成年人对生活品质的要求,年轻人对生活情趣的探索。不同文化层次的人需求也大相径庭,文化程度高的人喜欢有深度、有思考价值的节目,而文化程度较低的人则相对喜欢娱乐消遣性、快餐式的节目。② 在分众化已成为现实的媒介环境下,电视生活服务节目不得不在节目内容、制作形态、主持风格等方面进行创新,以符合日益分化的受众群体,同时努力争取更多的潜在受众。

---

① 张兵娟:"平民视角"与"人文关怀"——浅谈经济生活服务类电视节目,《新闻爱好者》2001年第9期。
② 张卫宁、赵稚雅:试析生活服务类节目的市场营销,《当代电视》2012年第3期。

3. 消费社会的影响

从一定的意义上讲,电视生活服务节目的兴盛与发展,也得益于消费社会的强劲推动。

法国社会学家鲍德里亚认为,当代消费社会的明显特征,一是消费社会以最大限度攫取财富为目的,不断为大众制造新的欲望需要;二是消费意识的转化,超前消费和一掷万金成为时代精神的表征。置身于消费社会,我们被物所包围,我们生活在物的时代,我们根据物的节奏和不断替代的现实而生活着。这种大规模的物的消费不仅改变了我们的生活方式,也改变了我们的思维方式、社会心理、社会关系、消费观念、交友方式。

这种消费模式的改变同时伴随着文化的整体性转型。当代消费社会中消费的典型特征,表现为我们已经从原来单纯地消费物质形态的商品,过渡到不仅消费物质形态的商品,而且消费非物质形态商品和物质形态商品中的非物质因素。所谓"非物质形态"的商品,如旅游,休闲,各种服务,各种娱乐。所谓"物质形态商品中的非物质因素",是指产品的品牌、包装装潢、营销策划、广告宣传、公关、形象设计、CIS 导入等。显然,消费时代的消费,已不仅仅是一种经济行为,而是个体欲望合乎人性的外在表现,即消费实际上更本质地表现为人的一种生存权利。

在鲍德里亚看来,"电视就是世界"[①]。电视凭借图像将时尚转化为"形象"编码,而大众则在这样的"形象"中,享受这身体的快感。这样一种获得快感的过程,与大众在传统的日常生活中的饮食、娱乐行为并无本质的区别。由此,电视借助技术的发展创造了一种全新的符号消费形式,正是依赖这样的一种消费形态,在社会生活中具有强大传播能力的电视媒介,在商业利益的驱动下,自然而然地成为推行、建构社会消费主义的同谋者。

四、电视生活服务节目的特征

1. 实用性

实用性是服务的核心。电视生活服务节目要为目标受众提供有效的服务,十分重要的一点就是必须提供内容实用的信息,满足目标受众生活中的多样化需求,给予目标受众有益的生活指导与示范。实用的魅力在于它深入到受众日常生活的每一个细微之处。电视生活服务节目只有关注到观众生

---

① [法]让·鲍德里亚:《消费社会》,南京大学出版社 2008 年版,第 113 页。

活的细微之处，节目才能与观众产生共鸣，契合人心，留住观众。

央视综合频道的早间生活服务类节目《生活早参考》的选题标准第一条就是实用性。家居实用知识类节目中具体选题主要是以如何选择米、油、蛋、酱油等生活必需品以及各种健康生活的实用知识为主，内容直接与日常生活对接，成为人们生活的参谋和帮手。如《货真价实的大米》《香油的秘密》《不同的酱油》《离不开的洗衣粉》等。虽然这档栏目的主要选题方向与以往生活栏目相差不大，但节目在制作的过程中，着力点是挖掘主题的深度和广度，找出每期主题令人迷惑不解或无法判断的原因，给人们日常生活的正确选择提供科学依据。①

北京卫视的《养生堂》一直是北京卫视收视率很高的节目，它已成为许多观众实用的生活伴侣。在当今社会，人人需要健康，但是，几乎人人又都被这样那样的疾病所困扰，因此，制作这样一档权威的健康卫生节目就是在接地气和满足受众需求。节目中请来权威医院的权威专家为观众讲述各种医学卫生知识，现场为大家答疑解惑和普及健康知识。2012 年节目被评为全国的优秀栏目。

2. 专业性

电视生活服务节目提供诸如健康提示、寻医问药、医疗保险、出行参考、买房装修、劳动合同、社会保障、求职指南等专业指导和温馨服务，因此，其节目主持人和嘉宾常常是各行各业的行家里手、权威名家，他们不仅具有扎实的专业知识基础，还具有恪尽职守的专业精神；节目内容既关注日常生活的微观视角，也关注社会生活和消费潮流的发展动向，及时捕捉生活中的新问题；既展示生活日新月异的变迁，还传达国家与政府的方针政策、传播健康向上的新生活理念。

《职来职往》节目中的 18 位职场达人，涵盖了公关教育人力资源销售法律等多个行业，他们当中有新东方的唐宁，也有宝洁大中华区公关总监陈默，有专门针对选手外形及服饰搭配进行点评的尚涛老师，也有从人力资源分析师的角度对选手求职表现进行专业点评的智联招聘人力资源部总监张勇。这18 位达人不仅是各自所在领域的佼佼者，也是能言善辩的演说家和冷静理智的观察者，他们在节目录制过程当中许多精彩独到的点评，在节目播出后受到了广大观众的追捧和喜爱，并被不少网友整理成"108 条达人职场语录"。

① 程云：电视生活服务类节目转型刍议——以央视《生活早参考》为例，《电视研究》2011 年第 11 期。

其中,身为 18 位职场达人之一的光线传媒刘同还倾情作了一部职场语录《这么说你就被灭了》,由此可见职场达人的专业素养。

3. 亲和性

电视生活服务节目的亲和风格,集中表现为给观众以亲切、平易、惬意的感觉,它是编导和受众之间的心与心的交流。这种感觉既来自于主持人和蔼可亲的微笑、温馨宜人的演播环境,也来自于节目内容的亲切周到、节目设计的细心体贴。节目要于服务中渗情,寓情于服务。无论参与者是男是女是老是幼;无论是保健上的冷暖呵护,还是理财上的耐心劝慰;无论是饮食上的叮咛嘱托,还是购物上的娓娓而谈,均应流露出生活服务节目的关切之意。不是为了服务而服务,而是为了关怀而服务。例如杭州电视台生活频道即宣称"以亲和性、服务性构建节目框架"。

《新老娘舅》是上海一档具有极高人气的生活服务节目,它每天邀请一对有矛盾的当事人步入演播厅,主持人和人民调解员现场为他们排忧解难,以法律为手段,以道德为评判,去解决赡养老人、婆媳争吵、房产纠纷等家庭矛盾。节目点评有力到位,调解公正仔细,大力体现人文关怀和心理疏导,将真实事件和综艺手段完美交融。收看节目后,人们得到的不是简单说教,而是从道德操守到法的精神的提倡,看到了面对纠纷的智慧和解决矛盾的艺术。①

4. 时尚性

时尚,顾名思义就是"时间"与"崇尚"的叠合,通常是指人们在短时间内所崇尚和追求的一种高品质生活。随着人们生活水平的不断提高,当代人对时尚的追求不再仅仅停留于物质层面,更多地开始追求时尚的精神内涵。时尚涉及生活的各个方面,如衣着打扮、饮食、行为、居住、甚至情感表达与思考方式等。无论是传播健康从吃做起的生活理念,还是助人改头换面、充实信心的整形服务;无论是倡导自己动手、环保家装的空间设计,还是足不出户便可"购遍天下"的电视购物,无不展示了生活的美好与多彩。从《魅力前线》到《我爱我车》,从《好莱坞健身教练》到《名人保健俱乐部》,电视生活服务节目竭力顺应受众的心理需求,最大限度地挖掘电视传媒与商家的目标观众。

作为国内唯一的专业化旅游主题卫星电视频道,旅游卫视的宗旨是"旅游资讯立台,时尚娱乐并重",形成了以行走类、时尚类、娱乐类、资讯类为主的四大节目群。目前播出的有《中国旅游报道》《有多远走多远》《第 42 天》《玩

---

① 沈慧萍:透析上海电视生活服务类节目,《新闻爱好者》2009 年第 11 期(下)。

转地球》《旅游剧场》《音乐流行榜》《衣妆盛典》等栏目。

　　隶属于美国斯克里普斯公司的"自己动手电视网"(Do It Yourself Network)的节目,围绕家庭、手工艺、生活常识等主题,以激发创意灵感为主旨,让观众动手创造身边美好的生活。晚间节目主要有:《一流的工具》(Cool Tools)、《疯狂的景观改造》(Desperate Landscapes)、《厨房大变脸》(Kitchen Renovation)、《家装细致活》(The Inside Job)、《让房产增值》(Sweat Equity)。

第二节　电视生活服务节目的策划要素

　　《哈佛企业管理》指出:"策划是一种程序,在本质上是一种运用脑力的理性行为。所有的策划基本上都是关于未来的事物,也就是说策划是针对未来要发生的事情做当前的决策。"[①]具体到电视生活服务节目的策划,实际上就是要根据日常生活现实中的各种信息,判断和预测电视生活服务节目发展变化的趋势,全面构思、设计实施方案,选择温馨周到的服务方式,从而为电视生活服务节目的良性运作创造条件。

一、强化服务意识,将关怀与温馨巧妙地嵌入节目之中

　　电视生活服务节目的优势何在?优势就在于它以实用性的内容帮助百姓解决与生活息息相关的实际问题,为观众的生活提供实际服务。电视生活服务节目的实质是"生活＋服务"。如何更好地表现生活,更好地服务到位,实际上就是如何将关怀巧妙地镶嵌到节目中去的问题。从广义上说,关怀是内容,而镶嵌则是形式。内容决定形式,反过来形式又促进内容,二者相辅相成。电视生活服务节目只有不断强化服务意识,才能成为介入社会生活的文化力量。

　　消费纠纷、投诉是媒体经常要面对的问题。选题如何既有典型性,又具有广泛性,这是媒体常常要面对的课题。例如,北京电视台的《生活面对面》节目曾经接到过一个观众热线,一位退休老太太花了大半辈子的积蓄在通州买了一套房子,合同签了,定金交了,但拿钥匙时,房子却不是自己要的那一套。这时候,想退已经没那么容易了。节目记者最初只想曝曝光就行了,但在做节目的过程中却有了新的发现,协议和发票中用了"定金"和"订金",这

---

　　① 谭天、王甫著:《电视策划学》,中国国际出版社 2003 年版,第 6 页。

两个词在法理上有不同的解释。记者顺藤摸瓜,深入调查,将"定金"与"订金"这个消费者极易忽略的问题剖析得水落石出。节目播出后,工商部门对开发商的不法行为进行了查处,消费者也依法讨回了自己的定金。一位律师来电话称赞节目做得深入透彻,澄清了误区,起到了释疑解惑的作用。

另有一位观众,花7000元为自己的儿子买了一块雷达表,使用不到半年就修理了三次。她到权威部门进行了检测,确认是表本身的问题。按照"三包"规定,她要求退货,但商家却以使用不当为理由,拒绝退换。即使退货,也只能退表盘而不退表带。到底该不该退?怎么退?针对这个选题,节目记者采访了相关的政府部门和权威人士,认为表盘不但该退,表带也该一块退换。这件事虽小,但类似的问题却带有相当的普遍性,同一类问题的观众都可以从中举一反三。①

随着民众经济收入的提高,闲暇时间的增多,他们对生活品质、养生保健有着热切的追求,然而当前各种似是而非的保健、养生信息"乱花渐欲迷人眼"。怎样才是科学、健康的生活方式?老百姓面临着巨大的选择困惑。这时,他们特别希望有一个有公信力的媒体来充当"生活侦探",用科学的手段帮助他们考察、验证信息的真伪。基于以上分析,湖北卫视《生活·帮》栏目在创建之初就明确:不捧神医、不造偶像、不传播未经验证的生活经验,而是反其道而行之,从粉碎谣言入手,普及科学知识,倡导科学、健康的生活理念。节目首创将实验室引入演播室,用严谨的科学实验来求证、甄别各种传闻的真实性、有效性,以"粉碎谣言,健康生活"为宗旨。有别于同类节目,《生活·帮》重点并不在于传授生活妙招、窍门或烹调、养生知识,它重在实验、重在证伪。每期节目都会选取广受关注、广为流传的与生活密切相关的传言进行实验,通过记者体验调查、实验室科学实验、主持人现场讲解和专家权威解答来还原真相,有志于打造成为中国版的《流言终结者》。②

二、从"当家人"的角度,设身处地地思考和选择日常生活的话题、难题

在市场经济条件下,任何一个企业,任何一种产品都必须思考:自己的产

---

① 任友红:从《生活面对面》栏目谈生活服务类节目的服务意识,《中国广播电视学刊》2002年第11期。

② 黄慧:生活服务类节目的创新路径——以湖北卫视《生活·帮》为例,《南方电视学刊》2012年第8期。

品是提供给哪一些消费者的,是满足消费者哪一种需要的。换言之,消费者的某种需要主要是由自己的产品而非其他产品来满足的。对目标受众定位的过程,既是对电视生活服务节目在整个电视节目系统乃至整个大众传媒系统中的位置进行确认的过程,也是对受众的群体特征、社会心理进行分析的过程。

家庭是社会的基本细胞。"当家人"是电视生活服务节目的主力受众,他们对日常生活的实际问题最敏感,也负有最直接的责任。因此,电视生活服务节目就应该采用当家人的视角,关注当家人的需求,化解当家人的烦恼,拨动当家人的情感,从"当家人"的角度设身处地地思考和选择日常生活的话题、难题。

例如,假冒伪劣商品的日益猖獗是一段时期讨论得比较多的话题,老百姓十分关心。那么生活服务节目就应该告诉观众甄别假冒伪劣商品的方法。针对农药公害这个越来越被人们所重视的问题,就应该向观众传授怎样识别有毒蔬菜水果,以及蔬菜水果消毒、解毒的方法。

上海电视台的《生活广角》节目在重阳节时,由主持人带领大家一起讨论"老了怎么办?""养老是在家里好,还是在养老院里好? 各有什么利弊?"分析在家里养老要注意些什么,提示送老人到养老院应注意些什么,并进而介绍上海养老院的各种类型,老人的实际生活画面及感受,养老院的收费标准。此外,还告诉老人有哪些合法权益,以及老人如何保护自己的合法权益。这样,既化解疑难,又入情入理。《生活广角》节目还针对经济发展、生活演变,今日市民大多开始淡忘"租赁"概念的现象,及时推出《租赁在上海》,主持人以自己进行消费的形式,介绍了旧曲新唱,老"租赁"中包含的新生活的意味;美化家居,不必头疼不懂养花,可以租鲜花;短期居住,不习惯宾馆,可以租赁公寓;通信服务,一时还不想买手机,可以租赁一台;买不起轿车,或者暂时还不能下决心买轿车,可以租赁一辆。节目甚至还进一步告诉你,哪些地方可以租到什么,大概要花多少钱……①

德国 RTL2 频道的健康节目《爱护孩子》,旨在对现代父母提出忠告:不良的饮食习惯和生活方式会影响下一代的健康。每一集中,受邀的专家学者凭借高科技仪器,模拟 40 年后在问题家庭长大的小孩成人后的模样,然后帮助这些家庭改变其生活方式以让过胖的孩子恢复健康。节目中,营养师的第

---

① 王霞、胡范铸:谁是受众——生活服务节目的目标市场定位,《中国广播电视学刊》1998 年第 2 期。

一任务是追踪观察问题家庭,第二项任务是教育指导该家庭。节目完整记录家人面对新生活时的态度和反应,以及在这过程中发生的一些趣事。

三、拓展题材的深度和广度,不断推出富有时代内涵和现代气息的节目

电视生活服务节目是社会发展的风向标,人们生活中的新思想、新动向、新潮流、新问题都是节目的反映对象。社会生活的新发展对电视生活服务节目提出了新的要求,人们不再满足于过去那种围绕着柴米油盐转的纯服务性节目,而是要求符合时代节拍,不断向深度、广度拓展的生活服务类节目出现,这就要求电视生活服务类节目要在传统观念的基础上,融入新的理念,与时代节拍相吻合。因此,电视生活服务节目的选题与策划,应当适应时代和社会的发展,向深度和广度进行拓展,做到与时俱进开拓创新。

上海电视台生活时尚频道(Channel Young)则代表了电视生活服务类节目这种新的发展趋势。生活时尚频道以倡导优质的生活态度、传播时尚的生活方式为宗旨,以自由、当代、优雅、前卫为节目风格,以 20~45 岁的城市人群为目标观众,立足上海,面向全国,把国内最新的时尚资讯以及时尚生活的专题节目带给观众。同时,它还与美国、英国、法国、意大利、日本及东南亚的媒体和商业机构合作,把世界范围内的时尚盛会、品牌发布、流行趋势等资讯同步传入上海,传入中国,成为中国观众了解国际时尚的窗口和桥梁。其主打栏目包括《今日印象》《人气美食》《心灵花园》《十字街头》《大城小事》《相伴到黎明》《超级模特》《风尚东方》《时尚领地》《新食尚》和《生活前沿》等,仅从栏目名称的设计看,就显示出时尚的气息。如《今日印象》用大众最能接受的眼光解读时尚,让风尚为我所用、随心所用,让优质的生活理念渗透进每一个生活细节。

江苏靓妆频道是面向全国的全数字化付费电视频道。它以美容、美体、服饰、礼仪等流行资讯为内容定位,目标观众锁定极具时尚品位和消费能力的中青年白领。节目囊括时尚新闻、时尚纪实、秀场发布、选美专场、扮靓指南等多方面的精彩内容,是目前国内内容最丰富、更新最及时的时尚电视频道。它与法国时尚频道和意大利时尚频道紧密合作,与世界主流时尚电视媒体同步播出来自巴黎、纽约、米兰、东京四大时尚之都以及国内主要时尚城市的服饰发布及其他流行信息。

北京光线传媒开发制作的《时尚风云榜》是一档大型时尚资讯类节目。

节目以榜单的形式评点时尚,影响时尚。它以北京、广州、香港、台北、首尔、东京为日常"主力描述区",强调源自生活的新锐时尚,凸显时尚本土化,贴近生活,贴近日常消费人群的时尚需求。

电视购物节目已成为网络时代人们居家休闲时的收视新宠。成立于1986年的美国最大的电视购物公司QVC(即Quality质量、Value价值、Convenience便利的缩写),目前已成为美国乃至全球最大的电视及网络购物零售商。QVC实行24小时全天候直播(圣诞节、新年及感恩节等节日特别节目会提前录制),销售的商品包括食物、化妆品、衣服、珠宝首饰、电子产品、家具等,可谓应有尽有。观众不仅可以通过电视购物,还可以登录QVC的网站(qvc.com)购物,也可以到它的五间代销店和一间旗舰店购物。①

四、添加娱乐元素,匡补节目因实用性而导致观赏性不足的偏失

电视生活服务节目因其对生活提供指导和帮助的"实用性"而备受青睐,但也常常囿于实用性而缺少观赏性和愉悦性,导致"言之无文,行之不远"。通过电视艺术手段对所表现的题材进行包装,从而给观众带来美的享受和愉悦感,这既是电视节目生产的普遍规律,也是生活服务节目实现与时俱进的重点突破口。因为当下的中国电视观众需要更多的是轻松和快乐,而不太需要电视来复制生活之重、生活之累、生活之烦恼。因此,电视生活服务节目应当以快乐的姿态出现在观众面前,以愉悦观众,缓释观众焦虑抑郁的情绪。②

操着一口半土半洋的普通话的刘仪伟因主持《天天饮食》节目而走红大江南北。节目中他以带有几分表演色彩的主持形象出现在以女性观众为主的厨房节目中,其对电视市场的冲击绝不是一勺酱油、一勺料酒所能体现出来的。刘仪伟的主持人角色的出现,催生了更多带有综艺色彩的电视生活服务节目的问世。

河北卫视和安徽连接传媒共同打造的《家政女皇》节目,在表现手法上有所创新。它在国内首创综艺的形式包装电视生活服务节目,采用内外景结合的方式,充分调动娱乐元素,让观众在轻松的氛围中增长生活知识。

北京电视台的大型饮食栏目《八方食客》,将一个人人关心却在电视节目

① 任晓润、顾晓燕、余承璞:生活服务类节目大盘点,《视听界》2008年第2期。
② 刘永昶、王洪山:大众日常生活的图景建构——论生活服务类电视节目的品质提升,《视听界》2008年第2期。

上得不到充分展示的饮食节目做大,以至成为全国知名的饮食服务类的品牌栏目,其根本原因就在于坚持了"以人为本"的宗旨。它采用现场两位厨师烹饪对垒的节目形式,增强了节目的娱乐性;现场嘉宾就每期节目主题(如"多样的饼")的历史渊源、烹饪技法和趣话营养进行深入开掘,使节目增强了文化性;每期还围绕节目主题介绍有关小窍门制作,使节目增强了与百姓生活的贴近性;充当栏目主持人角色的"馋丫头"满世界导吃,增强了节目的时尚性。由于这档节目突破了传统节目的方式,融合了时尚电视栏目的多种元素,契合了现代人对我国古老的饮食文化和当今的时尚佳肴的喜爱。尽管观众对现场烹饪高手制作的佳肴也学不会(如能拉 7 米长的萝卜丝饼、细如发丝的盘丝饼、楚汉对垒的棋子饼),但观众通过欣赏节目中烹饪大师对佳肴的精彩演绎,也获得了视觉满足感。

《食神争霸》(*Iron Chef*)是美国饮食电视网(Food Network)播出的一档饮食节目,它起源于日本富士电视台 1996 年开播的烹饪竞赛。在这个节目中,主持人纳加(Naga)挑选 4 位顶级厨师作为他的"铁人厨师",并设立厨房竞技场。每一集都会有来自不同地方的厨师向其中一位"铁人厨师"挑战。比赛中两位厨师要在一小时内以主持人纳加指定的主要材料做出不同的菜式,然后由 3～4 位评判员试菜评分,选出优胜的一位。如果第一回合比赛的结果是平手,便会增加半小时的比赛时间,以另一种材料来分胜负。

第三节　策划案例分析

一、《交换空间》:温馨浪漫的体验式传播

《交换空间》是央视财经频道一档贴近百姓,以倡导自己动手、节俭家装、轻装修重装饰为理念的家装真人秀节目,每期节目中有两个家庭参加,各交出一个需要二次装修的房间,在设计师和装修团队的帮助下,48 小时内用节目组提供的 8000 元预算互换装修。这个节目的最大看点是如何在规定的时间内用有限的资金装修出满意的效果。节目收视对象以城市家庭为主,覆盖所有对家装感兴趣的人群。

2006 年初,《新周刊》杂志颁布了中国电视节目榜,《交换空间》节目获评"2005 年最佳生活类节目"。颁奖评语这样写道:它以难以复制的创意,吸纳兼容多种节目类型的特质,在资讯服务、生活体验、真人秀的联动下迅速突围

而出。作为中国内地第一档家装真人秀节目,它拒绝毫无创意的复制,而是用诚意奉献了百宝箱、搜街、旧屋改造等中国式的经典环节,成为最具有上升空间的电视节目。

　　1. 精准的市场与受众定位

　　定位就是在市场细分化与目标营销背景下一种特定的传播策略,其关键在于使消费者对产品或者品牌代表什么有清醒的认识,它是一种发现优势、选择优势、显示优势的过程。

　　统计资料显示:由于"目前我国每年需要装饰装修的新入住居室大约为9000万套左右,再加上二手房和二次装修的房屋,总量在12000万套左右",因此,"我国装修行业年产值接近7000亿元,而且每年仍在以15％左右的速度递增。到2010年,全国装修市场可望突破10000亿元大关。中国已经是世界上最大的建材市场,购房热和装修热形成的巨大市场与巨额利润吸引了越来越多的商家加入到家庭装修的行业"①。这一数据意味着,就节目收视率而言,所有将要家装的、正在家装的、已经家装的,热爱生活、热爱家庭的人群,都是《交换空间》的收视对象;从节目营销角度看,中国有着世界上最大的建材市场,与家装相关的各个领域都有可能对栏目进行赞助,这将弥补经济频道在专项领域广告投放的空白。这样,《交换空间》就拥有了节目生存的合理依据——既适应大市场又符合小环境,并且秉持既不脱离财经特色又丰富频道节目样态的准则,从而做到收视、收益、影响力三位一体的良性发展。

　　在节目播出后的两年时间里,《交换空间》特别选择了14座城市——北京、天津、深圳、上海、沈阳、哈尔滨、成都、重庆、青岛、西安、昆明、济南、杭州、苏州进行节目摄制,足迹横跨大江南北,覆盖了中国经济最发达的三个经济三角区,探访了古代历史名城、国内旅游胜地。上述城市的共同特点是:(1)各省、地区经济、文化、政治发展的中心;(2)人口众多、人均生活水平普遍较高;(3)历史悠久、景色秀美;(4)气候、地理、人文环境迥异,风土人情各具特色。城市特征中的前两点保证了《交换空间》能够牢牢锁定目标受众——城市中的中坚白领阶层;后两点在丰富栏目内容、提高栏目观赏性的同时,进一步扩大了收视的潜在受众——想要为家庭进行大"变身"的中国各类社会阶层。②

---

　　①　郭萌:家装行业浪费资源 节约型社会路漫漫而修远,《中国林业产业》2006年第2期。
　　②　吴晓颖:"交换空间"演绎真情空间,《今传媒》2007年第11期。

　　《交换空间》在综合多方面的受众调查与数据分析后,把节目的核心目标受众定位于正在崛起的中国社会中的中产阶级。据统计,这部分受众群的特征是[①]:从性别上看,观众人群中女性占 51%,男性占 49%;从年龄上看,基本集中在 20～40 岁之间,以都市中准备结婚或结婚不久的中青年居多;从文化程度上看,大学以上学历占 74%;从经济收入和社会地位上看,有了一定的经济实力和社会地位。这部分人群可以描述为已有或即将拥有自己的居住空间、热爱生活、热爱家庭、渴望在家的空间里充分展现个性的自由与张扬,享受温馨与时尚,体味人间的温暖与真情。他们有思想、有品位、有很强的消费意识、喜欢主动创造生活乐趣。他们还是社会主流价值观的缔造者,是社会政治、经济、文化生活中最活跃的群体。表现在消费结构上,这部分群体是国民经济的消费主体,同时也是广告商垂涎的目标受众。[②]

　　此外,《交换空间》还充分利用全国性传媒平台这一垄断性优势,广泛集纳各地不同的地貌特征、装修风格,吸引全国各地的专业装修设计师来参加栏目,从而能够在全国范围内录制与推广节目。

　　2. 难以复制的"游戏"规则

　　在《交换空间》节目里,家庭选手和设计师通过大量报名来实现。选手的具体报名条件是:(1)以家庭为单位参加(两口人以上);(2)拥有自己独立的居住空间(房间面积不宜太小,15～35 平方米);(3)对目前装修不满,或者装修时间超过两年的;(4)参加的家庭成员拥有一定的语言表达能力;(5)可以全身心地配合节目组拍摄(例如:充裕的时间等)。

　　设计师的具体报名条件是:(1)从事室内设计五年以上,外貌规矩,形象大方;(2)熟悉各种建材的价格和装修技术工人的劳动成本;(3)语言表达能力强,善于亲自动手,有独立创意;(4)可以全身心地配合节目组拍摄(例如:充裕的时间);(5)在搜房网有注册网名。

　　家装"游戏"开始后,业主穿上色彩鲜明的队服,俨然成为参加比赛的选手。封闭的环境和严格规则的限制为选手带来了紧张的节奏。最后的倒计时读秒,也迫使观众进入一种兴奋的状态,每期观众投票选择支持哪一队的装修成果也增加了这场家装"游戏"的互动性与趣味性。

---

　　① 电视广告网:2008 年央视广告刊例汇总[EB/OL],资料来源:http://www.cntvmd.com/bbs/viewthread.php? tid＝2493,2008-10-27。

　　② 韩晓静:交换的空间 情感的故事——央视经济频道《交换空间》栏目研究,河南大学硕士论文2009 年。

　　整个节目的叙事是循着时间顺序进行的,脉络清晰。以装修的过程为主线,主要分为三大板块:成员介绍(包括家庭成员和设计师)、两天的装修进展、收房。

　　第一个板块是对于参赛家庭和设计师的介绍。这是整个节目的引子,这一板块中又包含了许多小的环节。首先,镜头用记录性的语言展现了参赛家庭改造前的样子,让观众对要改造的房间有所了解,并有一定的心理期待;其次,让家庭成员出场介绍自己,并提出对于装修的要求,与此同时插播设计师的介绍小片,介绍他的个性和风格,待所有人出场完毕后,主持人往往会组织所有的人会合,举行很有仪式感的现金派发和钥匙交换,代表空间交换正式起航。这一板块给大家留下了许多的悬念以及对于结果的期待。

　　第二板块是叙述 48 小时的装修过程。在这个板块里,两队的工作进度交替出现在屏幕上,或使用双视窗的形式同时展现,整个过程是由解说和现场记录结合在一起来展开叙事的。首先,参赛队员和设计师会对房间进行空间诊断,讨论方案互相磨合,在其中可能会发生冲突、妥协等小插曲,然后两队开始了各自的搜街购买灯饰、墙纸等原材料的行动,倡导绿色环保装修。紧接着两队开始了正式的动手装修,而在这其间,选手和设计师在理念上有何偏差? 装修过程中遇到了什么困难? 48 小时时间还剩多少? 等等悬念使这个过程跌宕起伏。

　　第三个板块收房是节目的重头戏。所有的悬念都在这个环节里揭晓,这个房间最终被改造成什么样子? 房主会喜欢这样的改变吗? 因此,这一部分的编排也尤其显现功力。每个小环节层层递进,悬念也一步一步向观众揭开。首先,设计师阐述自己的设计理念和主题思想,同步配上解说以及房间,48 小时前后对比的画面让观众对这一变化一目了然,满足了观众的心理期待。其次,房主被蒙上眼睛等待看到改造后的房间,设计师和其队员在另一个房间里通过监视器同步观看,此时观众已经知道房间改造的结果,所以他们的心情和设计师及队员此时此刻的心情一样,既充满了兴奋又忐忑不安,是成功的喜悦还是无奈的失望? 观众期待看到房主揭开眼罩后的表情,期待看到设计师的表情,看到房主激动或喜悦的反应时观众自身也会受到极大的感染。最后,当节目结束的时候,画面会再一次通过对比的方式展现两个家庭改造前后的不同,并将所用材料和花费的价钱用字幕表明,让观众心里有数。①

3. 交换情感的家装理念

其实,《交换空间》是对美国一档同类真人秀节目 *Merge*(《融合品味》)进行的本土化移植与改造,但这并不妨碍它在受众中的美誉度。《交换空间》节目则将西方人的自主独立、动手意识与中国人的关怀互助情感很好地结合起来,让所有的电视观众重新认识家庭装修的乐趣,推广绿色环保装修,意在打造一种崭新的生活方式。节目将轻装修、重装饰的装修原则和人们在日常生活中形成的独有的经验、观念及感受纳入到节目当中,并反馈给大众。正是在这种互动当中,艺术与生活不断融合,普通大众在自主地进入文化产品的创造和生产过程、促使社会文化资源共享得以真正实现的同时,也增进了人与人之间的彼此交流和相互理解。正如节目制片张铁中所说的那样,《交换空间》不是简单地克隆某个节目,两家人在 48 小时内交换了住所空间,还让他们更多地体会到了另外一种积极的生活方式,另外一种对生活的热爱。节目以一种温情的手法构筑了一个属于普通民众的梦想。

家装真人秀也是一场选手之间的"情感秀",亲情、爱情、友情贯穿其中。《交换空间》打破传统生活服务节目单一、固定的模式,将真人秀节目的乐趣、竞赛节目的紧张、情感节目的温情很好地融合在一起,制造出一幕幕浪漫、温馨、感人的瞬间。《交换空间》每期的装修都有一个主题,参加的选手家庭都是有故事的人,温馨的家庭故事使单调的装修过程充满趣味。甜蜜的恋人想把他们的爱情故事和浪漫的回忆留在房间里;大学时亲密的兄弟在工作中有了隔阂,通过装修过程来重拾记忆,弥合情感;当飞行员的爸爸终于退休可以安享晚年,儿女想营造出特殊的房间来记录爸爸光辉的岁月……这些都是《交换空间》呈现过的主题。在 2012 年 6 月的一期节目中,节目根据主人的情感故事,把装修的主题定为"西单爱情",因为男女主人是在西单相遇、相识、相知最后走进婚姻殿堂,可以说西单见证了两个人的情感经历,所以在这次装修中,设计师在整个设计中特别加入了与西单相关的元素:如两人在开始交往时相互送的小礼物,以西单首字母为创意制作的储物柜等,整个装修处处都交织着两人浪漫曲折的爱情故事,而在最后环节给女主人制造的惊喜,让女主人喜极而泣,不仅加深了两人之间的感情,而且也满足了观众多元化的审美需求,实现了节目实用性、服务性和娱乐性的统一。这样一来,装修不

---

① 李晶瑞:生活服务类真人秀《交换空间》的节目形态分析,《文学界》(理论版)2013 年第 1 期。

仅仅是和钢筋水泥的房间、冷冰冰的板材、轰隆隆的电钻声为伍,也和渗透进的亲情、友情、爱情相伴,使节目的叙事更加柔和。《交换空间》以两条主线分别讲述装修的故事和情感的故事,装修讲述的是一段"刚"的故事,而情感铺陈的则是一段"柔"的故事,"装修是围绕情感的装修,而情感在装修的进展中进展"。① 两者相映成趣,互相影响,使节目具有强烈的观赏性。

《交换空间》的社会文化意义在于,节目中每个环节都充满了情感与故事。设计师与主持人也融入房主的故事中,成为情感传播的一部分,使整个过程更加富有人情味。它不仅交换现实生活空间,交换装修理念,更交换了人与人之间的信任与感情,从而有效实现了"点亮空间,制造娱乐,提升感情"的宗旨。

4. 情景剧式的影像呈现

大众文化的花招就是千方百计让大众开心快乐。在充斥影像符号的《交换空间》里,大众文化"缩小了观察者与视觉经验之间的心理和审美距离"②。

《交换空间》的每一期节目实际上就是一个个关于装修的故事,选手、主持人、设计师承担了不同的角色。在装修的过程中,设计师与选手之间有时会产生不同的意见,选手之间的分歧无疑增加了节目内容的不可预测因素,类似于悬念的营造,未知的结尾也就是装修的最终结果始终牵引着观众的收视期待。犹如美国戏剧理论家乔治·贝克所言,悬念"就是兴趣不断地向前延伸和欲知后事如何的迫切要求,无论观众是否对下文毫无所知,但急于探其究竟;或对下文做了一些揣测,但渴望使其明确;甚至是已经感到咄咄逼人,对即将出现的紧张场面怀着恐惧——不管他愿意不愿意,他的兴趣都非向前直冲不可。"③

真人秀具有挑战和圆梦的特性,这就决定了《交换空间》要在实用和情感两方面不断地制造惊喜、意外、悬念。设计的环节就要具备能制造浪漫,把不可能变成可能等多种功效。《交换空间》"旧物改造"环节中,平常的旧物,经过化腐朽为神奇的改造往往会有超乎人们想象的效果。"百宝箱"环节,从节目开始预埋悬念,到中间主持人的欲说还休,直到最后才会揭开谜底。收房

① 交换空间网,商报记者探营央视《交换空间》改版[EB/OL]. 资料来源:http://www.cctv.com/program/jhkj20070523/105228_1.shtml,2007-5-23。
② [美]丹尼尔·贝尔著:《资本主义文化矛盾》,生活·读书·新知三联书店1989年版,第155页。
③ [美]乔治·贝克著:《戏剧技巧》,转引自徐汉华主编:《写作技法词典》,陕西人民出版社1987年版,第322页。

环节也是充满悬念,48 小时的"折磨"使选手们反应各异,让观众充满期待,中间离开的观众在收房一刻还是会返回看上一眼,这个环节通常是节目的收视高点。

悬念的制造首先来自于对传统模式的改写。按照常规思维模式,人们都是耗费精力为自己的家重新装修,而在《交换空间》中,这种常规代码被重新设置,选手要改变自己的居住环境,必须经过装修对方选手的家才能获得。除此之外,通常的装修都是业主和设计师共同设计好装修方案,设计师是一个完成者,他的行为受业主制约,面对业主的置疑要对装修方案进行调整。而在《交换空间》中,设计师成为了绝对主角,他们可以任意发挥,而不需要过多考虑他人的意见,将许多精妙的设计融入整体设计当中,这就为选手最终验房时的情绪表现带来了很大的未知诱惑。随着最后收房时刻的到来,选手之间会互赠怎样的礼物,礼物背后是怎样的感人故事,这都会牢牢抓住观众,使叙事带有了一种张力。① 例如,2008 年初的一期节目,甲方参与者为乙方结婚 10 年的家庭赠送了电影票作为交换礼物,希望这对已结婚 10 年的夫妻依然能找回初恋时的甜蜜;而乙方则为新婚的甲方家庭赠送了孩子婴儿时期戴的帽子,祝愿他们早日拥有一个健康快乐的宝宝。礼物虽然简单,但是都是双方在增进彼此交流和了解之后的友好关怀,也使得这次的交换空间显得更有意义。

《交换空间》采用情景剧式的线性叙事结构,在叙事过程中巧妙设立悬念和矛盾冲突,这些叙事动力形成吸引观众收视的内在驱动力。

5. 变与不变的辩证相谐

《交换空间》的制片人张铁忠谈及《交换空间》的生存策略时,强调节目须在变与不变中坚守和创新。他认为,任何一档节目,日复一日地制作播出,对制作者和收看者都是一种考验,容易出现审美疲劳。尤其是真人秀节目规则流程的标准化、模式化,使重复似乎不可避免。如何在坚守赖以生存的节目形态的同时,又要让观众有新鲜感至关重要。改版对任何一个节目都是一个永恒的话题,改是必须的,但不能失去固有的被认可的、被人喜欢的基本元素。他介绍了《交换空间》几年来采取的四种调整改进方式:第一,坚持赖以生存的节目主干和环节。"48 小时装修"是刺激,"交换"是基本卖点,在没有更好的创意替代之前,不能轻易乱改,而其他内容则可常换常新。第二,不断

---

① 吴希媛:试析装修真人秀节目《交换空间》的成功之道,《当代电视》2010 年第 7 期。

变换选题角度。变化各种选手的组合,使选题系列化、主题化,诸如奥运主题、公益主题等。第三,渐进式置换板块。比如把原来"家装气象站"的家装资讯内容改为每期 5 分钟左右的高端设计师作品展示平台,家装的内容更完整时尚,也弥补了极限装修刺激多于实用的不足,既是一种中场休息,又和节目中的个案形成一高一低的补充,拓展了栏目生存空间。第四,定期改进包装。真人秀节目的特性,要求包装必须新、奇、特,包装色彩要从淡雅走向浓烈,字幕夸张炫目、有装饰感。①

二、《非诚勿扰》:相亲交友"真人秀"

继北京电视台《今晚我们相识》和湖南卫视《玫瑰之约》《我们约会吧》之后,江苏卫视的大型婚恋交友节目《非诚勿扰》异常火爆,红遍大江南北。

2010 年 1 月 15 日开播至今,经过多次改版,《非诚勿扰》以其富有时代质感的现代婚恋话题、广泛的社会参与性、不同阶层和文化群体的观点呈现、网络传媒的热议追捧、创纪录的收视率成为近年来中国电视节目策划运营的经典案例。据央视索福瑞 71 座城市的收视率统计,"4.53%的收视率连续 12 周夺得全国卫视周收视总冠军,并领先当周收视第二名将近 180%,刷新了省级卫视的最高收视记录。在相当一段时间内,获得了仅次于央视一套《新闻联播》和《天气预报》(所有频道在内的所有节目)的收视排名"②。节目中的话题时常会成为社会议论的焦点并对流行文化产生影响。

1. 服务指向:"剩男""剩女"相亲交友

基于"情感天下,幸福中国"的定位,江苏卫视多年来致力于以情感为节目的内核的节目策划与制作,其品牌栏目《人间》《密室疗伤》均以情感为基调,以"婚恋交友真人秀"为核心的《非诚勿扰》也不例外。

进入新世纪,由于人口的结构性原因、现代社会生活节奏的加快、个人价值追求的多元化、信息不对称、婚姻中介不规范等等,"剩男""剩女"们的问题越来越突出,由此带来了"单身危机"。2009 年电视荧屏上诸如《美女也愁嫁》《大女当嫁》《非常爱情》等一系列关注"剩女"题材的影视剧收视飙高,牵动了社会的敏感神经,婚恋情感再次掀起浪花,《非诚勿扰》应运而生。③

---

① 张铁中:谈家装真人秀节目《交换空间》的生存策略,《电视研究》2010 年第 4 期。
② 非诚勿扰[EB/OL]. 百度百科,资料来源:http://baike.baidu.com/view/1664023.htm. 2013-1-10。
③ 任盼盼:非诚勿扰的表象与实质,《声屏世界》,2010 年第 5 期。

节目针对的是正处在婚恋年龄的单身青年,这同时带动了他们的亲朋好友,只要家有适婚青年,全家都可以看这个节目,这样无疑把 80％的观众都锁定成目标观众群,而受众调查也显示《非诚勿扰》的观众遍布从青年到老年的各个年龄段。有专家认为,我国目前正处于第三次单身浪潮,沿海的一些发达城市甚至已经进入了第四次单身浪潮。江苏卫视针对年轻单身人士,设计出符合年轻人交友方式的节目形式,使其在青年人群中迅速积累了人气。《非诚勿扰》自开播以来的 382 期内容数据分析显示,节目中男女嘉宾在年龄上以“80 后”为主体;职业以企业白领居多,收入层次较高;在居住地区方面,城市居民占了绝大多数,尤其是居住在一线城市的居多。嘉宾的选择要经历自愿报名、节目组筛选、面试等流程,所以每个男嘉宾出现在电视上都是经过精心选拔的,这也保证了男女嘉宾符合节目的宗旨。总的来说,《非诚勿扰》的受众是针对城市观众和具有较高收入水平的人群。①

《非诚勿扰》的服务性功能的表现与传统电视交友节目有所不同:传统电视交友节目的服务性主要体现在成功促成现场嘉宾的配对,而《非诚勿扰》的服务性则超越了现场配对的这一局限。总体而言,《非诚勿扰》节目是一个提供邂逅的舞台,参与节目的嘉宾既有在节目现场邂逅自己人生伴侣的可能性,也可以借助这个舞台展示自己,被场外的观众所认识和了解,最终在节目观众群中找到欣赏自己的另一半。所以,《非诚勿扰》的服务性主要表现在其作为平台的宣传、介绍功能。

从节目的传播效果看,《非诚勿扰》不仅为“剩男”“剩女”指示了成功相亲的现实路径,也为其提供了幻想“幸福”的通道,甚至一夜成名的欲望满足,同时也契合了消费主义语境下电视观众的心理需求,由此缔造了中国电视相亲节目的收视神话。

2. 生活之思:多元价值观的展示

《非诚勿扰》的最大成功是它能在娱乐层面下通过对观点的延伸,大胆地制造出社会热点话题。“《非诚勿扰》不仅仅是一个相亲节目,更是一个展现人生的舞台,是一个价值观互相碰撞的地方。节目本身不是价值取向的输出,而是不同婚恋观的展示交流和反思的平台。我喜欢主持这个节目,因为它很值得我去思考,人们说人生就是舞台,其实我觉得反过来说也成立,舞台

---

① 黄礼福:浅析《非诚勿扰》的定位策略,《新闻世界》2014 年第 5 期。

也是人生。"①

与传统婚恋形式里那种含蓄的表达方式不同的是,《非诚勿扰》中女嘉宾的表达更直截了当。"你喜欢我吗?""你愿意带我走吗?""你对我的身材满意吗?"等等类似的直接问话和一些暧昧的言语显得十分大胆,这些直接大胆的表达方式对传统的婚恋方式是一种完全意义上的颠覆。

从马诺走红网络的名言"宁愿坐在宝马里哭"开始,《非诚勿扰》的很多女嘉宾几乎被贴上了"拜金女"的标签,或者说与"物质女"划上了等号。他们是否选择男嘉宾作为婚恋交友对象的重要标准即为男嘉宾是否具备过人的物质条件。实际上,这也是当今社会的一个争议性现象。女性选择配偶首先看的不再是双方有没有感情,有没有共同语言等,而是一些很实际的物质基础,比如有没有房子,有没有车,年薪多少等等。《非诚勿扰》提供了"80 后""90 后"表达"时下单身男女最真实的婚恋想法"的平台,展露了他们对社会、人生的看法,折射出当下社会中的多样社会文化生态。

孟非曾谈及节目组选角的原则:"选择嘉宾表达能力是必需的,其次是婚恋观是否具有代表性,还有本人是不是有特别的故事等等,其实没有什么特定的标准,我们希望更加多元化。"——"婚恋观"具有代表性,保证了人物的"类型化";"本人是不是有特别的故事",则保证了"个性化"。

在这些似乎有些类型化的职业标签之外,每个人又具有鲜明个性或者传奇经历。比如"忧患哥"唐天昊虽然职业普通,只是一名律师,但他以居安思危、未雨绸缪的忧患意识而让很多人耳目一新,面对世界饥荒、洪灾等可能发生的灾难,他目前已为亲友囤粮五吨,每家打井四口,并正学习游泳。再比如生在中国香港、长在美国,本科哈佛、硕士牛津、博士伯克利的安田,他以"为人民服务"的人生信仰震撼全场,并因为自己的"心动女生"没有"为人民服务"的意识和热情而最终拒绝牵手,独自遗憾离场……②

南京大学周晓虹教授认为:《非诚勿扰》在价值冲突对峙和差异当中提供了交流的平台,对年轻人,它承载着校正和洗礼的角色;对老年人,提供了沟通和了解的平台。《非诚勿扰》中男嘉宾展示的过程同时也是女嘉宾价值判断的过程,男女嘉宾的表现可以反映很多现实的社会问题,并引发热议。

---

① 范雯、杨芳秀:《非诚勿扰》进退皆有诚——孟非、乐嘉访谈录,《新闻战线》2011 年第 2 期。

② 林勇:娱乐就是电视上所有话语的超意识形态——《非诚勿扰》的叙事机制解析,《华中师范大学学报》2011 年第 3 期。

3. 媒介奇观：凝视的快感

道格拉斯·凯尔纳在《媒介奇观：当代美国社会文化透视》一书中指出，媒介奇观是指"那些能体现当代社会基本价值观、引导个人适应现代生活方式、并将当代社会中的冲突和解决方式戏剧化的媒体文化现象，它包括媒体制造的各种豪华场面、体育比赛、政治事件"。遵循当代电视文化发展的逻辑，《非诚勿扰》以娱乐真人秀的方式呈现于电视荧屏，通过绚丽的舞台设计、尖锐的话题设置、神秘的嘉宾选择等为电视观众打造了一台电视"相亲奇观"。

（1）情节演绎。《非诚勿扰》的故事情节演绎大致分为以下几个阶段：第一是序曲，主持人和女生的亮相。第二是叙事发生阶段，男嘉宾上场，而24位女生则彼此争奇斗艳，看谁能坚持留灯到最后而已。第三是叙述契机，即男嘉宾上台自我介绍完后的心动女生选择。第四是叙事发展阶段，人为设置并体现各种矛盾和冲突的"爱之初体验""爱之再判断""爱之终决选"等叙述环节。第五是叙事高潮阶段，即男嘉宾顺利带走一位女生或遭心动女生拒绝的时刻。第六是叙事结束，男嘉宾（或牵手或空手）离开时与众人的告别。最后是尾声，男嘉宾或一人或与牵手成功的女生两人一起的（失败/幸福）感言，这也意味着男嘉宾"革命尚未成功"或男嘉宾偕女生从此幸福地生活在一起了。①

（2）嘉宾亮相。经过电视媒体精心包装的24位女生登场，是其节目呈现的核心主体。每期节目开场，高调激昂的音乐声、劲爆的舞曲、自下而上的出场方式都让人充满期待。现场摄影主机位摇臂镜头高速扫过全场，舞台中央的大门打开，所有女生排成两列纵队，如T型台上走秀的模特般鱼贯而出，绕场进入预定席位，一系列的视听语言形成的"能指"符号，构成一场大型娱乐嘉年华式的狂欢仪式和饕餮盛宴。盛装出席的"身体表演"，呈现女性身体和"明星"身份的双重欲望客体修辞，迎合摄影机视角和荧屏呈现的替代大众的"凝视"，强烈的感官刺激唤醒了潜藏于心灵深处"本我"的欲望机制。

节目中有时会出现一些让观众和女生都出乎意料的男嘉宾，比如点评嘉宾乐嘉和影视明星何润东，让台上所有的女生和电视机前的观众都跌破眼镜。宣称"我有两套房，不娶农村人"的沈勇；搞笑的出场动作和造型创造了1分24秒就被全部女嘉宾淘汰的记录的"翔总"；穿着廉价T恤，却号称自己有

---

① 张劲松：电视相亲节目《非诚勿扰》中的性别叙事探析，《中国中外文艺理论研究（2011年卷）》2011年第6期。

600万元存款、3辆跑车的"富二代"刘云超等等。主持人孟非称,让这些千奇百怪的极品男在节目中表达卑微的愿望和真实的想法,也是《非诚勿扰》存在的意义之一。①

(3)嘉宾造型。电视因其是在更加私人化的空间中近距离地观看,在特写比例上最接近真人的表演以及各种私密情感的暴露,故被誉为"所有大众传媒中最有窥淫癖的一种"。② 嘉宾造型也是节目的亮点。也许是编导意识到,毕竟不是每期所有的女生都是新人,如果一直没有被选走,几期过后观众可能就会产生审美疲劳,于是,节目就隔三差五地变换一下女生的服装造型:卡通、女招待、白领、护士、学生等等,五花八门,这也成为吸引观众眼球的一种有效手段。

4. 主持风格:亦庄亦谐

在相当程度上,《非诚勿扰》的最大看点可以说是主持人孟非和两位点评嘉宾。有学者指出:孟非在《非诚勿扰》中努力做到既"讲真话"又尽量"生活在真实中"。另外,真诚之下他也讲求说话和主持的艺术,他在此节目中的"微冷幽默"话语及主持风格,恰到好处地适应和体现了当代审美风尚的变迁。孟非的平民化身份和立场、节目本身的大众化和娱乐化倾向,乐嘉颇具专业水准和性情化的简要评析,以及黄菡亲切温暖而又切中肯綮的点评,共同营造了此档节目的审美力。在孟非身上,观众能够看到智慧与真诚相结合的精神魅力,他作为电视台的首席主持人,没有大牌的架子,多的是平民的姿态、生活化的语言、自嘲的语气。他是在平凡中制胜,在俗中见雅,在平中带奇,在拙中现智。他把主持新闻节目的犀利深刻化为了相亲娱乐节目的睿智和幽默,他往往能在男女嘉宾陷于尴尬或唇枪舌战之际,恰到好处地引导,化干戈为玉帛。

主持人孟非具有超强的语言表达能力和现场驾驭能力,他经常用三言两语品评场上男女嘉宾,并能从个人生活体验和历史中汲取营养,稍加组合便是非常精彩的话语。如2011年7月26日第76期——

男嘉宾(做反恐培训工作的帅哥):"我的缺点是太认真,有时有点懒……"

孟非:"这个不算缺点,我想告诉你如果一个人没有缺点,那是很可怕的,

---

① 李莎:以《非诚勿扰》为例解读婚恋类电视节目,《社科纵横》2010年第12期。

② [美]阿瑟·阿萨·伯格著:《通俗文化、媒介和日常生活中的叙事》,南京大学出版社2006年版,第126页。

另外,你说你永不妥协,一个人一辈子不可能永不妥协,我就是不断地在妥协……"

乐嘉:"我和孟非是好朋友,但是我们性格截然不同,他敢于自嘲,他很放松,我很紧张……"

孟非:"我老想嘲笑别人,可是怕得罪人,所以只好嘲笑自己……"

孟非:"和父母住不住在一起,和个人的独不独立是两码事。尊重父母和没有主见也不是一回事。"

有自嘲作为前提,再去善意地嘲笑一下台上的男女嘉宾,这样就双倍地增加了节目的情趣,既不令人反感也能引发人的乐趣和思考。深究的话,孟非的语言表达中有一种辩证法,但那绝不是教条,而是一种智慧的体现。主持人能否灵活机智幽默自嘲和辩证地看问题,往往成为这类节目之所以成功的关键。①

两位点评嘉宾在节目进行过程中,可以随时和男女嘉宾交流看法,就某个问题展开讨论。他们既以观众的身份对嘉宾进行评判,又以主持人的身份与嘉宾互动,同时还以有经验的导师身份对其指导。这个角色既是节目的主持人又是观众的代表,同时还是指路人。节目制片人王刚说:之所以说这是"一个落点很深的节目",很大程度上就体现在这里。点评嘉宾在场上向单身男女所提的意见和建议,对电视机前的观众同样有较强的参考价值和借鉴意义。由此,《非诚勿扰》的服务功能变为向观众提供情感指引,而非纯粹地为男女嘉宾提供婚恋交友的平台。②

5. 品牌影响:网络传播

除了播出常规的电视预告片,《非诚勿扰》还善于用制造热门话题、微博发布信息、"网络抢先看"等方式吸引观众。《非诚勿扰》在其官方微博定期进行议程设置、话题营销、预告节目、组织讨论等,持续吸引受众。除此之外,主持人、现场嘉宾主持和节目选手也配合节目微博互动、话题讨论,吸引眼球。

《非诚勿扰》官方微博的粉丝数量达398万多人,每条微博有数十、数百乃至数千条的转发和评论,《非诚勿扰》贴吧有数以千计的信息激荡,网民们通过话语的积极表达和空间的主动建构,舒缓了个体在社会重重压力下的边缘

---

① 王洪岳:"视像转向"下电视相亲节目的接受美学分析——以《非诚勿扰》为例,《山东社会科学》2013年第1期。

② 王冬梅:后相亲时代婚恋类电视节目路在何方——以《非诚勿扰》为例,《新闻世界》2013年第9期。

感和疏离感,感受到了自我在社会共同体中的价值和位置,从而积极主动地融入到意识形态的询唤空间之中。①

在互动方面,节目组利用短信平台、电话平台、网络微博等多种手段积极进行。每年的"返场男嘉宾专场",参加的男嘉宾即为观众投票得出,调动了观众的参与感和积极性。

【延伸阅读】

生活服务类节目《生活圈》的融合创新

一、内容生产:发挥资源优势,注重精品服务

1. 品质为本,保证权威性、可信度

媒介技术的进步实现了全球信息共享和交互,人们获取信息的渠道更便捷,选择范围更大。然而,看似丰富的信息背后却潜藏着人们的选择焦虑和不信任感。一些自媒体抓住用户需求,发布各种关于健康、运动、养生的小视频,其传递信息的科学性、有效性有待考证。《生活圈》作为国家媒体平台的一档电视节目,拥有专业化的内容生产优势和丰富的专家资源,针对健康、消费等最贴近生活又常让人感到模棱两可的问题,请专家通过实验、演示等直观方式进行解答。

2. 源自生活,凸显百姓智慧

生活服务类节目的选题受限于百姓琐碎的日常生活细节,容易陷入同质化的困境,如何在饮食起居中洞察百姓智慧,正确引领价值观,是节目需要长期思考和解决的核心问题。在选题来源上,《生活圈》33 个圈友群中 1 万多名热爱生活的圈友中存在大量真实的生活困惑,节目从征集来的选题中挑选有代表性的问题呈现在大屏上,其他问题通过咨询专家和达人给予圈友解答,做到有求必应,维护了观众的忠实度。在内容呈现上,节目将问题故事化、故事横切面化,以小切入点、接地气的方式进行编辑,凸显人文关怀和百姓的生活智慧。

---

① 叶凯:欲望归置、群体想象与公共话语的空间询唤——论电视节目《非诚勿扰》的意识形态隐性表达,《东南传播》2013 年第 1 期。

二、呈现方式:"大屏十小屏"全方位互动

《生活圈》发力拓展新媒体平台,栏目公众号于 2016 年 4 月正式运营,每天早晨 7 点准时推送更新,与观众形成了约会机制。在多次尝试中,《生活圈》完善了在节目播出前中后期增加线上互动的方案。比如健康板块,每期节目播出前,都会结合当期主题,在微信小程序中开通"健康自测"互动测试,吸引观众参与;节目直播过程中,大屏实时公布观众参与测试的结果和相关数据,围绕"解读自测题",通过圈友现身说法、专家解答疑惑的方式传播;针对关注度高的选题,当天节目播出后会在移动端持续开通 2 小时网络直播,带动观众进入"生活圈健康直播间",邀请一线专家为观众答疑解惑,延展科普服务。这样,从节目选题策划、制作播出到后期专题延伸拓展,每一个环节,受众都是重要的参与者,他们的实时互动构成了节目内容的组成部分。

此外,每日播出的节目会在第一时间按照新媒体平台的传播规律拆分精剪成短视频,在微信公众号、微博、抖音等第三方平台进行多轮、大范围分发,强链接模式使传播次数以指数级增长,真正做到"从朋友圈中来,到朋友圈中去",增强了受众黏性。

三、传播机制:跨屏融合线上线下多渠道分发

1. 以一带多,打造全方位生活服务矩阵

《生活圈》在移动端采取大屏内容与原创短视频相结合的制作与分发方式,"以一带多",借助拥有大屏优质内容、290 万粉丝的《生活圈》主账号,带动"一分钟短视频"系列分账号,分别在抖音、微视、火山、快手等全网多平台进行产品矩阵运营。

同时,单一主题账号通过"爆款"视频推广,反哺主账号和大屏传播。短视频与大屏节目之间产生相辅相成的促进作用,"以一带多"的短视频矩阵运营方式整合了产品资源,形成全方位生活服务合力,提升了节目的整体价值。

2. 线上线下开放合作,提升节目影响力

融合创新不仅需要技术支持,也需要渠道多方合作提升节目影响力。针对健康版块,《生活圈》充分利用地区资源,联合国家卫建委、国家食药监局等权威单位进行健康月、健康周、健康日等系列主题内容策划;针对消费版块,联合中消协、中科协等权威机构,对潮流消费品进行实验室消费测评,全方位解读产品数据,倡导科学消费观。栏目组还与北京协和医院达成合作意向,

定期在线上线下联合推出"公众防癌公开课",引导大众科学防癌;联合全国权威医疗单位及中国移动产业研究院,利用 5G 技术在医疗条件薄弱的贫困地区开展"MDT 远程医疗会诊";联合各地文旅局、宣传部和地方媒体,走进城市社区、乡村,发起"美好中国"等征集评选活动。

3. 搭建"生活资讯+服务"平台

《生活圈》打造的"互相帮助、有事问央视"微信小程序,拥有健康、妙招、美食、旅游、法律、消费等生活服务端口,通过视频、图片、文字形式搭建了一人提问多人回复的交互性知识平台,不仅为电视大屏提供了丰富优质的节目选题,更拉近了央媒与百姓之间的距离。小程序邀请到不同领域的专家、达人入驻,为用户求助提供解答,目前每天约有 4000 人次的活跃用户。未来,"互相帮助、有事问央视"还将通过前期对用户使用数据的收集,把内容、平台、用户连接起来,通过数据的开放合作和共享,与民生服务、政务服务、电商服务以及文化服务等结合起来,拓宽媒体融合的边界。

——摘自邵婉霞、胡清波:生活服务类节目《生活圈》的融合创新,《电视研究》2020 年第 1 期。

第十章

电视真人秀节目的策划

无论是从节目数量还是从节目质量,或是从收视效果、市场份额上来看,如今电视真人秀节目都已经火爆全球荧屏,成为电视新宠。2010 年 10 月 9 日,素以国际时政"硬新闻"报道为头条的美国有线电视新闻网(CNN)新闻栏目《世界报道》(*World View*),破天荒地以当期节目头条形式播出了由 ICS 制作并选送的新闻——"中国达人秀选手刘伟的断臂琴缘"(*Double Amputee Liu Wei: Hear How His Footwork on the Keyboard is Moving Audience to Hear*)。这一影响跨越国界的"媒介事件",预示着肇始于荷兰的电视真人秀节目开启了中国电视节目的新纪元。

第一节 电视真人秀节目概述

一、真人秀节目的定义

真人秀节目源自西方的真实电视(Reality Television)。英文中"真实电视"的含义是指一种反映现实生活中人(而非由演员扮演的虚构人物)的命运的电视节目类型。

真人秀节目至今仍没有一个严格的概念和定义,存有很多种说法,如真实电视、真人秀、记录肥皂剧、真实秀等等,但较为普遍的说法是"真实电视"或者"真人秀"。

尹鸿认为:"真人秀节目是一种新型综合性的电视娱乐节目,是假定情境中的真实展现。所谓'假定情境',是指真人秀节目大的框架是事先设定的,包括奖金的设定、环境的选择、参赛者的选取和游戏规则的制定等;所谓'真实展现'，指的是节目的具体进程和细节是真实的。可见，真人秀节目与纪录片、电视剧和竞赛类节目既有相似之处，又有区别。真人秀借鉴了纪录片、电视剧和竞赛节目的一些要素，它是一种综合性的娱乐节目。其构成要素主要可以归纳为：纪录片式的跟踪拍摄和细节展现，电视剧式的人物环境选择和矛盾冲突设置以及竞赛节目的欲望客体设置和淘汰方式。"①这一定义着重辨析了真人秀节目与纪录片、电视剧及竞赛类节目的异同。

谢耘耕、陈虹指出："所谓真人秀节目，就是指由普通人而非扮演者，在规定情境中按照制定的游戏规则展现完整的表演过程，展示自我个性并被记录或者制作播出的节目。"②值得注意的是，由普通人担当主角的真人秀节目，不像电视剧里的演员戴着面具示人，却比电视剧更加吸引人注意。真人真实展现是这一定义的要旨。

宫承波认为，电视真人秀节目是指普通人或明星在制作方所设置的特定情境中，遵循一定规则进行某项竞赛，整个比赛过程被电视记录下来并最终以节目形式编辑播出，获胜者通常会得到物质奖励或某种承诺。③ 这一定义突出了真人秀节目的博彩元素。

张健对真人秀节目的定义是：综合借鉴了纪录片、电视剧和游戏竞赛等节目的构成要素，由普通人在规定情境中按照制定的游戏规则展现完整的表演过程，从而展示自我个性的电视节目类型。④ 这一定义强调了真人秀节目构成要素的综合性。

综上所述，我们可以把电视真人秀节目简述为一种以平民为主角、在规定情境中进行真实展示的游戏竞赛型电视节目。

二、真人秀节目的兴起

一个十分引人注目的现象是，"2000 年起，我们就在目睹着一个巨大的'真人秀'（Reality TV）的浪潮在全球范围内的兴起和蔓延，它俨然已成为我们当下不容忽视的电视文化新奇观。先是始于荷兰，后被澳大利亚、德国、丹麦、美国等 18 个国家广泛移植的《老大哥》（*Big Brother*），此后一系列类似节目相继出现，美国 CBS 的《生存者》（*Survivor*）、福克斯电视公司的《诱惑岛》

① 尹鸿：虚构与真实：电视真人秀节目形态研究，人民网 2007 年 1 月 7 日。
② 谢耘耕、陈虹著：《真人秀节目：理论、形态和创新》，复旦大学出版社 2007 年版，第 1 页。
③ 宫承波："舶来品"的民族生存——中国真人秀节目发展论述，《新传媒》2011 年 1 月刊。
④ 张健编著：《当代电视节目类型教程》，复旦大学出版社 2011 年版，第 228 页。

(*Temptation Island*)，法国的《阁楼故事》(*Loft Story*)，德国的《硬汉》(*Tough Guy*)以及 2004 年 NBC 推出的《学徒》(*Apprentice*)等等。它们几乎都成为西方世界最火爆的电视节目"①。

其实，西方电视真人秀节目早在 20 世纪 50 年代就已现端倪。可以视《美国家庭滑稽录像》《这是你的生活》为真人秀节目的雏形。1973 年，美国公共广播公司电视台以一个家庭一年内的真实生活为摹本，连续追踪拍摄了《一个美国家庭》。1992 年，美国有线音乐台推出《真实世界》等节目。但这些节目在当时并未形成太大的影响，直到《老大哥》《生存者》等这些大型真实电视节目的出现，才使得真人秀节目迅速风靡全球。

西方电视真人秀现象的出现，有其深刻的历史内涵和文化动因。真人秀是西方社会步入后工业化时代之际，后现代主义思潮对传统与崇高的颠覆、解构在电视文化上的反映，是人类对于现实的控制能力达到一定程度后的自嘲。"后现代主义是一种文化风格，它以一种无深度的、无中心的、无根据的、自我反思的、游戏的、模拟的、折中主义的、多元主义的艺术反映这个时代性变化的某些方面，这种艺术模糊了'高雅'与'大众'文化之间，以及艺术与日常经验之间的界限。"②在这股思潮的影响下，人们希望在紧张繁重的工作之余，从对媒体的参与和游戏中获得简单直接的快乐，从而形成了对娱乐的普遍性心理需求。

国内最早的真人秀节目，当是广东电视台 2000 年 6 月创制的《生存大挑战 I》。节目组从全国 500 多名应征者中挑选出三名（两男一女）互不相识的"挑战者"，要求他们每人在 6 个月的时间里只带一个背囊、一双运动鞋、一些药品及地图、指南针、水壶、帐篷和 4000 元旅资，完成跨越广西、云南、西藏、新疆、内蒙古、黑龙江、吉林、辽宁等 8 个省份、行程 3.8 万公里的"穿越中国陆路边境"的任务，整个过程历时 195 天。在活动过程中，贯穿着真人秀节目的原则——制作者制定规则，由普通人参与并全程录制播出，摄制组不能在经济上、交通上提供任何帮助。节目的创意来自于香港亚视与日本电视台联合制作的系列节目《电波少年》的启发。该节目是讲述两位分别来自日本及香港的青年结伴而行，互帮互助，历经几个月的颠簸流浪，战胜了饥饿、寒冷、孤寂、疲惫，完成横越非洲艰苦旅程的故事。

---

① 尹鸿：虚构与真实：电视真人秀节目形态研究，人民网 2007 年 1 月 7 日。

② ［英］特里·伊格尔顿著：《后现代主义的幻象》，商务印书馆 2000 年版，前言。

《生存大挑战 I》是我国最早的本土电视真人秀节目,此后,这类节目在国内被广泛模仿或移植。中央电视台在《龙行天下》基础上推出的《金苹果》,浙江卫视推出的《夺宝奇兵》,贵州电视台在《星期四大挑战》基础上推出《峡谷生存营》,拇指英雄联合央视在《开心辞典》《幸运 52》特别节目的基础上制作的《欢乐英雄》等节目纷纷登台亮相。

三、真人秀节目的特征

电视真人秀节目的创新意义在于它"看上去已经成了挽救电视的灵丹妙药"。作为一种新兴的融合型节目样式,它集中了电视纪录片的纪实性(如跟踪拍摄和细节展现)、电视剧的故事性(如人物环境选择和矛盾冲突设置)和游戏节目的竞争性(如竞赛节目中巨额奖金的设置和淘汰方式)等诸多特征。同时,真人秀节目还综合运用多种媒体,"利用网络、报纸等媒体征集志愿者和进行前期宣传,利用电视和网络播出节目以及利用网络和声讯电话加强节目与观众的互动等"[①]。所有这些都较好地顺应了媒体传播多元化的发展趋势。

1. 纪实性

纪实性,即真实地、细致地展现和揭示生活的具体情况和生活的过程。真人秀节目是以真人、真事、真情、真景为表现对象,不经过虚构加工,直接反映现实生活,以无可争辩和令人信服的真实性满足广大观众的求知欲、猎奇心、八卦和偷窥他人隐私的心理。

真人秀节目的叙事主要是对选手现场活动的开展进行还原的纪录,其魅力在于能够对选手的生活背景、性格特征、内心情感、现场表现进行真实展现。真人秀叙事的关键法宝在于对选手活动予以细节的呈现。丰富生动的细节是突出纪实性特征的一种重要手段。在《美国偶像》中,Vanessa Wolfe是一个几乎没有离开过家的女孩,她说从没去过电影院和购物中心,身上的裙子是在一元店里花 4.5 美元买的,甚至陪伴她的只有妈妈和宠物狗。虽然她不够自信,准备得也不够充分,但是她的简单和真诚打动了评委,她用简单、真实的语言表达了一个女孩对外面世界的渴望,同时又以略带调侃且不加丝毫修饰的语气讲述自己逼仄的生活空间,让观众看到她要为自己的梦想而努力的信心。

---

① 徐蕾:真人秀:欧美电视文化新贵,《传媒观察》2003 年第 1 期。

《中国达人秀》的参赛选手大多是生活经历比较坎坷的普通人,他们身上所蕴含的草根精神和质朴情怀是亿万中国人的集体气质。卖鸭脖子的周彦峰身着小猪的行头躺在地上学宰猪,只为恳请评委让爱唱歌的妻子登上大剧院的舞台;制作"孔雀开屏"的"痴心丈夫",参加选秀是为了博得瘫痪妻子的开颜一笑;拿低保工资的 58 岁超市值班员爱群上节目只是为了展示自己的自信和快乐而毫无功利目的。这些故事真实而朴素,赢得了观众的共鸣和尊重。①

央视二套大型人力资源节目《绝对挑战》坚守"真实招聘"的底线,通过电视招聘,倡导积极向上的就业理念,突出选手的挑战精神,这一内容决定了节目具有真实的目的、真实的人物、真实的过程、真实的结果。这些真实的元素,可以编制矛盾冲突的多层次人物关系,既是社会招聘过程的缩影,也是职场竞争的真实写照。它使《绝对挑战》从诞生之日起就不是一个以噱头取胜、哗众取宠的栏目,而是以真实的社会热点为节目立意,让观众真实感受,遵守社会道德的节目。节目模拟各种商业竞争的环境,目的是为了在短时间内、在极端情况下,让选手充分表现自己的能力,让招聘方看到选手的本性和潜质。

2. 冲突性

冲突是电视真人秀节目不可或缺的要素。因为节目的主要情节和人物关系,都是通过人与人之间的冲突构成的。一方面,冲突是维持节目吸引力的关键和推动节目叙事过程的动力;另一方面,不管是人与环境的冲突、人与人之间的冲突还是人的内心冲突在真人的"秀"中都是客观存在的。从戏剧冲突的角度看,竞争目标的明确性、对抗的激烈性无疑会强化和凸显人际之间的紧张与冲突。

"真人秀"节目的最大卖点就是展现真实的人性,然而作为后现代文化语境下的商业娱乐节目,仅靠像纪录片一样执著地忠实于原生态的真实生活,从大量的素材中提取少量的人性的闪光点是无法存活下去的,更不用说获得高额利润回报。节目过程中充满跌宕起伏的冲突和扣人心弦的悬念,志愿者既保持生活的原生态又能够在最短的时间内充分展示其力量、智慧和性格特征。可以说"真人秀"节目是在有限的时间内通过特殊的游戏规则集中展现真实人性的一个集锦。它的叙事方式充满了冲突性、悬念性、趣味性和非常

---

① 杨洪涛:电视"真人秀"节目新论——兼谈东方卫视《中国达人秀》,《中国电视》2011 年第 1 期。

规性等戏剧化因素,在这引人人胜的娱乐节目中深刻揭示了人性的多侧面。①

由北京维汉文化传播有限公司策划、导演,与全国 20 多家电视台联合制作的《走进香格里拉》,在全国范围内 20 多万报名者中层层选拔出了 60 名入围者,最后经过健康状况、适应能力等综合比较后,经过专家和网民投票,确定了 18 名来自不同地区、不同职业、不同阶层的志愿者。主创人员只告诉他们东方在哪里,然后把他们分成"太阳村"和"月亮村"两组,带上 10 根火柴和 10 天的干粮,向不同的方向前进,在规定的时间内拿到摄制方预先放置的东、南、西、北四个站牌,按规定走完全程,并且每个小组要在海拔 4000 多米的香格里拉共同生活 30 天,进行野外生存竞技比赛,拍摄队采用 24 小时全程跟踪作业的方式,将志愿者在荒野中的一切行为,包括他们商议、争论、表决的过程,他们在行动过程中彼此的帮助、照顾、妥协、逃避、恐惧等完整地记录下来。最后获胜小组的前三名可以利用 100 万元奖金来实现自己的一个愿望。

3. 游戏性

真人秀标榜"绝对真人真事",宣称运用"纪录片式的跟踪拍摄和细节展览"满足观众赤裸裸的窥视欲,但电视剧式的人物环境选择和矛盾冲突设置、竞赛节目的巨额奖金设置和淘汰方式又暗示出节目本身的虚拟性。

从本质上说,真人秀节目是一档虚拟的游戏节目,它是对"虚拟环境"的真实展现,包括人造环境的搭建、参赛者的挑选、奖金和游戏规则的设定等,但它又以展现真实人性为目的。这要求志愿者以认真的心态进入,以对待现实生活的态度从事导演提供的假定游戏。

美国 CBS 的《生存者》将室内共生淘汰游戏搬到蛮荒的大自然,对于生活安定的都市观众群而言,恶劣自然环境的考验以及人类在克服各种困难中表现出来的不同能力,都可能构成一种对视觉和想象力的冲击,具有强烈的观赏性。2000 年首播的 3 集场景分别设置在南太平洋、澳大利亚和非洲孤岛上。节目从近万名报名者中挑选出 16 人,分成两队进行对抗淘汰比赛。参赛选手定期召开"部族会议",每次以投票的形式驱逐他们中的一个人,当 2 组中只剩下 10 人时,2 组合并继续进行淘汰游戏。游戏进行到最后 3 天,3 名选手最后进行角逐,而之前被淘汰的 7 名选手组成评审团,投票决定最后谁是胜利者。最后的胜利者将获得 100 万美元的奖金,其余的选手将按照退出的先后顺序分别给予 6500 美元到 10 万美元不等的安慰奖金。参赛选手的生活过程

---

① 张芊芊:论"情境"原理在"真人秀"节目中的运用,《中国电视》2004 年第 9 期。

由节目组全部实时跟拍,制作组每周只做出一个小时的节目,观众还可以在互联网上同时观看。在整个游戏过程中,节目导演还设计了许多具体的游戏环节穿插其中,比如《幸存者》中的吃虫比赛、求救比赛、夺宝比赛等。这些游戏对于志愿者来说都很具挑战性,但他们又不得不强迫自己完成。而且,其中许多游戏环节是志愿者事先不知道的,这种突发状况使志愿者陡然陷入严峻的考验关口。极度的冲突激发志愿者产生强烈的情感变化,根本来不及进行理性思考,一切言行都将出于最本能的反应,表现出最真实的性格特征。①

广东电视台第六届《生存大挑战》的主题是"英雄传奇",分为国内、国外两个战场。国内战场命名为"挑战天下",国外战场命名为"极地英雄"。国外比赛持续 45 天,在加拿大北部冰封万里的北极圈和爱斯基摩人地区进行,除了有严酷的作战环境和艰难的任务,节目还会展示加拿大和北极地区的沿途风光和风土人情。最后决出一男一女两名冠军,获得价值 30 万元的奖金奖品。

四、真人秀节目的分类

据不完全统计,目前美国无线电视和有线电视网络中播出的真人秀节目已经超过 100 种。按照美国"民选奖"(People's Choice Awards)的评奖分类,电视真人秀节目被细分为比赛类电视真人秀节目(Reality Show Competition)和其他类电视真人秀节目(Reality Show Other)两大类。综合相关资料,国外电视真人秀节目大致分为纪实类、超人类、历史再现类、科学类、约会类、法制军事类、改头换面类、交换角色类、奇思妙想类、记录肥皂剧明星汇类、幽默展示类、真实游戏类、寻找达人类、恶搞类、模仿类等(如表 10-1所示)。

表 10-1　国外真实电视节目类型

序　号	类　型	举　例
1	纪实类 (Documentary style)	*An American Family* (1973)；*The Real World* (1992)；*Airport* (1996)(UK；BBC)
2	超人类 (Extraordinary people)	*Real People* (1979)；*Guinness World Records Primetime* (1998)；*That's Incredible*! (1980)

---

① 张芊芊:论"情境"原理在"真人秀"节目中的运用,《中国电视》2004 年第 9 期。

续表

序 号	类 型	举 例
3	历史再现类 (Historical re-creation)	*The 1900 House* (1999) (UK; PBS); *Pioneer Quest: A Year in the Real West* (2000) (Canada)
4	科学类 (science)	*The Crocodile Hunter* (1997) (The Discovery Channel); *Human Wrecking Balls* (2008) (G4)
5	约会类 (Dating)	*Punch de Date* (パンチ DE デート) (1973) (Japan); *Farmer Wants a Wife* (2001) (UK)
6	法制军事类 (Law Enforcement/Military)	*America's Most Wanted* (1988); *To Serve and Protect* (1993) (Canada)
7	改头换面类 (Makeover)	*Changing Rooms* (1996) (UK); *What Not to Wear* (US); *The Block* (2002) (Australia)
8	交换角色类 (Life style change)	*Girl Friday* (1994) (UK); *He's a Lady* (2004) (US); *The Resort* (2004) (Australia)
9	奇思妙想类 (Fantasies fulfiled)	*Three Wishes* (2005) (US); *Thrill of a Lifetime* (1982—88 & 2002) (Canada & USA)
10	记录肥皂剧明星汇类 (Docusoaps starring celebrities)	*This Is Your Life* (1952) (US); *Til Death Do Us Part: Carmen and Dave* (2004); *Newlyweds: Nick and Jessica* (2003)
11	幽默展示类 (Hidden camera)	*Candid Camera* (1948); *Dokkiri Camera* (どっきりカメラ) (1970) (Japan); *Real TV* (1996)
12	真实游戏类 (Reality game show)	*Beat the Clock* (1950); *Truth or Consequences* (1950); *Survivor* (2000)
13	寻找达人类 (Talent searches)	*Arthur Godfrey's Talent Scouts* (1948); *Pop Idol* (2001—2003) (UK)
14	恶搞类 (Spoofs)	*Space Cadets* (2005) (UK); *Monster House* (2008)) (Australia)
15	模仿类 (Parodies)	*Victoria Wood As Seen On TV* (UK) (1985); *Trailer Park Boys* (Canada) (2001)

资料来源:据维基百科整理 http://en. wikipedia. org/wiki/List_of_reality_television_programs.

孙宝国的《中国电视节目形态研究》将电视真人秀节目形态细分为生存挑战类、才艺表演类、技能应试类、身份置换类、情境体验类、益智闯关类、游戏比赛类、异性约会类、生活技艺类等九种形态。①

唐世鼎、黎斌按照题材的不同,把电视真人秀节目的类型分为反映普通人生活的真人秀、具有偷窥特征的真人秀、带有游戏与竞技特征的真人秀三种。

尽管国内外电视真人秀节目的分类方法及标准多种多样,这里简要介绍四种类型:

1. 生存挑战类

此类节目的特点是把参与选手置于一个超乎想象的严酷环境之中,选手借助十分有限的资源,充分施展自己的智慧、体能、技巧,完成节目组设定的几乎"不可能完成的任务"。户外种种意想不到的环境、极其严峻的身心考验、获胜后的巨额报偿是此类节目的主要看点。

在英国广播公司的《大力英雄》节目中,12 位运动选手在 12 天的活动内要经历高难度的考验,以持久的忍耐力和毅力进行一系列活动。他们住在英国西部的一个漏风的山洞里,每个选手允许带两个助手,他们将坚定地帮助选手们通过各种艰苦的考验。主持人 Paul Darrow 不参加挑战,但会给运动选手安慰和鼓励。还有一个由医学和心理学专家组成的小组,在一天结束后对选手们提出启发性的建议,以便他们在接下来的活动中更好地完成任务。在每一天的活动中,选手们都要尽快完成自己的任务,每天完成任务的时间累加,用时最短的选手获胜,而用时最长的选手则被淘汰。

2. 生活服务类

生活服务类真人秀节目是围绕生活中的衣、食、住、行以及择业、休闲等方面,采用事先设定好的情境和规则,选择普通大众进行具体的服务,并对服务过程和服务对象的改变过程进行记录和展现的一种节目样态。

湖南经视的《天使爱美丽》、旅游卫视的《美丽俏佳人》、广东电视台的《美丽新约》、北京电视台的《时尚装苑》等节目以美容、整容、衣着装扮为主要内容,通过传递新颖的生活理念,引导观众树立正确的审美观念。中央电视台的《赢在中国》、东方电视台的《创智赢家》、浙江卫视的《天生我才》等节目以服务就业为主题,旨在"励志照亮人生,创业改变命运"。美国广播公司的《换妻真人秀》、湖南卫视的《变形记》等节目以生活中有反差的角色互换为形式,旨在引发体验双方及受众"换位思考"、互谅互让的理念。

---

① 孙宝国著:《中国电视节目形态通论》,中国传媒大学出版社 2011 年版,第 213 页。

3. 表演娱乐类

这类真人秀节目以娱乐为目的,让具有一定表演能力的选手,按照预先设定的竞赛规则进行才艺表演,而专家和观众则对这些选手进行淘汰和选拔,最后的优胜者将获得成为"明星"的机会。这类节目通常强调专业评判与大众评判的结合。这种选拔机制因应了许多平常百姓有朝一日实现人生梦想的心理期待,因而具有广泛的社会基础。如福克斯公司的《美国偶像》以及我国提供明星展示风采的明星秀节目《舞林大会》《名声大震》《明星大练冰》《我是中国星》等。

由中央电视台和灿星制作共同打造的《舞出我人生》是一档大型公益明星舞蹈真人秀节目。该节目由李咏、王冠和周立波三位主持人联袂主持,其中周立波作为梦想观察员与参赛选手互动成为本节目的精彩看点之一。评委阵容则由"舞林总教头"方俊和"灵魂舞者"杨丽萍搭档青年舞蹈家黄豆豆担任,既保证了节目质量又具有极强说服力。《舞出我人生》在某种程度上可以看作是"舞林争霸+中国好声音+中国梦想秀"的精华升级版,既有"舞林争霸"中的明星参与,又有"中国好声音"学员的现场助唱,同时还有草根选手对梦想的追求,节目融合了当下真人秀节目的所有制作形态。

4. 益智闯关类

益智闯关类真人秀节目是我国较早引进的真人秀节目类型。其特点是让选手在规定的时间和空间里,按照节目设定的游戏规则,让挑战者进行益智闯关游戏,挑战成功后会有相应的奖励。这类节目多在室内演播厅举行,以主持人提问选手回答的闯关形式为主。

风靡欧美的《谁想成为百万富翁》(*Who Want to Be A Millionaire*)、《最弱的一环》(*The Weakest Link*),以及央视的《金苹果》、东方卫视的《梦立方》、湖南卫视的《智勇大冲关》、江苏卫视的《一站到底》等节目是此种类型的代表。

《梦立方》节目引进自英国,经过本土化改造后节目定位于"追逐梦想"。《梦立方》有七关,每一关都是一个游戏,参与比赛的只有挑战者一人。游戏规则细致而严密,容不得一丝一毫的误差,如有时间限制的游戏,即使慢了零点几秒也会挑战失败。因此,所有游戏都是看似简单,做起来困难。其游戏从平衡、记忆、技巧、敏捷等方面,对挑战者的身体和心理状态进行较为全面的考验。

第二节 电视真人秀节目的策划要素

电视的本质是娱乐,电视的属性是平民化。两者在电视真人秀节目中得到了集中的体现。当电视真人秀以"接近性"和"互动性"作为节目的制作策略时,它就已经显得轻松和娱乐了。更重要的是,中国的电视真人秀节目的创新发展,不仅要有准确的定位、充实的内容,还要善于把握它的思想内涵,传达一种积极向上的精神,感染观众,引领受众,服务观众。

1. 强化引进模式的本土化改造

电视"真人秀"节目虽属舶来品,但它"舶来"的常常是节目的形式创意而非节目的内容质素。作为一种全球化的节目认知和机制实践,"本土化"的目的在于打通关节"接地气",避免观众的疏离和流失,在接近性上最大程度地争取观众。因为引进模式并非万能,再好的模式也不是全球通行的。在任何国家,任何的电视节目若要取得成功,都必须走本土化的道路或注重本土化的元素。

"达人模式"在英国是纯粹意义上的电视娱乐,节目内容主要集中在演员的喜剧性表演、奇人绝技的显露等方面。而东方卫视制作的《中国达人秀》节目不是机械地对其加以模仿——只突出"达人"二字却忽略人们的情感的模式,在节目中注入了更多的情感元素,强调选手在才艺之外与观众的共鸣,这种共鸣恰好因应了社会转型时期中国观众的人情诉求和审美趣味。例如,朱洁虽已 23 岁,但小小年纪就不幸患上了侏儒症,自此个子停止了生长,声音也未曾改变。她以清亮悦耳的童声带给万千观众一曲清纯的《萤火虫》,赢得了观众们的赞赏和喜爱。在达人秀的舞台上,她不仅征服了现场嘉宾和电视机前的观众,还俘获了属于她的"白马王子"的春心。当评委问到她有没有亲人来到比赛现场时,朱洁的男朋友,一个同样个子小小的男生来到了舞台上。评委在惊讶之余颇为感动,周立波动情地赞叹两人宛如一对金童玉女,堪称童话里的爱情故事。

《走入香格里拉》总导演、总策划陈强在回答记者"为什么选择香格里拉作为节目的场景?"的提问时说道:香格里拉是一个全世界非常著名的但也是非常虚拟的空间,它是一个天堂化的、神秘化的地方。我们想借助"香格里拉"来把虚拟空间和真实空间混淆起来,放在一起来谈人性,做节目。实际上我们想做的是"香格里拉"这个品牌,因为这个名字是非常东方化的,人们一听就知道是怎么回事儿,大概是什么内容。"香格里拉"是一个理想的、虚幻的地方,我们就借助于它来表现都市与荒原、精神与物质、个体与整体、现实空间与虚拟空间的关系。我们拍摄香格里拉和志愿者家乡生活,进行所谓"中国"概念的空间对接,形成了中国人自己的东西。由于真实电视是真实的人、真实的事件,而且你不知道会发生什么,不知道结果是什么,越是这样,观众越要求可信,只有可信的东西,观众才会接受。否则,你做得再好,观众也只会把它当成大片看。《走入香格里拉》是我们的本土化操作,场景、人物、故事、游戏、冲突都与观众离得近,所以受到了媒介和观众的关注。我们在《走入香格里拉》精编版的制作中,用"真实的人、真实的事件,边活着,边记录,一部没有剧本的真人剧"来作为引导词。我们希望观众看到的是一个没有剧本的、非常出乎意料的、非常细节化的、而且是不同空间组接的、非常新的节目形态。①

2. 亮化关键环节的悬念创意

通过各种娱乐手段亮化关键环节的悬念设置,制造一种紧张的期待心理,是电视真人秀节目常用的一种叙事技巧。这不仅是参与选手在节目中将游戏进行到底的动力,也是观众保持对节目关注度的动力。

《天鹅》(*The Swan*)是美国福克斯公司(FOX)为对抗美国广播公司(NBC)同类节目《改头换面》(*Extreme Makeover*)而推出的一档以整容美容为看点的真人秀节目。在整容美容过程中,参与者被禁止照镜子。节目临近结束,设有一个固定环节,参与选手伫立在一面被天鹅绒幕布遮盖着的巨型镜子前,等待幕布被徐徐拉开,一睹自己被"包装"后焕然一新的容颜。根据规定,女选手此刻被要求照镜子,目的是测试参与选手面对全新自我时真实的情感反应,考验她们的心理素质。选手们是惊喜还是失望、是得意还是懊恼成为节目的最大悬念,它强烈地扣住了观众的心弦。

《亿万富翁》(*Play for a Billion*),是美国广播公司(ABC)创制的一档益智类真人秀节目。报名选手抽得百事可乐饮料瓶上的号码后,节目组从中随机抽取200人来到节目现场参与节目的录制。在节目进行过程中,一只大猩猩司职每一轮晋级环节的抽奖活动。谁的号码与一只大猩猩事先抽取的号码最接近,就可以获得100万美元的奖金,如果6位数的数码、顺序全部吻

---

① 潘青山:只有原创,才有本土节目的新形态——访《走入香格里拉》总导演、总策划陈强,《湖南大众传媒职业技术学院学报》2002年第4期。

合,就会获得1亿美元的巨奖。由大猩猩担任整个过程的抽奖嘉宾,意在表示博彩的客观性与公正性,避免节目组人员涉嫌舞弊的猜忌。让一个灵长动物来决定巨额奖金的得主归属本身,具有强烈的新奇性和趣味性,其蕴含的调侃意味也在一定程度上淡化了节目的博彩本色。

在《非诚勿扰》节目中,男嘉宾的出场环节是一个常常制造现场观众狂欢的节目看点,极富动感和戏剧性。每当男嘉宾入场时,阳刚劲爆、动感十足的男声演唱"Can You Feel It"随之响起,伴随着音乐的旋律,男嘉宾出现在一台封闭的升降机中,升降机仅在低端留有一个两米多高的开口,以便营造男嘉宾由下而上、从脚到头、可360度亮相展示的舞台效果。升降机落稳后,男嘉宾快步走向舞台中央,先是简短的自我介绍,接着对左右排开的24位美丽女生进行心动女生的挑选,然后是24位女生以亮灯的方式作出自己的选择。整个出场仪式的假定性特征十分鲜明。尽管出场仪式是固定的,但是出场嘉宾的表情、动作、语言、着装乃至气质风度都各不相同,姿态万千,并且不少男嘉宾还带有分送给主持人和24位女生的各具特色的神秘礼物,加上舞台灯光、舞美设计带来的视觉冲击,固定音乐催生的强化效果,从而使得这一极具仪式感的出场埋设了许多包袱,吊足了观众的胃口。

3. 细化游戏运行的规则设计

视觉传播是人类的主要信息来源。"对于人来说,人类获取信息的总量中,80%以上来自视觉。"[①]"真人秀"给人们提供的最大的快感就是窥视的快感。电视观众要看的是什么?更多情况下是故事、是离奇、是对抗,是刺激;是内容好看,是形式好看,是舞台好看,是故事好看,当然更重要的是"人"(选手和嘉宾)好看。而要制造出这"好看"的效果,一项十分重要的工作就是细化和周详真人秀节目的规则设计。规则设计是否严密细致、客观公正,会直接影响节目的传播效果。因此,规则设计是电视真人秀节目的核心要素。

赫伊津哈在《游戏的人》中强调:"规则所蕴涵的原则是不容摇撼的真理。实际上,一旦规则被逾越,整个游戏世界便崩溃了。"可见,规则设计之于真人秀节目的结构所具有的形塑作用。《万元的幸福》是韩国MBC电视台播出的一档纪录与游戏形式相结合的真人秀节目。节目规则之一是"在这一周之内,参赛艺人不得接受任何免费的食物或饮料,任何一粒米或一口水都必须

---

① [美]保罗·M.莱斯特著:《视觉传播:形象载动信息》,北京广播学院出版社2003年版,第18页。

用钱来支付,价格由食物提供者来给出,也可以以表演或劳动的方式来交换食物。例如表演歌舞或在饭店做临时工等。"在《金希澈 vs. 白智英》一期中,金希澈为了能够便宜地购买食物,模仿了很多艺人有特色的声音和搞笑的表演,增加了节目的趣味性。为了表示对节目的喜爱,有些选手还会专门为《万元的幸福》创作歌舞。在《李珉宇 vs. 亚由美》一期中,李珉宇就创作了特别的歌舞,既生动有趣,也为节目做了宣传,显示了节目的独特性,可谓艺人与节目组的双赢。

《舞林大会》是上海文广新闻传媒集团(SMG)制作的一档以明星舞蹈竞技为主题的真人秀节目,其赛制安排包括总共 12 场的比赛。初赛六场,每场六对,六进三,留 18 对选手;复赛三场,每场六对,六进四,留 12 对选手;半决赛二场,每场六对,六进四,留 8 对选手;总决赛八对选手,决出舞王或者舞后。为了能让主持人展现自己的看家本领,同时让节目更精彩,还在每场比赛中加入个人的才艺比拼。整个节目可谓亮点纷呈:一是每场设置一段小品,用小品的形式教授观众一种舞蹈的基本步法;二是与网络进行互动,将后台花絮剪辑版本,上传在网络上;三是节目赛制跟以往有所不同,每期现场留下一对"种子选手",淘汰一位选手,留下四位选手用电视机前观众短信投票的方式决定,留下两位,淘汰两位;四是复赛之后,推出参赛选手集体舞环节,增加节目气氛。

相较于《超级女声》,《舞林大会》的赛制规则虽然更显残酷,但也不失灵活的变通应对。各个阶段的比赛规则均不事先预定,而是根据实际情况决定,以免被动。例如,初赛阶段,随着报名明星人数的增加,灵活地增加了一场;在半决赛中将评委阵容由 3 人扩充至 5 人,在总决赛中更是追加至 9 人。计分方式参照跳水比赛的方法,即去掉一个最高分和一个最低分,然后取剩下 7 位评委的总分,以保证评判的公正合理。关于插班生的处理,也显示了节目策划人员的匠心和灵活,插班生的规则设置吸引了更多的明星主持人参与,从而较好地增加了节目的人气与活力。稳定不变的游戏规则固然能利用并照顾观众的观赏习惯,让观众在做出收看选择前就知道自己会看到一个什么样的节目,也有助于观众理解其中细节,然而因时制宜的规则变通却能使节目避免板滞机械的印象。

4. 优化实时互动的戏剧效果

"一切游戏都是一种自愿的活动,遵照命令的游戏已不再是游戏,它至多是游戏的强制性摹仿。"①电视传媒本质上一种现实游戏存在和表演的平台和介质,为现实游戏与电视节目虚拟游戏之间的互动建构桥梁,通过电视荧屏的声画效果再现真实游戏场景。电视节目的互动不仅可以满足观众的需求,同时也提高了观众对电视节目的关注程度,适当的物质奖励也会增进观众的物质感、满足感和新奇感。

美国社会学家欧文·戈夫曼十分重视人们在日常生活中的自我呈现和人际互动。"不管个人在头脑中所具有的具体目标是什么,也不管他达到这个目标的动机是什么,他的兴趣始终是控制他人的行动,特别是控制他人对他的反应。这种控制将主要通过影响他人而逐渐形成的限定而实现。而且它能通过给他人某种印象的方式借以表现自己达到影响这种限定的目的,他给人的这种印象将引导他人自愿地根据他的意图而行动。"②《非诚勿扰》的节目安排完全依据表演者在规定情境里如何与主持人、嘉宾和观众进行更好的互动而设计,具有显著的展览、炫耀、假装、扮演的性质。通过对主持人孟非与乐嘉之间充满机锋的生动互动,观众常常爆发出开心大笑。例如——

在"隐藏不利于自己表演的东西"时,二人是这样互动的:

乐嘉:"我和孟非是好朋友,但是性格却截然不同。他敢于自嘲,很放松,我很紧张……"

孟非:"我老想嘲笑别人,可是怕得罪人,所以只好嘲笑自己。"

在"掩饰表演中的差错"时,孟非与一位嘉宾是这样互动的:

一位自称作家的男嘉宾:"鲁迅说:走自己的路,让别人说吧!"

孟非:"这句话好像是一个叫但丁的人说的,鲁迅只说过:世上本无路……"

在"对有可能出现的意外进行预防"时,孟非与一位女嘉宾的对话是:

女嘉宾:"你现在如果喜欢我,就立即领我走;相反,就自己离开。"

孟非:"哎哎哎,这句话应该是我讲的,现在我的地位岌岌可危。"

在"保持演员与观众间的必要距离"时,孟非与乐嘉的对答饶有趣味:

乐嘉:"我从他的眼睛里看出了沉静。"

---

① [荷]胡伊青加著:《人:游戏者》,贵州人民出版社1998年版,第7页。
② [美]欧文·戈夫曼著:《日常生活的自我呈现》,北京大学出版社2008年版,第10页。

孟非:"我从他的眼睛里看出了疲惫。"

乐嘉:"这就是我和你的区别。"①

真人秀节目的互动,包括主持人与选手、评委与选手、选手与观众、主持人与观众等的互动。《英国达人秀》的三个评委 Simon、Amanda 和 Piers 都拥有多年的经验,虽然有时意见不一定一致,但却能从不同角度碰撞后,给出全面而客观的点评。《英国达人秀》的互动性主要体现在评委与选手的表演内容上,即辅助选手的戏剧表演,无论表演者表演得好坏,本身这种互动已经形成了一种戏剧的效果。《中国达人秀》的互动性更多地表现为评委与选手之间的互动和评委与评委之间的互动。《中国达人秀》的评委更多地在用含蓄的手法引导选手和观众塑造一种积极向上的审美观和价值观。评委除了要对选手的表演进行点评外,还要以自然、平等的态度和选手交流,适时地引出故事,启发选手的思想,传达观众的看法等。② 由主持人、选手与观众之间的互动魔力所产生的强烈化学效应,使节目成为一个令人着迷的电视盛事。

第三节　策划案例分析

一、《花样爷爷》节目的 PEST 分析

无论是从节目数量或节目质量,还是从收视率或市场份额看,真人秀节目如今都已火爆荧屏,贵为新宠。2014 年 6 月 15 日,东方卫视播出的旅行真人秀节目《花样爷爷》,经过对韩国有线电视综合娱乐频道同名节目的本土化改造,以其独特的视角、异国的情调、资深的明星、温暖的情怀绽放出异彩,一时吸引了众多老少的眼球。首播当日,节目即以一亿的阅读量高居微博话题榜第二位,网络热议度仅次于"世界杯"足球赛。

传媒经济本质上是一种注意力经济。衡估一个传媒(以及传媒的某一组成部分,如频道、节目)的市场"市值"大小,主要看它吸纳社会注意力资源的规模及其性质。从这个意义上说,考察一个电视节目的品牌资本的市值大小,可以通过节目品牌的外部资源与内部资源的利用窥得一斑。着眼于宏观

---

① 吴雁:电视真人秀节目中的符号互动传播——以江苏卫视《非诚勿扰》文本为例,《青年记者》2013 年第 3 期。

② 宋怡如:解析《中国达人秀》的本土化改造,《新闻爱好者》2012 年第 6 期。

环境分析的 PEST 分析法,是现代媒介管理中常用的重要工具。PEST 由四个英文单词首字母集合而成,其中 P 指政治(Political),E 指经济(Economic),S 指社会(Social),T 指技术(Technological)。下面我们从政治、经济、社会、技术四个维度,探究《花样爷爷》是如何巧妙地将历史记忆、文化旅游、"银发"浪潮、融媒互动四个不同要素有机地融合在共同的框架内,从而觅得一条在同类节目中脱颖而出的成功之道的。

1. 政治要素:历史记忆的视觉呈现

2014 年恰逢中法建交 50 周年。围绕这一具有里程碑意义的重大事件,两国政府决定联合举办一系列庆祝活动和文化交流活动。历史地看,中国和法国都是拥有悠久历史和灿烂文化的伟大国家,两国的文化交往、文明借鉴及人员往来源远流长;两国同为联合国安理会常任理事国,对国际事务的认识存在许多共同点,在国际事务的处理上有过许多重要的合作。国家主席习近平 2014 年 3 月 27 日在巴黎出席中法建交 50 周年纪念大会时指出:"两国特色鲜明的文化深深吸引着对方人民。历史上,中华文化曾经成为法国社会的时尚,在法国启蒙思想家的著作和凡尔赛宫的装饰中都能找到中华文化元素。同样,法国作家和艺术家的传世之作也深受广大中国读者喜爱。中国和法国同为文化大国,都有悠久的历史和灿烂的文化,并致力于维护文化的多样性,这是双方开展富有成效交往的重要基础。"①

作为社会共同体共同见证和分享的历史性事件,政治记忆被"刻写"在纪念碑、博物馆、历史档案等有形的记忆载体上,也通过影像记录以及其他无形的渠道代代相传。东方卫视值此特殊而重要的关头推出《花样爷爷》节目,委实彰显了东方卫视主动配合国家重大政治任务、占据主流文化话语制高点的自觉意识和积极姿态。节目不仅及时配合和因应了政治与外交的宏大主题,而且还巧妙地通过视觉艺术把历史记忆转化为"媒介事件",营造和烘托出中法建交 50 周年纪念的浓郁氛围。

所谓"媒介事件",根据丹尼尔・戴扬和伊莱休・卡茨在《媒介事件》一书中的阐述,我们可以把它理解为观众对重大电视直播的历史事件的仪式性收看,它具有说服与变革、地位赋予、社会整合、人际关系协调、激活、非中介化等重要作用。需要强调的是,媒介事件的演绎通常伴随着崇敬的心理氛围和强烈的礼仪感,它激发观众对既定议题的言说热情或兴趣,引导/控制大众舆

---

① 王广禄:互动交流使中法文化生命力更加勃兴,《中国社会科学报》2014 年 4 月 14 日。

论的走向,培育观众对政治与外交事务的期待。而观众集体感受和体验事件的收视模式,又进一步加强了群体记忆和代际关系,唤醒了那些潜藏于心底的情愫与友谊。

与平面媒体借助语言叙述来进行传媒表达不同的是,电视的话语方式是视觉呈现。换句话说,电视媒体所展示的内容和形式与平面媒体是迥然不同的。由"浪漫的法国之旅""状况百出,刘烨玩失踪""法国巴黎之行即将结束""尼斯爱情之旅""刘烨变身挑夫""挑夫和爷爷们将如何迎接挑战""最美的小城——鲁伯隆""刘烨调侃梵·高'画功差'""爷爷们爱上了拍照""青春之旅已临近尾声""刘烨顺利毕业,爷爷许下二十年之约"等十二个篇章连缀起来的《花样爷爷》第一季节目,让我们目睹的是亦庄亦谐的人物性格、亦真亦幻的异域风光、亦苦亦乐的人生况味、亦隐亦显的沧桑巨变,感受到的是节目主创人员对法国文化传统的虔敬礼赞和对法国历史名胜的钟情流连。不同民族之间的文化交流是沟通彼此心灵的桥梁,润物无声,泽被天下。从践行"亲诚惠容"外交理念的视角看,《花样爷爷》节目的立意可谓高远,它不仅有助于中国加快融入世界的步伐,也有助于法国更直观地认识和了解中国,进一步增强中法两国的互信互鉴、友好往来。

2. 经济要素:文化旅游的消费趋向

经济全球化的一个直接结果就是世界经济发展模式的转变,世界各国俨然成为一个"无疆界的市场"。随着闲暇时光的逐渐增多、"银色市场"的不断扩大、产品市场的更加细分、生活方式的相互影响,世界旅游业的市场结构和发展图景发生了深刻的变化:非物质形态商品的消费(如旅游、休闲、服务、娱乐)业已成为现代消费的一个典型特征,并在未来占据日益突出的地位;嵌入文化元素的休闲度假旅游备受青睐,进而成为现代旅游服务业的主导产品和重要支柱。

以"背着青春去旅行"为主题的《花样爷爷》节目,选取了四位分别来自内地、台湾、香港三个不同地区且极具个性特征的资深影星,他们的演艺生涯都超过了50年,平均年龄为77岁。旅行的去往国为法国。众所周知,法国是世界公认的文化大国,一个重要的标志是它既有丰富的博物馆、美术馆、名胜古迹、世界文化遗产等传统文化资源,也有众多的诸如蓬皮杜文化中心、新国家图书馆、卢浮宫扩建工程等现代文化设施。国家文化政策的保护、国民文化生活的传统和公司文化旅游的推广,使得法国的文化旅游业在全球首屈一指。"2005年初世界旅游组织评选出'2004全球十大旅游胜地排行榜',法国居于榜首,国际游客的数量达 7510 万。……卢浮宫、凡尔赛宫、巴黎圣母院等历史文化遗产引人入胜,法国南部、西部的海岸和阿尔卑斯山、比利牛斯山的滑雪场等自然景观也同样游客如织。"①

《花样爷爷》跳脱封闭而有限的演播室空间以及表演流程假定性的束缚,让节目的主角们在一个完全开放、自由却又不失陌生的自然环境/城市空间中真实展现各自的性情、气质、情状、声口。节目里,地中海畔的旖旎风光、巴黎圣母院的古老传说、戴高乐机场的浪漫奇遇、鲁伯隆自驾游的险象环生都"试图提供一种现时性的叙述方式,使观众能够以'身临其境'的感觉出发,理解他们日常生活中发生的那些具有新闻价值的事件的意义。正如霍尔指出的:电视不可能向观众传送一些事件的'原始历史'素材,它只能传送一些经过选择的图片、故事、资讯性的谈话或讨论"②。借助眼见为实的文化观光、耳濡目染的体验式旅游,《花样爷爷》节目中的四位老人获得了一种宝贵的现代性体验,重新唤醒了他们对法兰西文化的憧憬与神往。这种实践型的文化休闲,带给观众的是一种迥异于本土化的生活经验、文化体验和社会参与。日常生活中,"民众往往是通过实物和现实经历进行思考的,通过经验建立观念,并由观念的变迁引导行为的路径依赖,通过更好地参与公共生活,融入新的都市空间内,从而在注重私德的家庭空间之外,逐渐培育关心公共事务的'公共人格'"③。

应当承认,文化已成为现代消费社会的基本要素,没有任何一个社会像今天这样遍地充斥着符号与影像。急剧膨胀的符号与影像仿佛弭平了现实世界与想象世界之间的鸿沟。"受到经常性地追求新时尚、新风格、新感觉、新体验的现代市场动力的鼓舞,将现实以审美的形式呈现出来,是人们重视风尚重要性的前提性基础。"④从文化传承的意义上说,电视不愧是当代最具支配力量的媒介之一,它改变了我们的世界、我们的观念、我们的行为,以及我们的日常习惯。它使我们足不出户便能够察见异国他乡的人事情状,并使之进入我们的日常意识。

3. 社会要素:"银发"浪潮的共同关切

按照国际通行标准,一个国家或地区 60 岁以上年龄人口占总人口的比例

① 王海东:法国的文化政策及对中国的历史启示,《上海财经大学学报》2011 年第 5 期。
② [英]斯图亚特·艾伦著:《新闻文化》,北京大学出版社 2008 年版,第 106 页。
③ 苏智良,江文君:法国文化空间与上海现代性——以法国公园为例,《史林》2010 年第 4 期。
④ [英]迈克·费瑟斯通著:《消费文化与后现代主义》,译林出版社 2000 年版,第 125 页。

超过 10％,或 65 岁以上年龄人口占总人口的比例达到 7％以上,则标志着这个国家或地区进入老年化社会。近些年来,西方主要发达国家陆续迎来"银发"浪潮,其中英国、德国、瑞士等欧洲国家的老龄人口数量几乎是国际通行标准的两倍。统计数据表明,2004 年底,我国 60 岁以上老年人口为 1.43 亿,2051 年将达到最大值 4.37 亿,之后将一直维持在 3～4 亿的规模。到 2100年总量仍高达 3.18 亿,占总人口的 31.09％。[①]

面对"人口老龄化将伴随 21 世纪始终"的严峻现实,联合国大会高度重视,于 1991 年通过并颁布了《联合国老年人原则》,呼吁人类社会对老年人给予更多的"独立、照顾、自我实现和尊严";20 世纪 90 年代中期,世界卫生组织提出"健康老龄化"的倡导,强调长久地保持老年人生理、心理、智能等方面良好状态的重要意义;2002 年,第二届世界老龄大会提出"积极老龄化"的概念,旨在引导老年人积极地面对"银发时代",老有所为,充分实现自身的价值。透过国际社会有关应对老龄化社会的原则与概念的演变,我们不难发现其核心是呼唤老年文化的创新与转型。

作为一档呈现特定情境下老年人生活状态的节目,《花样爷爷》折射出的老年生活的选择少、子女陪伴父母的时间少、老龄化问题日益严重的社会横截面,显然很容易引起电视观众的情感共鸣。但是,要想让一档全由年事已高的老人充任主角的真人秀节目在俊男靓女的世界里"逆袭",不能不说是对导演创新能力的一个极大考验。

导演李文妤在节目中始终贯穿着明确的文化价值观引领。节目组对于"背着青春去旅行"的意义阐释十分耐人寻味:"不仅是为了开心,也不仅是为了看旅途中的漂亮风景,更不仅是重拾青春,它其实是在讲述一个个爱的故事,这里面有夫妻间的爱,有朋友之间的友情,有老人与后辈之间的相互关怀……也就是中国人的家庭观念,都在旅行中得到了展现。"[②]于是,我们节目中看到了临行前四位爷爷的老伴分别写给"挑夫"刘烨诸如"老雷他毕竟是年近八十的老人,如果有可能,请让他多休息"的细心叮嘱;看到了秦爷爷乘船夜游塞纳河时心中漾开的激动与惊喜;看到了机场惜别时牛爷爷对"挑夫"的忘情挥泪;看到了硬汉老头曾爷爷与刘烨同处一室的亲密无间和敞开心扉的夜半卧谈;当然,我们还看到了作为晚辈的刘烨如何尽心尽力照拂同行长者、

---

① 周成雄:银发产业:老龄化社会的新机遇,《新京报》2006 年 12 月 13 日。
② 《花样爷爷》昨晚收官 关注老人的内心情感,搜狐娱乐讯 2014 年 8 月 31 日。

不辱"挑夫"使命,如何临危不惧、机智化解电梯危险⋯⋯不容置喙,电视给鳏寡孤独、老弱病残等人群提供了心灵的安慰、情感的慰藉,给他们沉闷而单调的生活带去了快乐与亮色。尽管电视有可能钝化观众的理性思维,但是它所蕴含的巨大的情感力量却是其他媒体难以替代的。

其实,刘烨所扮演的"挑夫"的角色是别有深意的。通过这一角色,我们更深切地理解了"老吾老以及人之老,幼吾幼以及人之幼"的真谛,以及由此散发出来的人性光辉。节目将四位老人不同的音容笑貌展现在观众面前,让社会更加关注这一群体,也更加了解这一群体,为呼吁社会关注弱势群体起到了一定程度的帮助作用,也从一定程度上弘扬了敬老爱幼的传统美德。

4. 技术要素:融媒互动相得益彰

因网络技术而引发的新媒体革命,彻底突破了传统媒体的思维范式和生产模式,降低了媒体与受众之间的信息落差,也改变了人们对传统意义上所谓"人际交往"的认识。从受众角度看,新媒体具有的交互、体验、对等、即时等鲜明特征,不仅将垂直的单向传播转变为横向的互动传播,也使观众从被动地"看电视"转换到主动地"用电视"。因此,新媒体环境下,一档电视节目能否赢得观众的青睐和持续关注,取决于它如何与观众建立良好的互动关系,更好地体现服务意识,最大限度地满足观众的文化心理需求。

《花样爷爷》节目开播后始终占据着收视率的前两名,这一骄人业绩得益于东方卫视成功地实行了"电视＋网络＋移动＋线下"的全媒体平台整合策略。

首先,第一季全部12集的节目首播权均赋权东方卫视全程播出。节目首播权所产生的"磁场效应"深化了传播效果,提高了市场效益。与此同时,《可凡倾听》栏目配合制作"花样爷爷专访",邀请四位老人走进演播室"忆往昔,笑看人生历史",深入挖掘主角们生活中的鲜为人知的故事,帮助推介节目。

其次,东方卫视官网,新浪、网易等门户网站,以及优酷、土豆、爱奇艺、PPTV视频网站等联合播出。众多平台短期内的合力推展,有助于形成节目的规模效应和垄断效应,占据观众对其他同类节目的收视空间与时间。

再次,东方卫视哇啦APP上线、百事通APP同步播放。新媒体时代,利用微博、微信等网络社交平台进行信息发布和推广、设置热点话题形成网民参与互动以保持其持续较高的关注度通常成效显著。《花样爷爷》十分重视网络微博形成对节目的反哺回馈,利用节目的官方微博积极与受众互动交流,从而使节目的"呈现方式突破了画面、声音、文字单向输出的局限,以讨论、社区以及微访谈等各种互动方式与观众交流"。① 例如,在 APP 微视中开出"挑夫日记"专栏,用微视频的方式与观众互动,了解挑夫心路历程;游戏 APP 的研发和使用,增加该节目在观众视线中的出现频率;微博话题的制造,如"爷爷的相册",增加节目中话题讨论度,温暖且生动地展示了爷爷们的另一面;与观众的实时互动,观众在微博中的留言可能影响下一期的节目走向,每期节目的最后字幕中导演组也会对起到帮助、留下意见建议的观众表示感谢,增加了观众的参与度和积极性。据统计,《花样爷爷》比同类节目《如果爱》晚播 20 天,但是它的微博数量却是后者的 5 倍还要多,可见《花样爷爷》在网络平台的推广与互动方面下足了功夫。②

最后,在线下,各城市地面活动、巡回见面会、旅行地点全球海选策应配合,扣人心弦,如火如荼。据"看看新闻网"2014 年 6 月 27 日报道,在东方卫视当日举行的"花样重逢媒体见面会"上,四位主角互相爆料:"牛爷爷说:挑夫和曾老大做得最多,我没起什么作用。曾爷爷却说:哪有,你在物质消耗方面起了大作用。说到牛爷爷能吃,秦汉老师打开了话匣子:牛爷爷太能吃了,一顿饭吃了十三片面包。虽然嘴上这么说,但是秦汉爷爷还是千里迢迢地带来了台湾的面包送给牛爷爷。"妙趣横生的发布令人捧腹,极大地满足了观众的窥私欲。

二、《美国偶像》节目的溢出效应

美国电视真人秀节目《美国偶像》(*American Idol*),是福克斯电视网对英国电视节目《流行偶像》(*Pop Idol*)本土化改造的杰作。节目旨在挖掘有实力的美国流行音乐新人。自开播以来,收视率长期高居黄金时段电视节目榜首,成为福克斯的赚钱法宝。随后,《美国偶像》的触角很快延伸到世界上许多国家,向全球观众证明它拥有强大的影响力。出乎意料的是,以"偶像"为样本依据国情和语言不同复制出的选秀节目竟多达 30 多个。目前,全球已然掀起一股选秀浪潮。克罗地亚的《克罗地亚偶像》、德国的《搜索德国超级巨星》就是其中的佼佼者。冰岛的"偶像"迷们可同时观看《Stjornuleit 偶像》和《美国偶像》,《大马偶像》也已是当地的热门栏目,追捧美国出口的娱乐产品

---

① 朱晓彧、冯美:消费文化语境下电视人文讲坛节目的突围——中央电视台《开讲啦》的创新价值,《中国电视》2013 年第 7 期。

② 李尘缘:网络化运营方式对电视节目播出效果的影响——以《花样爷爷》和《如果爱》为例,《中国电视》2014 年第 9 期。

似乎成为一种时尚。可以说,是成功的策划实现了《美国偶像》节目经济效益与社会效益的双赢。

1. 主题呈现

《美国偶像》的持续成功,一个十分重要的原因在于它为普罗大众营构了一个人人心向往之的"美国梦"。所谓"美国梦"也就是强调一个人在美国只要凭借自己的勤勉、勇敢、创意和决心而无须仰仗他人,即有机会获得成功。《美国偶像》节目的这一主题其实是主张自我奋斗、自由竞争的美国文化传统的一种艺术映现。

节目在观众"We'll rock you"的激情歌唱声中开宗明义——"每个人都有一个梦想,梦想登上这个舞台,成为世上最出名的人之一,你能让这个梦想成为现实"。《美国偶像》通过全民总动员,层层选拔,从全美选出最有人气的平民歌手,最后的胜出者就是"美国偶像",就可获得与唱片公司的签约资格。《美国偶像》旨在给平民百姓提供一个自由展现才艺和个性的舞台,节目真实地还原出平民选手的原生态表现,本真地呈现出一个个生活中的平常人速成为明星的真实状态,记录他们脱蛹化蝶的神奇过程。众多怀揣着明星梦的少男少女的青涩表演使得节目更具看点,也更平易近人。人们见证着他们一步步从邻家孩子成长为超级明星的过程,而非一夜成名后的名利和光环。[①]

在《美国偶像》的海选中,选手们大多自信满满,动作夸张,勇气可嘉,而观众和评委则往往大跌眼镜,似乎对他们的自知之明感到无法理解。但是,编辑们在编排节目时,面对千千万万个参赛选手,之所以还愿意花时间讲述他们,肯定不是因为他们的歌声,而主要是因为他们与众不同。在选择要讲述的人物时,往往不是因为他们有多优秀而选择他们,多半是因为更喜欢选择那些有独特性格或特别之处的人。因为从影视的角度来看,这类人更具有可看性。《美国偶像》在海选中,对于那些有点特别之处或者与众不同之处的人往往给予更多的青睐。如 2004 年那位五音不全、舞姿拙劣的"龅牙孔"孔庆翔,人丑歌烂,西蒙讽刺他,他却以一句"我已尽力,别无遗憾"(I take my best, I've no regrets!)回应西蒙,从此这位"华裔走音王"一夜成名,成为各大主流媒体追捧的对象,出唱片、广告代言和演戏片约接踵而至。[②] 第一季节目

① 阚乃庆、王海龙:美国电视文化密码初解——兼说《美国偶像》长盛不衰的奥秘,《视听界》2009年第1期。

② 罗芝芝:《美国偶像》海选的后期制作与编排分析,《中国传媒科技》2013年4月(下)。

中最受欢迎的一位男选手在生活中其实是个结巴,这个缺陷却让他在观众中的人气出乎意料的高。美国观众支持他的原因很简单,就因为他唱得好,故事励志,最重要的是他是来自美国青少年生活中的最普通的人。

在西蒙·福勒眼里,《美国偶像》是他职业生涯最常青的成就。创办一档能影响世界的娱乐节目是他一直以来的梦想。他说:"1998 年我离开辣妹组合后,花了几个月理清思绪,想了一些新的项目。其中一个项目叫'寻找名望',后来逐渐形成'偶像'这个概念。这个想法很简单。我曾经对音乐产业很失望,因为挖掘新星有那么多的障碍。你需要电台播放歌曲,需要电视播放视频,你需要媒体积极地宣传故事和发布图片。我想找到一个方法来绕过这个复杂的过程,我想直接走进公众,让他们告诉我他们喜欢谁,他们爱什么样的艺人。'偶像'这个概念就这样简单地诞生了。通过一种新的才艺表演、互动引进新星,由观众投票支持那些他们喜欢的。一旦有一个获胜者,我将会有一个新的明星,卖出数以百万计的歌曲,售罄无数的舞台入场券。"[1]

2. 结构编排

《美国偶像》的海选集中在美国一些主要的城市,每个城市待两天,参赛人数数以百千计,但是每个城市只有一期节目 40 分钟,所以将两天时间浓缩成 40 分钟,是需要很好地编辑素材的能力。面对众多素材和选手,《美国偶像》总是能够成功地抓取出其中的亮点,并且通过关联、对比、累积等方式将节目编排得井井有条。

节目制作人肯·沃维克将《美国偶像》的高收视率归结为它的"三合一"的娱乐模式。海选阶段,水平参差不齐的选手进行本色表演,使得各种搞笑场面令观众捧腹不已;中间的遴选,观众可以通过拨打电话或发送短信参与到评选过程中;而最后决赛阶段的激烈竞争更是扣人心弦。集娱乐、参与和艺术于一体,《美国偶像》的成功显得顺理成章。

首先,在初选阶段有大量的选手采访,包括选手表演之前和表演之后,往往被采访的选手都能在镜头前有出彩的表现,甚至出现大骂评委的情形,由此节目不仅有了"亮点",而且有力突出了平民选手的参与性,其重点在于"参与"而非"比赛"。

其次,淘汰阶段更是以选手作为中心,这样的思路在 44 进 24 那一集体现得最为明显。整整一小时的内容就是一个一个向选手宣布晋级或淘汰,就是

---

①　蔡晓玮:美国偶像是这样制造的,《东方早报》2013 年 4 月 8 日。

为了向观众展示选手的情绪、心理活动与变化。其重点在于突出比赛的残酷性，选手晋级的艰难，成功的不易，其重点也并非"比赛"本身。

最后，决赛阶段使用了大量的短片回顾选手的参赛历程，其他选手的表现，等等。其重点在于突出选手从"平民"成长为"明星"之路的坎坷与艰难。无数人的失败才成就了最后的王者，他所得到的任何奖励都是公平与合理的，"比赛"再次成为配角和延续悬念的工具。[①]

《美国偶像》节目由制作方制定游戏规则，所有的参赛者都在这个游戏规则的框架内展开竞争。正是这个人为制定的规则给节目创造了许许多多的看点。

在赛制安排上，开播三年赛制没有变化，第四季起规则略有改变，后延续至今。半决赛起电视直播，选出的 24 位选手，由观众投票，得票最低者被淘汰。最后胜出者就是"美国偶像"。

在评委设定上，从第一季开播至今，评委从未更换过。评委只作点评，选择权交给观众。三位评委的形象在日积月累中深入人心，评委的语言、动作、格调以及彼此的呼应和冲突基本成型，程式化的表演降低了超越道德底线的风险。

在公众参与上，每期节目结束后，观众通常有两小时的限时投票时间，公众投票系统中电话投票是免费的，短信投票与普通短信价格一样。

在选手发展上，《美国偶像》没有三甲概念，只选出观众投票数最高的冠军。冠军将获得与唱片业巨头公司签约的机会。福克斯电视台本身不操作选手的经纪、唱片等合约，只做节目。19 家娱乐公司拥有与每位"偶像"胜出者 3 年的唱片签约权，然后以一笔"转会费"将其出让给索尼宝丽金公司，由后者的专业人士负责唱片的发行。[②]

3. 主持风格

主持人是舞台上衬托"红花"的配角，却也是不可或缺的配角。好的主持人如同节目的招牌，作用不可替代。《美国偶像》节目主持人瑞恩·西克莱斯特(Ryan Seacrest)不仅具有主持、采访"格莱美奖""金球奖""奥斯卡奖"和"艾美奖"等颁奖典礼的丰富经验，而且具有出色的控场能力、对受众心理的准确把握和特点鲜明的主持风格。此外，他还完全符合美国主流社会对于正面人

---

① 何崇见:《美国偶像》的真人迷狂与文化反思,《考试周刊》2011 年第 68 期。
② 周月曦:《美国偶像》的运作和底线,《中国新闻周刊》2007 年 9 月 10 日。

物形象的苛刻定义:美国人,男性,白人,正值壮年,最好有理想的家庭和被大众认可的职业。

虽然节目中的三位评委宝拉·阿布杜(Paula Abdul)、兰迪·杰克逊(Randy Jackson)、西蒙·考威尔(Simon Cowell)分别是格莱美音乐奖得主、王牌音乐制作人和现代流行音乐的开创者之一,他们无一不对音乐在行,对流行有把握,评语非常专业且切中要点,观众的注意力聚焦到他们身上是情理之中的事情,但是西克莱斯特在舞台上的耀眼度和作用丝毫也不逊色于他们。如果说《美国偶像》制片人兼评委西蒙·考威尔是"毒舌",西克雷斯特则可以说是"解毒药"。当选手遭受到评委的"毒舌"时,他会像家人一样安慰选手,同时也会积极地与评委进行沟通,从而使整个节目显得特别人性化。与考威尔的尖锐刻薄相比,西克雷斯特对选手言语温和,充满鼓励。两人反差强烈,互为补充,为节目增色不少。作为主持人,瑞恩·西克雷斯特既不会唱歌也不会跳舞,但他凭借"舌灿莲花"、迷人风度、富于激情而不咄咄逼人的主持风格成为选秀台上的固定风景,成为美国家喻户晓的电视主持"偶像",并成功入选《福布斯》年度"世界最具影响力百人榜"。

瑞恩·西克莱斯特运筹帷幄的主持保证了节目的顺利录制与精彩呈现。在五到六场初选比赛结束后,就是进棚录影的决赛阶段,在这个阶段里,瑞恩·西克莱斯特回到了他所熟悉的舞台上,穿上西服,成为一个"正式"的主持人,而他在舞台上的出现,也使节目的风格更多样化,使节目形式更加生动。在不同类型的选手登上舞台时,西克莱斯特会灵活地转变他的风格与方式去介绍选手,并配合选手的演出,通过现场采访的方式来了解选手一个星期来的训练情况,让观众了解到很多比赛背后的信息。

在选手比赛完毕之后,西克莱斯特也会随机地根据选手的不同表现和评委进行交谈沟通,以达到对选手最公正的评价。西克莱斯特在舞台上对参赛选手驾轻就熟的采访和调侃,看上去像是无意之作,实际上却非常巧妙,因为前期的海选他一直参与其中,提前做了大量功课,所以现场的串联很到位,充分调动和调节了比赛气氛,将各个节目环节顺畅自然地联系了起来,串起了整个节目的进程。[①]

4. 盈利方式

《美国偶像》是美国众多电视节目中当之无愧的收视冠军,国外观众的人

---

① 单云:主持人在选秀节目中的魅力——以《美国偶像》为例,《青年记者》2013年4月(下)。

数更是难以估量。自《美国偶像》第二季开始后,这个流着美国血液的电视选秀节目逐渐走向国际市场。贝塔斯曼集团旗下的国际传媒公司首席执行官大卫·艾伦德说:"从广告客户的反馈和节目组收到的信件、电子邮件来看,它仍是颇受人们欢迎的节目,因为它总是不断地变化着,让观众有新鲜感。"据一项报告显示,如果将广告收入、许可费、商品促销收益和唱片收益加在一块,每年的收入将超过 10 亿美元。

(1)电视版权。对一个电视节目来说,版权是最大的"金蛋"。仅福克斯电视台一家,就为《美国偶像》掏出了超过 7500 万美元的版权费用。从 2001 年开始,制作方在全球 33 个国家制作了同类型节目,包括《印度偶像》《加拿大偶像》等。

(2)广告收入。疯狂的收视率带来节节攀升的广告收入。2004 年《美国偶像》的 30 秒广告卖到 25 万美元;2005 年 1 月份涨到 40 万美元;进入四五月份的决赛阶段,又提升到 70 万美元。而最后决出冠军的那期已高达 100 万美元,在 2 个小时的直播中,光插播广告就挣得 4000 万美元。福特汽车、可口可乐、辛格勒无线、iTunes 作为《美国偶像》最主要的四大赞助商,它们在节目中的植入式广告随处可见,如可口可乐不仅插播了 30 秒的商业广告,并且也使自己的产品出现在了节目中的显著位置。三位评委面前都摆放着美国最具标志性的饮料——可口可乐,而且评委及参赛者坐的椅子或沙发的外围轮廓都设计成了可口可乐饮料瓶的形状。[①]

(3)演唱会门票。根据 *Billboard* 杂志的数字,"美国偶像"2004 年在演唱会上赚得 2800 万美元,其中约 40% 的收入来自 49 场巡回演唱会,还有 40% 的收入来自 2003 年亚军 Clay Aiken 和 Kelly Clarkson 的 30 场双人演唱会。对于这些乐坛新出道者,每场演唱会 5000 至 10000 人的出票量令业内人士刮目相看。

(4)唱片发行。《美国偶像》每一季的冠军都有唱片公司来签约,商业合同确保了节目的收视。2002 年来自德州仅有 20 岁的 Kelly Clarkson 在第一届《美国偶像》选秀节目中胜出,成为冠军。她的首支单曲成为当年度美国单曲销售冠军,首张专辑也在发行第一周后空降为 *Billboard* 冠军,发行三周后达金唱片销量。以后的《美国偶像》的冠军,他们的唱片发行量都超过了百万销量。

---

① 刘厚钰:浅析《美国偶像》的节目运作及对国内选秀节目的启示,《东方企业文化》2011 年第 12 期。

(5)授权产品。据 Fremantle Media 估计,美国消费者 2004 年在《美国偶像》的授权产品上花去了 2.15 亿美元,涵盖了玩具、糖果、商业卡、电子游戏、杂志和图书等 35 个大类。登录《美国偶像》的官方网站,犹如进入了一个大超市。从刻有栏目标志的钥匙环等各种小饰物、小纪念品,到印有各届"偶像"头像的镜框、相册、文化衫,以及偶像们的个人专辑、集体专辑等等,都可以在线销售。英国一家电子游戏商已经把《美国偶像》改编成同名电子游戏。游戏中设有像节目中一样的评委、主持人、参赛选手等各种角色,玩家在游戏中可以自选角色,参加各种才艺表演,直至打败众多对手,踏上明星之路。①

【延伸阅读】

真人秀节目中的素人使用

国家广电总局 2015 年发布的《关于加强真人秀节目管理的通知》、2017 年发布的《关于把电视上星综合频道办成讲导向、有文化的传播平台的通知》中,明确提出要限制真人秀明星参与数量,"鼓励制作播出星素结合的综艺娱乐和真人秀节目"。然而在操作层面,"星素结合"却遇到诸多问题,实现效果并不十分理想。如何调动真人秀节目中素人的表现和参与感,成功塑造素人形象,激发观众的观赏兴趣并形成情感投射,成为当下真人秀节目中使用素人时亟需解决的问题。破解真人秀节目中的素人使用问题,关键在于既要深层激发节目参与者的内在需求,为参与节目的素人在行动上赋能;又要直击社会热点,实现最广泛受众的关注。2019 年,东方卫视推出的《忘不了餐厅》这档节目为"星素结合"尤其是如何激发素人深度参与节目、呈现鲜活的个性特点,提供了一个很好的借鉴。

一、真人秀节目中素人使用的常见问题

素人,即通常理解的平常人、普通人。在日语中,素人也有"外行""门外汉"之意。从现实状况来看,由于制作惯性和观众接受习惯的原因,真人秀在素人的使用上,的确也常常陷入"纯素人综艺没看点"的问题漩涡之中。在政府主管部门系列政策的引导下,"星素结合"成为一个探索路径,如"星素互

---

① 徐磊:《美国偶像》:娱乐产业链上赚钱,《中华新闻报》2005 年 8 月 31 日。

动""星素对抗""星素同台"等。

1. 星素分配不合理。相比于全明星节目,纯素人节目难以在受众和资本上获得更多关注和认可,因而"星素结合"成为主要方式。但在"星素结合"的真人秀节目中,素人在出镜率、角色定位和叙事推动上,都处于绝对配角的位置,对素人的使用流于表面。这种分配上的不合理,直接导致明星和素人在节目中权利结构上的失衡。

2. 情景设置不适宜。一个经常发生的问题,就是将明星和素人机械地置于同一规定情境中,用同一接受标准去欣赏"星"和"素"。一些真人秀节目在设置情境时,仍以明星为参照,没有兼顾素人的自身情况和切实需要。明星由于职业属性,在真人秀中的规定情境和既有规则下仍能很好地表现自己,但素人常常表现出无所适从的状态,明星的"镜头感""表现力"是寻常人难以达到的。因此,用同一标准去制定规则并评判素人的表现,显然是一种情境设置和接受期待上的错位。

如何充分调动"素人"的表现力和参与感,成功构建素人的形象,激发观众对"素人"的观赏兴趣并形成情感投射,成为当下真人秀节目中使用素人时亟待解决的问题。

二、《忘不了餐厅》节目"星素结合"的启示

1. 用感官化的符号引流,导向以素人为主体

《忘不了餐厅》的厨房区是由专业厨师来负责,美食在这里只是"配菜";明星在这里只是"配角",而明星、美食、画面包装这些感官化符号的使用,都紧紧围绕素人来展开,表现真正的主角——五位患有认知障碍的老人以及他们所代表的这个群体。这种以素人为核心的观照,有助于激发受众产生情感上的"冲动",唤起观众的集体记忆,从而认同节目所传达出来的情感和价值。

2. 丰富细节元素,充分刻画人物

《忘不了餐厅》十分注重对细节的捕捉,这主要体现在主题、情节的设置以及"有选择的顾客"上。为了丰富节目内容、保证节目的可看性,每期节目都会设定主题,并选择与主题相应的顾客和表现内容,如爱情主题、儿童主题、旧友拜访等等,再通过蒙太奇手法实现戏剧性。如果没有这些细节的抓取和设计,节目的记录功能就会浮于表面、十分机械,正是通过细腻的刻画,才使得该节目呈现出强烈的叙事张力和期待感,增强了节目的可看性。

3. 弱化干预,真实记录

曾有一些真人秀节目为了增加画面的美感和视觉冲击力有时会对场面调度进行预先设计甚至多条摆拍来保证后期的呈现效果。但是,应该注意的是,"场面调度必须是有节制的",唯此才能保证其真实性。《忘不了餐厅》由于将空间圈定在一个小餐厅之中,在场面的调度上能够发挥的余地不大,只是记录下餐厅中真实发生的情况。同时,节目组 30 个固定摄像头与 14 个执机相结合,借助现场设置的隐藏摄像,随时随地捕捉画面,有效保证了故事记录的全面和真实。

4. 与公益联动,实现双效益

《忘不了餐厅》的公益性,除了体现在关注患有阿尔茨海默症的群体,而且还参与了公益项目,将餐厅的收入捐给中国人口福利基金会,让节目的公益价值有了一个出口,实现了社会效益与经济效益相结合。"素人+公益"的结合,由于契合了普通人的真实诉求,加之其自身的话题性和社会价值,也许在未来能够成为真人秀节目一个很好的结合点。

《忘不了餐厅》秉持的以素人为表现主体的创作原则,用生活逻辑还原素人的真实状态,通过对素人日常生活的描绘,契合他们内心深层次的思想和情感需求,这些都为真人秀节目中素人的使用提供了很好的范式。

——摘自郑向荣、陈阳:从《忘不了餐厅》看真人秀节目中的素人使用,《中国电视》2020 年第 9 期。

修订版后记

本书是《电视节目策划新论》的修订版。

作者撰著《电视节目策划新论》的初衷，意在以电视节目类型演变为经，以中外节目策划经验为纬，从理论概述、策划要素、案例分析三个维度，系统深入地探讨电视节目的定位与生产、品牌与管理以及新闻、谈话、综艺、社教、益智、纪录片、生活服务、真人秀等八种节目的类型特征、策划要求和传播规律。在顾及节目形态的齐备性与完整性的同时，特别关注节目类型的新颖性与时尚性，并对每一种节目类型的概念、特征、缘起、策划要素分门别类地进行了细致的梳理和阐述。全书提纲挈领地论述有关电视文化、影像符号、消费经济、媒介融合等理论的基本知识，着力反映节目类型学、媒介生态学、品牌管理学、整合营销学等研究领域的前沿动态和发展趋势。它不仅提供描述性和预见性的分析，而且给出考镜式和探赜式的诠释；既精选传统节目类型的经典案例，也融注当今电视传媒变革的最新实践。据悉，该书面世后，出版社多次重印，这个结果也算是对作者写作初衷的一种正向回馈。

当然，《电视节目策划新论》出版 6 年来，传媒技术、制作理念、节目样式、行业生态、管理模式等关涉电视节目存续的要项，随着智能传播时代的到来也都有了很大的变化，书中所描述的媒介场景、叙述的经验事实也已今非昔比。然而我们也需看到，支撑行业实践的那些基本理念、原则和规制，并未因为受到现实巨变的震荡和挑战而发生根本性的移易，它们依然具有生命力。事实上，电视节目的创新突破、赓续发展从未止步。无论是电视真人秀节目"星素结合"制作模式所体现的生活逻辑，还是 2021 年央视春节联欢晚会VR＋三维声直播带来的沉浸式审美体验以及大众传播与圈层传播的融汇；无论是 Z 世代用短视频了解新闻、时政娱乐两不误的阅听方式的创新，还是新近发布的《中华人民共和国广播电视法》（征求意见稿）所昭示的现代治理观念……凡此种种表明,电视传媒的与时俱进是其内在的规定性要求。电视作为娱乐工具的本质属性,凸显了电视节目的功能与价值,而电视观众对"享乐"的普遍追求,则成就了电视人的成就与辉煌。时至今日,电视依然是影响人们社会生活和精神世界最重要的媒介力量之一。仅此而言,修订该书乃势所必然。

今番修订,作者为尽可能保持原书的框架结构和整体风貌,在体例上新增了各章"延伸阅读"的内容,希望这些文献资料有助于拓展读者的研习视野,帮助他们还原当下电视节目生产与传播的现实情境,全面客观地评析电视节目演进的是非得失,而非简单地接受或生硬地拒绝各种策划方案的探索;对原作的文字表述及文献征引,作者亦进行了重新校订,以期文本臻于晓畅和严谨;还充实了当前的统计数据和其他事实性信息,旨在反映过去六年里的变化。

责任编辑李海燕女士对此书修订给予了许多建设性意见和宝贵帮助,在此深致谢忱!

感谢行家的智识启迪和读者的厚爱,并期待大家不吝指谬。

著者

2021 年 3 月 20 日于杭州

图书在版编目（CIP）数据

电视节目策划解析 / 王哲平著. —杭州：浙江大
学出版社，2021.5（2022.8 重印）
ISBN 978-7-308-21374-5

Ⅰ.①电… Ⅱ.①王… Ⅲ.①电视节目—策划
Ⅳ.①G222.3

中国版本图书馆 CIP 数据核字（2021）第 092730 号

电视节目策划解析

王哲平　著

责任编辑	李海燕
责任校对	孙秀丽
装帧设计	雷建军
出版发行	浙江大学出版社
	（杭州市天目山路 148 号　邮政编码 310007）
	（网址：http://www.zjupress.com）
排　　版	杭州青翙图文设计有限公司
印　　刷	杭州高腾印务有限公司
开　　本	787mm×960mm　1/16
印　　张	17.75
字　　数	300 千
版 印 次	2021 年 5 月第 1 版　2022 年 8 月第 2 次印刷
书　　号	ISBN 978-7-308-21374-5
定　　价	49.00 元
